優渥叢書

160張圖學會

主升段操作術

U0072565

主力剋星教你如何抱緊半年，賺飽 5 倍價差

麻道明◎著

 CONTENTS

最狂「主力剋星」，教你搭上主升段上漲行情！

捕捉主升段，讓你掌握獲利的金鑰；

捕捉主升段，讓你的財富穩定增長；

捕捉主升段，讓你搭上主力快車之道；

捕捉主升段，讓你成為短線波段操作大師；

捕捉主升段，抓住牛股起飛。

在股市中，最令人心跳和興奮的就是主升段，它是一段漲速最快、漲幅最大、力道最強的拉升行情，也是投資人孜孜追求的目標。

股市是一條通向快速成功的捷徑，也是一條瞬間走向破產的絕路。這就是股市「高收益、高風險」的特點，也是主升段的本質。在股價拉升之後，充滿著巨大的風險，如果操作不當，其風險甚至遠遠大於收益。

❖ 掌握主升段行情，抓住個股買賣最佳時機

股價上漲令人心跳澎湃，股價下跌讓人心灰意冷。在證券市場發展過程中，特別是主力盛行的情況下，股價大起大落似乎是見多不怪的事。股價可以在短期內漲得讓你不敢相信，也可以快速下跌讓你難以接受。這種驚心動魄、翻雲覆雨的盤面劇烈波動，就是當前瘋狂市場的真實反映，所以，主升段牽動著關注市場變化的每一位投資人的神經。

就大多數短線投資人而言，失去主升段的獲利機會，往往就意味著失去快速獲利的機會，所以主升段幾乎是每一個投資人所期盼的。個股的短期大漲，吸引著無數投資人的眼球，只要抓住其中的主升段行情，就能在短期內快速獲利，其收益甚至超過一年的疲憊奔波。

基於此，本書從投資人急於獲利的心理下筆，深入探索主升段的成因、主升段的啟動形態，並結合各種技術分析，使投資人能完整掌握主升段、輕鬆捕捉主升段行情，實現穩定獲利的投資目的。

❖ 本書結構完整，注重實戰分析

全書詳細系統地介紹了主升段階段中的主力運作邏輯、操作手法、盤面特徵、操作技巧等，透過盤面細節、量價關係、分時走勢的分析，作出迅速而準確的判斷。以及主升段是否啟動？主升段行情能走多高、走多遠？主力以什麼樣的運作手法將股價快速拉高？又以什麼樣的方式結束主升段？

一個個困擾市場已久的技術難題，在書中一一被解開。讓投資人根據盤面所透露出來的市場訊息，快速抓住主升段所提供的全新視角和獨特的思維方式。

本書客觀再現了股市 30 多年的運行規律和特點，也是反映股市大漲大跌的生動範本，為投資人提供了一套攻克難題的分析方法。

全書以理論為前提，注重實戰分析，突顯實用技巧，力求引導和提高投資人的分析能力，構建和完善交易體系，鞏固和掌握主升段的操盤技能，書中所介紹的技術要點，對臨盤操作具有十分重要的意義。無論新老股民、中小散戶投資人，還是職業操盤手、專業股評人士，歡迎共同探討。

作者／麻道明

第 1 章

了解「主升段」的基本知識，踏出賺波段的第一步！

1-1　主升段的基本面 & 技術面

　　主升段通常是指在主力運作過程中，股價漲速最快、漲幅最大、力道最強的一段拉升行情。 或者說是：主力在完成吸籌、洗盤、抬高之後，股價成功脫離成本區，出現大幅拉升的一段行情。主升段之後的上漲或盤整，一般就是主力出貨階段。

　　股價快速大幅上漲，盤面走勢一改底部盤整疲態，勇往直前衝破一切阻力，氣勢磅礴地奔向更高價位，所以，捕捉進入主升段的股票是每一位投資人孜孜不倦的追求目標。

　　但是，主升段具有「高收益、高風險」的特點，若不掌握其運行節奏，同樣很難獲利，甚至更糟糕。所以，對個股主升段進行深入的分析研究，具有十分重要的實盤意義。

❖ 基本面因素

　　絕大多數個股或指數的主升段屬於短期上漲，很少出現長期上漲行情。長期上漲行情往往幾年才能夠出現一次，如上證指數從 998.23 點至 6124.04 點的大牛市行情之前，市場整理了 5 年多。行情結束之後，市場整理時間長達 7 年之久，在 2014 年 7 月才漸漸盤出底部區域，至 2015 年 6 月 12 日上漲到 5178.19 點。之後，又是長達 3 年多的整理期，至 2019 年 1 月 4 日創出 2440.91 點後，指數才漸漸向上回升。

　　可見，要產生一輪主升段行情是多麼不容易。在個股中的主升段持續時間也都不長，大多幾個月就結束，牛市行情超過一兩年的個股不多，而短期

暴漲式主升段持續時間則更短。

　　主升段為什麼不容易產生呢？這是因為主升段的產生、發展，需要內在條件、外在條件、主力條件和市場條件這四個條件的相互配合。股市的複雜之處，在於很多因素相互交織在一起發揮作用，是多種因素作用的結果。

　　對於催生主升段的這四個條件來說，它們既可以獨立存在，單獨發揮作用，又可以相互影響，共同發揮作用。當共同發揮作用時，就會形成力量的疊加效應，使主升段的力道更大更強。所以，在分析和捕捉主升段時，必須瞭解它的形成原因。

1. 內在條件——股票價值增長

　　股票價值包括兩個方面：投資價值和投機價值。投資價值是指股票的淨資產與未來收益的折現值，它包括淨利潤和淨資產值。當股票淨利潤增加、淨資產值增加或者兩者同時增加時，投資價值也就增加了。

　　淨利潤增加是催生長期主升段最主要的因素，也是投資人挖掘成長股最重要的指標。但透過淨利潤挖掘大牛股也非常困難，特別是對具有多元化的公司來說難度更大，因為其淨利潤增長與多種因素相關。

　　在大多數情況下，股票的淨資產值與淨利潤是密切相關的，淨利潤增加可直接導致淨資產值增加，但有時候兩者毫無關係。比如，當公司擁有的隱蔽資產大幅增值時，其淨資產值也大幅增加，但其淨利潤並沒有變化。例如在中國股市，依靠隱蔽資產大幅增值（哪怕是預期）而催生主升段的個股很多，如上海自由貿易區的設立，就帶動了上海當地一些個股的大幅走高，又如某些上市公司的土地大幅升值等，就會使公司的淨資產值升值。

　　至於投機價值，是指投資價值的「溢價」區間，是對投資價值合理高估的那部分價值。為什麼會存在投資價值的「溢價」，或者說為什麼會存在投機價值呢？這是由於投資人對投資價值的升值以及股價上漲的預期造成的，投資人的預期，主要表現在以下兩個方面。

　　(1) **對於股票淨利潤增長率的預期**：這是長期投資人最重要的預期目標。當一檔股票過去至現在業績持續增長，那麼，投資人會預期該股的業績還會持續增長，往往會將其淨利潤增長率調高，從而將其估值調高，這部分調高的估值就屬於投機價值區間。

　　(2) **對於股價上漲的預期**：這是短線投機者最重要的預期目標。對於股

價上漲的預期的大小，與股市的流動性大小密切相關。股市的流動性決定了股價的「溢價率」——流動性越高的市場，溢價率越高；流動性越低的市場，溢價率越低。衡量流動性的一個指標就是換手率，包括整個市場的換手率和個股換手率。高流動性市場具有幾個典型的市場特徵：一是投機性強，股價易於暴漲暴跌；二是對於資訊非常敏感，特別是對於利多資訊，不但反應快，而且強度很大；三是熱衷於概念炒作；四是熱衷於低價股和新股炒作。

同樣地，能夠成為投機價值增長因素的也有以下兩類：一是利多題材：包括高配股、產品價格大幅上漲、資產重組、收購或者注入熱門資產、重大行業性利多等。二是比價效應：同板塊或者同概念股票價格暴漲，有時大盤的大漲，也會帶動個股轉牛或形成中級上漲行情。

2. 外在條件——資金持續推動

主升段的產生除了股票價值增長，還要有資金持續推動，才能使主升段更為強勁。**其實，股價上漲的根本原因，就是資金持續推動的結果。**

(1) 股價的上漲是買盤不斷向上吞吃賣盤的結果，當買盤將每一個掛出的賣盤都吃光後，該價位上就不再有賣盤了，取而代之的是多餘的買盤，此時那些還想急切買入的人，不得不將買入價位再向上提高，直到買入為止。如此反覆，買盤就會持續不斷地將一個個價位上的賣盤吃掉，這時就可以看到買盤報出的價格在不斷「前進」，而賣盤掛出的價位在不斷「後退」，買盤進賣盤退，就造成了價格不斷上漲。這個簡化的模式，道出了多空交戰的實質。只要買盤量持續大於賣盤量，那麼股價就會持續上漲，直至買賣力道發生逆轉為止。

(2) 從長期來看，股價的上漲可以看成是內在價值增長造成的，但這只是一個表象，甚至可以說是一個假象。真相是，從微觀機制上看，股價的上漲還是資金推動的結果。股票內在價值的增長，是吸引資金推動的一個條件，在吸引到長期的、持續不斷的買盤介入後，這些價值成長股的價格才會長期上漲。若沒有長期的、持續不斷的買盤介入，即使股票真有價值，股價也很可能不漲或漲幅不大。

(3) 在實盤中，沒有任何價值及利多題材的股票，只要有資金推動照樣會大漲，而成為大牛股和大黑馬，這種情況在實盤中非常多見。

可見，股價上漲雖然因素很多，但其上漲的根本動力還是資金推動。在

同樣的條件下，買入資金的大小，可以單方面決定股價上漲的強度和高度。所以，在股價上漲沒有明顯理由的情況下，僅靠資金推動也能夠製造主升段。資金推動主升段主要出現在兩種情況：一是控盤式的主力股主升段，二是超跌股的大反彈主升段。

3. 炒作條件──主力發動行情

當股票具備價值增長時，原本可能出現一輪較為溫和的上漲行情，但若此時主力有強烈的拉高激情，大量短線資金瘋狂買入，那麼，溫和的上漲往往就會演變為一波短期暴漲的主升段，或者主升段的漲幅遠遠超出市場的預期，這種情況在牛市主升期或者熱門概念股之中經常出現。

因此，股價漲不漲就看主力有沒有激情，只要主力有炒作興趣，就可以使「烏鴉變鳳凰」，主力為了達到自己的目的，其操盤手法更為多變，行跡更為隱蔽，盤面更為複雜，走勢更為迷茫。而且，主力如同「變色龍」，善於變化和偽裝，不時地策畫著一個個巨大的陰謀。所以，即使主力發動了主升段，散戶往往也是只賺指數不賺錢。

所以，在當前主力盛行的時代，散戶必須掌握一套防身制勝術，懂得拿刀操劍的要領，然後直刺主力咽喉。透過觀察盤面走勢，洞悉主力意圖，識破主力陰謀，進而判斷主力想幹什麼以及將要幹什麼？是否將要發動主升行情以及主升段的潛力有多大？是真正的主升段還是主力的誘多行為？是反彈、反轉還是拉升？以及是白馬、黑馬還是病馬？

4. 市場條件──投資環境成熟

市場除具備上述幾個條件外，還需要一定的市場環境才能使主升段行情更加完美。投資人都知道，低迷的市場適合進貨或洗盤，火爆的市場適合拉升或出貨。所以，主力在拉升或出貨時，特意製造火爆市場，吸引場外投資人。火爆市場分為兩種：一種是大勢火爆；一種是個股火爆。大勢火爆時，人氣聚集，交投活躍，證券交易大廳人頭鑽動，市場出現白熱化，甚至有的個股火爆達到瘋狂境地。個股火爆時，一般表現為局部或個股行情，多屬非主流板塊或主流板塊中的部分個股。

任何一個主力，都非常重視拉升的時機。因為時機適合，可使拉升達到事半功倍的效果；若時機不適合，可能事倍功半，難以達到預期效果，造成

操盤失敗。一般來說，主力在以下一些條件出現時，才會展開主升段動作。

(1) 在大勢趨熱加速上升時：此時市場人氣鼎沸，場外資金蜂湧入市。主力藉機拉升，可以引起投資人的注意，紛紛入市幫主力抬轎，起到風助火勢、火借風威的效果，主力只需花不多的資金，就可以成功把股價做高，然後在市場狂熱的背景下完成最後的出貨。

(2) 在重大利多消息發佈時：此時原先市場鮮為人知或炒作的朦朧題材明朗化，讓投資人做出積極的判斷，此時主力的拉升，使投資人更加確定自己的判斷是正確的，從而踴躍跟風。有時，一些成熟的主力會把消息逐步向外公佈，將一個題材反覆進行炒作，創造多次拉升的機會。

(3) 在高比例配股時：主力可以利用股票除權的缺口效應，讓投資人將股價的走高與填權補缺口聯繫起來。市場中有些投資人十分熱衷於除權股票的炒作，因為他們認為除權的股票有潛在的填權要求，同時除權後的股價比較低，尤其是經過大比例的配股之後，產生低價效應，使投資人產生「撿到便宜貨」的心理，而這實際上是一種比價上的錯覺。因此主力利用這些除權的缺口作為拉升的藉口，走出一輪波瀾壯觀的填權行情，使投資人產生較大的想像空間，成功激發市場的跟風熱潮。

(4) 在「偉大的藍圖」精心構築完畢時：實力較弱的主力，由於拉升時一定程度上要依靠市場的力量，所以往往會將圖形、指標、K線等做得非常漂亮，其目的就是為了要引起市場的注意，並引誘投資人的跟風入場。一般實力較弱的主力，較少在底部進行打壓震倉，而是希望在吸足籌碼之後，儘快將股價拉升脫離成本區。因此這類主力會透過圖形以及技術指標，向市場投資大眾發出多頭訊號，吸引場外資金的跟風入場，為股價上漲推波助瀾。

(5) 在市場熱點板塊形成時：大盤處於強勢時，一般是熱門板塊中的主力股表現的黃金時間，此時如果有某個股票率先漲停，那麼與此股票有相關概念的主力股會迅速上揚，進而引發主升段。

(6) 新股民紛紛入市，開戶人數聚增：大家都聽說炒股票很賺錢，不少人誇大其辭講述自己的傳奇，一些沒有入市的人也躍躍欲試，拿出多年積蓄，抱著暴富心理，到證券公司開戶入市。

❖ 技術面因素

　　在實盤中，無論基本面如何優秀的股票都離不開技術面，離開了技術面分析，基本面也就失去了意義。同樣地，技術面也要有基本面的支持，沒有基本面支援的股票，無論圖表怎麼漂亮，行情也難以持久，因此兩者相輔相成，缺一不可。

　　但是在當前體制下，市場訊息還存在一定的不透明性，散戶很難及時準確地獲得基本面的資訊。所以，散戶應更注重技術面分析，基於此，書本偏重技術面的研究分析，在此方面為散戶提供有用的實戰操作訣竅。

1. 主力控盤式主升段

　　控盤式股票是指主力將某一檔股票的絕大部分（70% 以上）流通籌碼買到手裡，使得該股流通在外的籌碼不到30%，這時主力就容易控盤操縱了。

　　主力控盤後，就可以憑藉強大的資金實力，實現以小博大「蛇吞象」的目的。主力大量吸納底部低價籌碼，不但方便後市拉升，而且這些底部籌碼還是全部利潤之所在，因此，將底部籌碼大量吃進，就是控盤式主力的典型運作模式。在獲得絕對控盤價位後，主力就取得了任意操縱股價的能力。為了獲取最大化的利潤，主力的下一步就是毫無懸念地儘快製造出一波主升段行情。

　　第一，主力控盤式主升段的類型。在當前市場中，控盤式主力製造的主升段有四種類型：一是純粹由資金操縱的主升段；二是先拉高股價再配合利多出貨；三是先出利多再拉高股價；四是先發佈利空消息再拉高股價。

　　(1) 純粹由資金操縱的主升段，是主力在沒有任何利多消息配合的情況下發動的，是不折不扣的籌碼遊戲。因為沒有基本面的配合，所以，這類主力股股價必定會在主升段的暴漲後，緊接著就是出現暴跌式的主跌段，將先前主升段的漲幅幾乎全部吞掉，甚至股價還創出了新低，其典型走勢就是暴漲暴跌形態，這種現象在當前市場中十分多見。

　　(2) 主力先將股價拉到高位後，再配合利多消息出貨。這類主升段的特點是在主升段的發動階段，沒有任何利多消息的配合，隨著股價不斷上漲，市場的猜測和傳聞滿天飛，但沒有任何消息可供參考，讓市場投資人感到莫名其妙。

　　當股價漲幅達到幾倍後，上市公司才突然公告利多題材，並讓投資人感到以此利多題材去衡量，該股的估值還不算高，後市仍有上漲潛力，被騙的投資人此時紛紛衝進去，活生生地被套牢。更可怕的是，這類主力股的利多題材往往不會兌現，非常坑人，在當前市場中也屢見不鮮。

　　(3) 上市公司公告利多消息後，主力強行將股價拉高到超出該利多估值、難以想像的高位。這類主力股的運作手法，與前面兩類主力股有所不同，純資金推動式主力股和先拉高後出利多主力股的一個共同特點，就是在沒有任何利多的情況下，主力自己動用巨額拉升資金先將股價拉高。也就是說，拉升股價的艱巨任務是落在主力自己的頭上，別人不會幫忙。這很考驗主力的實力，沒有實力的主力是無法做到這一點的。

　　先出利多再拉高股價的運作方式，就是主力吸完貨後，將股價拉高到成本價之上，這時讓上市公司公告利多題材，在有利多題材後，必定會出現很多的追漲盤，主力可以借助這個利多題材順勢拉高，邊拉邊看股市的盤面情況。若市況對自己有利，就多拉高一些，若市況對自己不利，就少拉高一些，以達到進可攻、退可守之境，使自己應付自如。

　　(4) 先發佈一個利空消息，將股價大幅打低、清理了浮動籌碼後，主力達到高度控盤，然後大幅拉升股價。這是建倉和洗盤時主力採用的操作手法，透過利空消息驅逐場內散戶離場，同時，由於股價的回落而吸引場外散戶進場，使流動籌碼成功達到換手。對於主力來說，這部分籌碼發揮了「鎖倉」的作用，無疑鞏固了主力的控盤程度，對後市主力拉高和出貨，就不會構成威脅。

　　第二，在當前市場中，控盤式主力股發動的主升段還是大量存在的。從操作的角度來看，在「純資金操縱式」和「先拉高再配合利多式」主升段中，一般投資人的操作難度很大，有以下幾個原因。

　　(1) 散戶在強勢股的低位很難吸貨，因為在主力吸貨階段，股價往往不溫不火，散戶難以發現那就是一支未來的強勢股，只有當主力股開始拉高或已經拉得很高時，才能夠發現主力的蹤跡，而此時散戶介入的成本就比較高了，說不定就買在一個階段性高點位置。

　　(2) 散戶無法知道主力的意圖，不知道主力的下一步行動，因此，散戶一般不敢下大注去跟主力，且買入後也很容易被主力震倉出場。

　　(3) 散戶與主力處於資訊不對稱的地位，散戶看不到主力真實的運作情

況，主力卻可以看見散戶的一舉一動。主力不僅可在盤面上看到其他跟風者的買賣情況（每天成交量減去主力的對敲盤，就是外面的買賣盤），還可以隨時看到所有持股名單。若散戶在低位買入很多，想靠跟著主力賺到大錢，有實力的主力會透過不斷震倉將散戶洗出去。

第三，在控盤式主力股主升段中，投資人可以介入的就是「先出利多再拉高式」和「先出利空再拉高式」的主升段。

(1)「先出利多再拉高式」主升段的特點：在重大利多題材公告後，股價就會立即發動主升段。主升段的漲速與漲幅與以下四個因素相關。一是與利多題材強度大小相關，利多題材強度越大，主升段的漲速越快，漲幅越大；二是與市場強弱相關，市場越強，主升段的漲速越快，漲幅越大；三是與主力實力強弱相關，主力實力越強，主升段的漲速越快，漲幅越大；四是與股價高低及前期漲幅相關，股價越低、前期漲幅越小的，主升段的漲速越快，漲幅越大。

但這種類型主力股的一個難點就是利多題材一公告，股價就出現一字形漲停，散戶很難買到低價籌碼，而打開一字形漲停時，股價往往已經處於高位，短期介入風險較大。

(2)「先出利空再拉高式」主升段的特點：透過利空消息進一步達到高度控盤，一旦控盤成功並有資金快速流入，主升段行情便會呼之欲出。

2. 超跌反彈式主升段

在個股並沒有明顯利多的情況下，也經常會出現主升段，這類主升段的產生主要是因為資金推動。此類型除了主力控盤式主升段外，就是超跌股的大反彈主升段。

從實盤中觀察超跌股，尤其是超跌低價股的大反彈主升段的形成，與大盤的走勢有一定的關係。在絕大多數情況下，超跌低價股的大反彈主升段，與大盤的走勢同向，即當大盤在一輪大跌後出現大反彈時，一些超跌低價股也往往出現大反彈主升段。當然，也有在大盤處於震盪或者只是小反彈行情時，超跌低價股出現大反彈主升段的情況，這種情況主要發生在超跌低價的新股中。超跌低價股在大反彈時，可以與基本面的朦朧利多掛鉤，也可以與基本面沒有太大的關係。

從整體上看，超跌低價股的反彈力道主要還是要看股價的投機性，投機

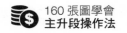
性越強的股票，反彈的速度越快，力道越大，幅度也越大。

那麼，什麼是股票的投機性呢？一般認為，若從價格變化的角度論，股票的投機性是股價潛在的波動率的量度——股價潛在波動率越大的股票，投機性越強；股價潛在波動率越小的股票，投機性越差。而股價的波動率或者說投機性又與股價高低、股本大小、是否超跌、是否被炒作過等因素相關。

通常，低價超跌股的投機性較強，而低價超跌新股的投機性更強。因此，低價超跌新股，往往是大反彈的主流品項，也是抄反彈的主要目標。低價超跌新股的大反彈主升段，在當前股市中也見到不少的實例，投資人可以在實盤中找到更多的例證。

在當前市場中，超跌低價股也是遊資的一個操作模式，特別是超跌低價新股，在有關政策性或者行業性的利多掩護下，快速發動一輪資金推動式的大反彈主升段。特別應該注意的是，若遊資所選的超跌低價次新股含有高配股題材，那麼，透過填權行情，主升段的漲幅就會很大。

這也給投資人一個選股思路，那就是在每年的年報和半年報時，將那些含有高配股的超跌低價新股全部選出來，如果發現其中的股票擁有政策性或者行業性的利多，且股價也有強勢啟動的跡象。那麼，這些股票就極有可能會走出一輪超跌反彈主升段，及時介入也許可獲短期暴利。

1-2

由 10 個市場現象，
看出主升段飆漲行情

主力操縱股價所帶來的負面影響，已被越來越多的投資人所認識，對於投資人來說，也許最重要的是如何用理智的方式買賣，不追漲殺跌、不盲目跟風。要做到這一點，當然要認清操盤行為的本質，瞭解主力股所表現出來的市場現象，掌握主升段的以下基本特點。

1. 股價出現暴漲暴跌

受主力操縱的股價極易出現這種現象，因為在市場環境較為寬鬆的條件下，操盤的基本過程就是先拼命將股價推高，或者與上市公司配合，藉由配股等手段造成股價偏低的假象，在獲得足夠的空間後開始出貨。並且利用投資人搶反彈或者除權的機會，連續不斷地賣出，以達到其牟取暴利的目的，其結果就是不可避免的股價長期下跌。

2. 成交量忽大忽小

主力無論是建倉還是出貨都需要有成交量配合，有的主力會採取底部放量拉高建倉的方式，而主力股出貨時則會造成放量突破的假象，以吸引跟風盤介入，從而達到出貨目的。

另外，主力也經常採用對敲、對倒（註：對倒是指主力一邊在上方堆積籌碼，一邊從下方不停地往上拉升股價，促使股價快速上漲。）的方式轉移籌碼或吸引投資人注意，無論哪一種情況都會導致成交量急劇放大。同時由於主力股的籌碼主要集中在少數人手中，其日常成交量會呈現極度萎縮的狀況，從而大大地降低了股票的流動性。

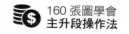

3. 交易行為表現異常

主力股走勢經常出現的幾種情況是，股價莫名其妙地低開或高開、尾盤拉高收盤價，或偶而出現較大的買單或拋單，人為做盤跡象非常明顯。還有盤中走勢時而出現強勁的上揚，突然又大幅下跌，起伏劇烈，這種現象在行情末期尤其明顯，表示主力控盤程度已經非常高。

4. 公司業績大起大落

大多數主力股的市場表現與公司基本面有密切關係，在股價拉高過程中，公司業績會明顯提高，似乎股價的上漲是公司業績增長的反映、個股股價的翻倍就是業績的翻倍。但這種由非正常因素引起的業績異常提高或異常惡化，都是不正常的現象，對股東的利益都會造成損害。

此外，很多主力股在股價下跌到一定階段後，業績隨即出現大滑落，這種上市公司利潤的數據就很值得懷疑。

5. 股東人數變化較大

根據上市公司的年報或半年報報所披露的股東數量，可以看出主力股的股價完成，是一個從低到高，再從高到低的過程，實際也是股東人數從多到少，再從少到多的過程。

主力股在股東名單上，為了達到控盤目的的同時，避免出現一個機構或個人持有的流通股超過總股本 5% 的情況，就必須利用多個非關聯帳戶同時買進，這種做法也使市場的有效監管增加難度。

6. 股價走勢逆市而動

一般股票走勢都是隨大盤同向波動，主力股卻往往在這方面表現與眾不同。他們在建倉階段，逆市拉抬便於快速拿到籌碼；在震盤階段，利用先期搜集到的籌碼，不理會大盤走勢，打壓股價，造成技術上破位，引起市場恐慌，進一步增加持籌集中度。

在拉升階段，由於在外浮籌稀少，逆市上漲不費吹灰之力，其間利用對敲等違規虛抬股價手法，股價操縱易如反掌，而且逆市異軍突起，反而容易引起市場關注，為將來順利出貨埋下伏筆。

到了出貨階段，趁大勢止穩回暖之機，抓住大眾不再謹慎的心理，藉勢

大幅震盪出貨，等到出貨後，就上演高台跳水、反覆打壓清倉的伎倆，直至股價從哪裡來再往哪裡去。

7. 消息反應異乎尋常

　　在公正、公開、公平資訊披露制度下，市場股價會有效反映消息面的情況，利多消息有利於股價上漲，反之亦然。然而，主力股則不然，主力往往與上市公司聯手，上市公司事前有什麼樣的消息，主力都了然於胸。甚至私下蓄意製造所謂的利空、利多消息，藉此達到主力不可告人的目的。

　　比如，主力為了能夠儘快完成建倉，人為散佈不利消息，進而運用含糊其辭的公告，以動搖投資人的持股信心。又如，等到股價漲幅驚人後，之前一直不予承認的利多傳聞卻兌現，但股價卻是見利多後出現滯漲，最終落得個暴跌。

8. 市場追逐流行概念

　　市場上曾經一度形成一種概念炒作熱，有人認為概念的營造要比上市公司的業績改觀來得容易，而且具有更大的想像空間，而這些概念往往被主力藉機進行混水摸魚。

9. 主力偏好中小型股

　　翻開歷史主力股，主力股橫行之時十之八九是小型股，究其原因恐怕不外乎以下以下四點：一是小型股流通市值小，對資金要求不高，操盤時間相對較短，風險可控程度高。二是小型股對大盤指數影響小，不易引起監管層的注意。三是大公司相對規範嚴格，小公司易配合支持。四是小公司才有機會發生突飛猛進的改觀，透過關聯交易，略施小計就能暗渡陳倉。

10. 主升段的技術訊號

　　一輪行情中漲幅最大、上升持續時間最長的行情就是主升段，主升段比較類似於波浪理論中的第 3 浪或第 5 浪，主升段往往是在大盤強勢整理後迅速展開，它是投資人主要的獲利階段，屬於絕對不可以錯過的「黃金階段」。

　　從技術角度分析，主升段行情具有以下確認標準：市場人氣被成功啟動、均線系統呈多頭排列、技術指標強勢特徵明顯、成交量大幅放大。

1-3

主力拉升常用的 8 大操作

　　主力在主升段中的運作方法很多，常用的有飆升、跳空、漲停、逼空、對倒、推升、貼線、滾動等 8 個操作方式。

　　(1) 飆升：股價直線式飛速上漲，像火箭一般飆升，其間沒有任何回檔或整理，這種手法在分時圖和日 K 線圖上均常出現。

　　(2) 跳空：股價跳空是主升段行情的常見現象，跳空高開直線上漲，其後也不進行整理（起碼在波段內不整理），以吸引投資人的注意，並且製造高漲人氣。在單波式主升段中，幾乎每一支個股都有跳空現象；但在二波、三波以上的主升段，卻不一定會有跳空形態出現。

　　(3) 漲停：以漲停甚至連續漲停的方式飛速拉升，以使股價在很短的時期內到達預定的目標區域，這是主升段的主要手法之一。所以，當股價出現強勢漲停時，往往意味著主升段的展開，這時投資人應有所關注。

　　如圖 1-1 大智慧（601519）的 K 線圖所示，在該股主升段拉升過程中，飆升、跳空、漲停三種手法一目了然。主力成功吸納了大量的低價籌碼後，於 2019 年 2 月間向上突破底部區域，股價進入拉升階段，形成直線式飆升上漲。其間多次大幅跳空到漲停板價位開盤，全天封盤不動。拉升過程中沒有任何回檔或整理，盤面人氣高漲，主力一口氣將股價拉升到目標價位區域。

　　(4) 逼空：經過充分的震盪整理之後，一旦形成有效突破，進入主升段拉升，多方往往不給空方任何反攻的機會，逼迫空方在更高的價位反手買進，從而使主升段行情變得更加波瀾壯闊。

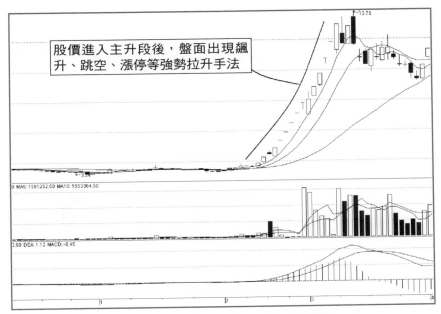

▲ 圖1-1　大智慧（601519）日Ｋ線圖

(5) 對倒：一邊在上方堆積籌碼，一邊從下方不停地往上拉升股價，促使股價快速上漲。要注意的是，對倒與對敲是不一樣的，對敲時可能大幅拉升股價，也可能不拉升股價。此外，對敲的性質偏重於股價的成交量，而對倒的性質在偏重成交量的同時，也偏重股價的漲勢。

(6) 推升：股價上漲像推土機一樣，緩慢地推升股價，但能清除一切「障礙」，漲幅同樣驚人。推升在分時圖上的表現最為明顯，主力在買一至買五的價位上大筆掛買單，又在賣一至賣五的價位上堆放賣單，然後不急不徐地依次逐一成交賣一至賣五價位上的賣單（幾乎每分鐘均以上一個價位成交），每分鐘上漲的速度雖然很慢，但全天均衡上漲所累積的漲幅卻很大。

由圖1-2東方通信（600776）的Ｋ線圖中，看到該股主力在低位吸足籌碼後，2018年11月底進入主升段拉升，經過洗盤整理後2019年2月出現第二波主升段拉升。在兩波拉升過程中，主力採用逼空、對倒、推升等手法將股價頑強拉高，盤面緊貼5日均線上漲，盤面氣勢恢宏不可阻擋。

(7) 貼線：主升段啟動後股價緊貼著均線拉升，即便有短暫的整理，也

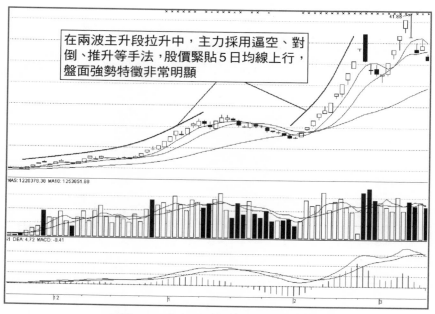

在兩波主升段拉升中，主力採用逼空、對倒、推升等手法，股價緊貼 5 日均線上行，盤面強勢特徵非常明顯

MA5: 1220378.38 MA10: 1253851.88

▲ 圖 1-2　東方通信（600776）日 K 線圖

是緊貼均線上行。劇烈拉升的股票，一般緊貼 5 日均線上揚；拉升程度稍差一點的股票，一般緊貼 10 日均線上揚，股價通常不會跌破 30 日均線。

(8) 滾動：在主升段拉升過程中，股價雖然不斷有小幅整理，但每次整理後上漲的幅度，都大於回檔的幅度，以退一進三的方式拉升。在股價拉升期間，就是經常以小幅整理但不間斷地滾動上漲的方法，來完成股價拉升

第 2 章

看懂主升段「有效訊號」，
100% 掌握上漲股趨勢

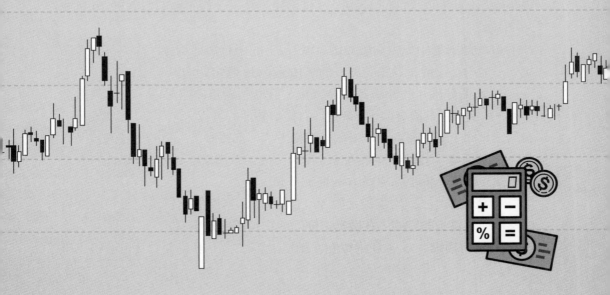

2-1

主升段展開的 9 個徵兆

一波主升段行情並不是隨隨便便就產生的，總會在盤面上露出一些徵兆，以下現象就是主升段即將啟動的訊號。

(1) **股價位置**：股價所處的位置並不低，有的是一段時期（一年內）以來的最高位置，有的甚至是在突破歷史新高的基礎上發力走高的。

(2) **前期漲幅**：股價前期已經有了一定的漲幅，但向上的步伐比較謹慎，走勢比較溫和。漲幅一般在 30% 以上，個股漲幅在 50% 甚至 100% 以上才出現主升段。至於漲幅不到 30% 的股票，一般不會出現主升段。

(3) **K 線形態**：K 線中出現主升段時，其形態為長陽長陰，與左側的小陽小陰形成明顯的對照，K 線沿 5 日均線上升，一般不會有效跌破 10 日或 30 日均線。

(4) **均線形態**：日線突破 60 日均線以下的所有短期均線，均線都呈多頭排列，並向上發散；週線突破 5 週、10 週、30 週短期均線。

(5) **籌碼分佈**：底部籌碼單峰密集，股價越過籌碼密集區，上方沒有套牢盤。在進入主升段之前，股價往往有橫盤整理的過程，有的波動幅度較小，有的則呈向上三角形走勢。但無論哪種方式，都經歷了一定的盤整過程。

(6) **換手率**：換手率一般在 5% 左右，換手率通常在 2%~3% 最佳，表示籌碼鎖定較好，換手率超過 10% 時應謹慎。

(7) **成交量**：5 日均量線大於 30 日均量線。初期放出巨量之後，後期的成交反而是逐步萎縮的，在啟動之前的成交量都比較小。

(8) **技術指標**：MACD 指標在 0 軸以上第二次出現黃金交叉，週線出現

黃金交叉或即將黃金交叉；RSI 指標在 50 以上強勢區波動。根據 MACD 的
運用原理，MACD 在 0 軸上方的「黃金交叉」，意味著該股前面曾出現過
一輪上漲，且後來出現過整理。當 MACD 再次出現「黃金交叉」時，則表
示前面的整理已經結束，而且這個整理只是回檔而已，之後的股價將進入新
一輪漲升階段。

　　(9) **跳空缺口**：一般來說，股價跳空高開是一種強烈的做多訊號，若是
高開之後股價能夠繼續上行，甚至封於漲停板，留下短期沒有回補的跳空缺
口，更是主升段展開的訊號。

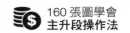

2-2

從「線形價位量」5 面向，確認有效訊號

❖ 有效訊號的必備條件

所謂有效訊號是指可以作為買入的主升段訊號。它是一個確認訊號，無需進一步驗證，成功機率較高，變數較小，可以就此訊號確定行情的後市走勢。主升段的有效訊號可以是單根大陽線，也可以是由多根 K 線組成或者是一個技術形態。

有效訊號的必備條件，是指任何一波主升段行情啟動時必須具備或達到的要求，缺少其中任何一個條件，主升段就不會發生或無法持續有效地發展下去。根據筆者多年的實戰經驗，**有效訊號的必備條件包括兩個方面：一是訊號突破條件；二是訊號持續條件。**

1. 突破條件：主升段突破訊號，必須同時具備三個條件

（1）幅度原則：它主要用於對長期壓力位突破的鑑別，該原則要求收盤價穿越壓力位的幅度至少達到 3% 以上。只有達到這一幅度，才能認為有效。例如，某檔股票的重要壓力位在 10 元（本書所有金額皆指人民幣）附近，如果當日收盤價在 10.30 元以上，其向上突破壓力位才能成立；否則為疑似突破訊號，需要等待進一步驗證。此原則實際是「價格上」的篩檢程式。

（2）時間原則：一旦股價向上突破壓力位後，其收盤價格必須連續 3 天在該壓力位之上，才能認為有效，如果只持續一兩天，則突破無效。例如，壓力位在 10 元位置，則股價必須連續 3 天收於 10.3 元的上方，才可以認為突破有效，否則為疑似突破訊號。此原則實際是「時間上」的篩檢程式。

　　(3) 量能原則：股價向上突破壓力位時，成交量必須積極配合，表示有大規模的資金流入市場，如此的突破才有效。而且，突破後的成交量要持續放大，而不是一兩天的脈衝式放量。無量上漲或間歇性放量是一次短暫的穿越，不構成有效的突破。但成交量特別巨大，股價卻只小漲或微漲的情況，也不符合能量原則。

　　以上三個條件必須同時具備，才能產生一個完整的有效訊號，也才有可能啟動一波主升段行情。普遍的看法是，若突破的動作規模相對較小，只是當天盤中的一時之舉，且收盤價又回到原壓力位之下，那麼可以忽略這個穿刺動作，不能認為是有效的突破舉動。

　　如圖 2-1 的元力股份（300174）K 線圖所示，該股見頂後大幅下跌，主力在低位吸納了大量的低價籌碼後，股價漸漸止穩回升。2019 年 3 月 25 日開始，以「紅三兵」的形式向上突破前期盤整區高點的壓力，從此開啟一輪主升段行情。可以看出此 K 線圖符合突破的三個條件：幅度、時間、量能，因此投資人可以在 4 月 1 日股價繼續發力上漲時大膽介入。

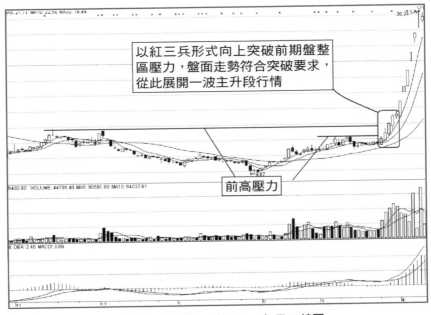

以紅三兵形式向上突破前期盤整區壓力，盤面走勢符合突破要求，從此展開一波主升段行情

前高壓力

▲ 圖 2-1　元力股份（300174）日 K 線圖

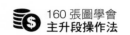
2. 持續條件：主升段持續訊號，要滿足三個條件

　　主升段持續訊號也稱作「加強訊號」，是指當主升段訊號出現之後，股價能夠持續地上漲，多頭氣勢磅礴，勢如破竹，不給空方任何喘氣機會。或者，主升段訊號出現之後，股價能夠維持強勢狀態，多頭氣勢沒有遭到破壞，上漲趨勢完整。

　　⑴ 主升段訊號的次日（或隨後幾日）必須收出上漲陽線。

　　⑵ 量價齊升，因漲停惜售外，成交量必須持續放大。

　　⑶ 5 日、10 日、30 日均線必須呈現多頭排列，支持股價上漲。

　　一般而言，突破訊號是持續訊號的前提，持續訊號是突破訊號的深化和鞏固，兩者相輔相成。也就是說，先有突破，後有持續，在沒有形成突破之前，即使出現持續訊號，其上漲幅度和力度也十分有限。同樣地，突破訊號出現之後，如果不產生持續訊號，那麼其上漲幅度和力度也將大打折扣，或者需要經過重新蓄勢後，再次上攻時，才能產生主升段。

　　如圖 2-2 生益股份（002458）K 線圖所示，該股主力在長時間的底部震盪過程中，成功完成了建倉計畫後，股價漸漸向上脫離底部區域。2019 年 2 月 15 日，股價放量向上突破底部盤整區，次日繼續漲停，成交量同步放大，均線系統多頭排列，從此展開一波漲幅較大的主升段行情。

　　從該股走勢圖中可以看出，符合主升段的必備條件為：突破條件和持續條件。在向上突破時，應符合突破的幅度、時間、量能三原則。當股價突破之後，又符合主升段持續上漲的三個條件：突破之後繼續收陽，成交量持續放大，均線系統呈現多頭排列。由以上可知，仔細分析主升段行情的兩個必備條件，就可以輕鬆地捕捉一波獲利可觀的主升段行情。

　　如圖 2-3 沙河股份（000014）K 線圖所示，該股反彈結束後回落，在前期低點附近形成一個盤整區，成交量大幅萎縮，股價似乎已經沒有太大的跌幅。2017 年 9 月 8 日，一根放量大陽線拔地而起，向上脫離盤整區的約束，顯示股價已經成功構築底部，給人無限的想像空間，吸引了不少散戶跟風入場。但股價大大地出乎意料，次日開始股價震盪走弱，重心不斷下移，很快吃掉了大陽線的全部漲幅。最後出現加速殺跌，將買入者套牢其中。

　　分析圖表得知，該股不符合主升段訊號必備的突破條件和持續條件。一是，成交量在當天放出大量後，次日開始立即縮量，不能維持放大態勢，表示做多力量不足。二是，大陽線沒有得到有效驗證，次日股價低開弱勢震盪，

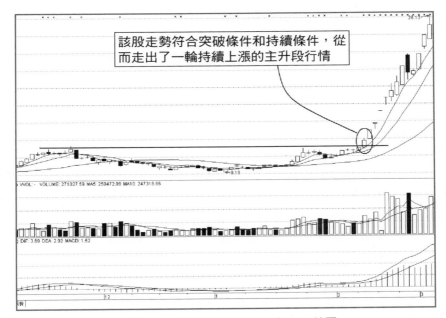

該股走勢符合突破條件和持續條件，從而走出了一輪持續上漲的主升段行情

▲ 圖 2-2　生益股份（002458）日 K 線圖

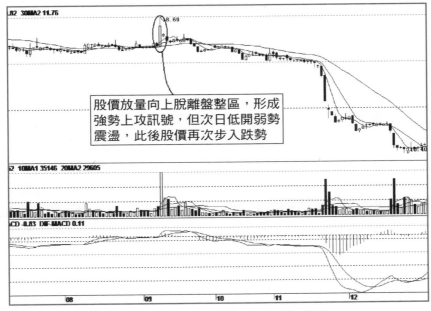

股價放量向上脫離盤整區，形成強勢上攻訊號，但次日低開弱勢震盪，此後股價再次步入跌勢

▲ 圖 2-3　沙河股份（000014）日 K 線圖

當天連起碼的衝高翻紅動作都沒有，顯示上攻力量極弱。三是，股價很快回落到大陽線的開盤下方，收回了大陽線的全部漲幅，且重心繼續下行。其實此時大陽線假突破訊號已經非常明顯，大陽線突破是一個多頭陷阱，投資人應儘快逢高停損離場。

❖ 有效訊號的輔助條件

在實戰操作中，滿足如前所述主升段啟動的兩個必備條件（訊號突破條件和訊號持續條件）時，不一定就會發生主升段，還要結合其他方面的因素進行綜合分析，這就是有效訊號的輔助條件，主要有以下幾方面。

(1) 股價前期整理充分，累計跌幅超過 50%，市場重新恢復漲勢。

(2) 底部有明顯的止穩訊號，股價成功脫離底部區域。

(3) 5 日、10 日、30 日均線呈現多頭排列，30 日均線持續走高。

(4) 成交量由溫和的、不規則的放量，到較大的、持續性的放量。

(5) MACD、DMI、DMA、TRXI 等中長線技術指標走強，BOLL 指標的喇叭口向兩邊擴張，RSI、KDJ、R%R 等技術指標進入強勢區域，OBV 指標明顯向上躍起等，技術指標支援多頭行情。

(6) 股價回測壓力位時獲得技術支撐，即原先的壓力轉變為現在的支撐。

(7) 原先慢牛通道的上軌線被有效突破，形成新的強勢上漲運行格局。

(8) 主力高度控盤，做多意願明顯加強，人氣被帶動。

(9) 股價突破一個重要的壓力位，打開上漲空間。

(10) 投資價值顯現，推動股價週期上漲。

這些輔助條件並非需要全部具備，有時只出現一兩個也可以，當然，每一個條件都具有很大的衝擊力度，滿足的條件越多，其疊加的衝擊力度也就越大，有效性也就越強。但若全部滿足條件，此時股價往往已高，離原先壓力位很遠，甚至又碰到了其他新的壓力位，實際意義反而不大。因此，在主升段訊號產生時，需好好掌握準確性和時效性。如圖 2-4 龍津藥業（002750）的 K 線圖所示，該股經過長時間的整理後，進入橫向震盪走勢，主力大舉吸收低價籌碼。2019 年 2 月 22 日開始，收出多根上漲陽線，成交量出現放大，股價向上突破前高壓力。2 月 28 日，繼續放量漲停，之後股價連續上漲，12 個交易日中拉出 10 個漲停。

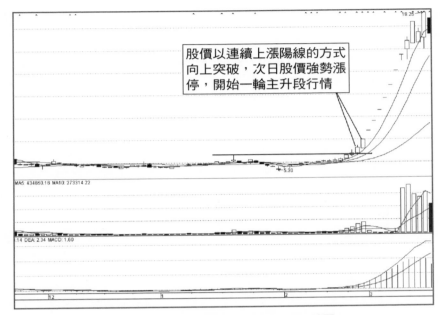

股價以連續上漲陽線的方式向上突破，次日股價強勢漲停，開始一輪主升段行情

▲ 圖 2-4　龍津藥業（002750）日 K 線圖

　　從該股盤面分析，符合主升段的兩個必備條件，即在滿足訊號突破的三個條件的同時，也滿足訊號持續的三個條件，還出現諸多的輔助條件，投資人可對照上述輔助條件做分析。需特別說明的是，上述有效訊號的必備條件和輔助條件，也可應用於有效向下突破的研判，把訊號現象倒過來即可。

❖　有效訊號的確認方法

　　不是所有的上漲訊號都會出現主升段行情，有的只是小漲或反彈，甚至是單日行情，因此要對主升段訊號進行確認。根據實戰經驗，可以透過以下幾方面進行研判。

1. 從「線」上確認

　　當股價成功突破某一條「線」的壓力，或遇到某一條「線」的支撐時（如均線、通道線、趨勢線以及黃金分割線），達到突破的必備條件，則這個訊

號得到有效確認。如果此時得到更多的輔助訊號支援，那麼這個主升段訊號就更有效，投資人可以大膽做多。

如圖 2-5 數字認證（300579）K 線圖所示，股價從均線下方穿越到均線上方後，圍繞 30 日均線展開一段時間的整理。2019 年 2 月 14 日，一根放量漲停大陽線一躍而起，脫離了底部盤整區的制約，均線系統呈現多頭發散，此後出現一波主升段行情。

從圖中可以看出，股價獲得均線系統支撐後，形成放量向上突破走勢，並在突破之後產生持續上漲訊號。根據有效訊號的必備條件和輔助條件，後市上漲不會有太多的意外，此時投資人應積極介入做多。

如圖 2-6 華仁藥業（300110）的 K 線圖所示，該股成功見底後，股價返回到 30 日均線之上，均線系統由空頭排列轉為多頭排列，然後股價在 30 日上方進行蓄勢整理，同時對 30 日均線進行回測確認，此時 30 日均線保持緩慢上行走勢。當股價獲得 30 日均線的有效支撐後，2019 年 3 月 27 日再次向上發起攻擊，成交量明顯放大。對照前文所述的必備條件和輔助條件，主升段訊號明確，從而產生一波主升段行情。

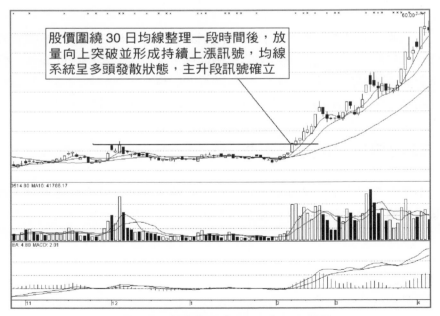

▲ 圖 2-5　數字認證（300579）日 K 線圖

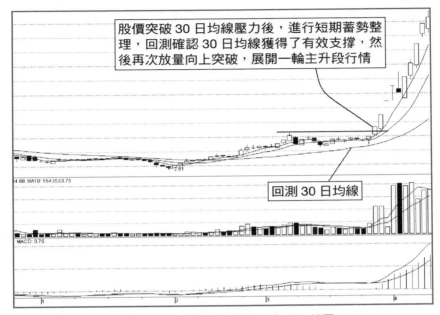

股價突破 30 日均線壓力後，進行短期蓄勢整理，回測確認 30 日均線獲得了有效支撐，然後再次放量向上突破，展開一輪主升段行情

回測 30 日均線

▲ 圖 2-6　華仁藥業（300110）日 K 線圖

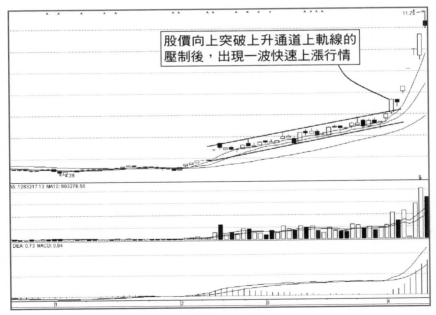

股價向上突破上升通道上軌線的壓制後，出現一波快速上漲行情

▲ 圖 2-7　海翔藥業（002099）日 K 線圖

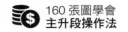
如圖 2-7 海翔藥業（002099）的 K 線圖所示，該股成功探明底部後，在 2019 年 2 月 18 日跳空突破，然後在缺口上方保持緩慢的盤升走勢，在盤升過程中形成了一個狹窄的上升通道，執行時間長達 1 個多月。4 月 2 日出現突破走勢，股價向上突破上升通道的上軌線壓制，次日經過回測確認其突破有效，之後股價開始加速上漲。

2. 從「形」上確認

顧名思義是從技術圖形上進行分析研判，當股價成功突破某一個「形態」且達到突破的必備條件時，則這個訊號得到有效確認，可能因此產生一輪主升段行情。它主要包含以下三個方面。

（1）泛指所有的技術整理形態，如日 K 線的雙重形、頭肩形、三角形及楔形等，當股價突破某一個技術整理形態時，這個訊號就得到確認。

（2）泛指所有的 K 線組合或單根 K 線形態，如早晨之星、紅三兵、二陽夾一陰等組合 K 線形態，和神針穿線、錘頭線、包容線等單根 K 線形態，當股價成功突破某一個 K 線形態時，這個訊號就得到確認。

（3）泛指具有形態功能的技術指標形態，如 RSI、KDJ、MACD 等技術指標產生的雙重形、頭肩形、三角形等，當股價成功突破這些技術指標形態時，這個訊號也將得到確認。

如果得到更多的輔助訊號支援時，疊加的衝擊力度越強，那麼這個主升段訊號越有效。如圖 2-8 本鋼板材（000761）的 K 線圖所示，這是股價突破雙重底形態後出現盤升行情的例子。該股見頂後，逐波回落，在底部構築一個雙重底整理形態。2019 年 2 月 25 日，股價放量突破雙重底的頸線位，此後股價強勢走高，最後形成加速上漲行情。此為主力利用技術整理形態，進行大幅炒作的經典。

如圖 2-9 人民網（603000）的 K 線圖所示，這是成功構築紅三兵 K 線組合形態後出現主升段走勢的例子。該股在長時間的底部盤整過程中，主力吸納了大量的低價籌碼。2019 年 2 月連續收出三根相似的陽線，構築一個紅三兵 K 線組合形態，該形態突破了底部盤整區域。股價突破之後，經過一天的洗盤整理，出現一輪主升段行情，15 個交易日中拉出 12 個漲停板。從圖中可以看出，盤面走勢符合主升段突破訊號的必備條件和輔助條件，突破之時就是投資人介入的最佳時機。

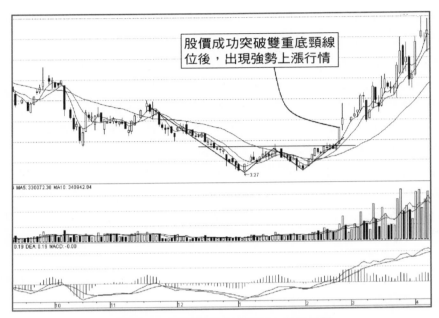

股價成功突破雙重底頸線
位後，出現強勢上漲行情

▲ 圖 2-8　本鋼板材（000761）日 K 線圖

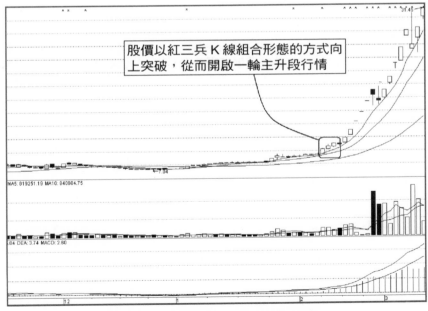

股價以紅三兵 K 線組合形態的方式向
上突破，從而開啟一輪主升段行情

▲ 圖 2-9　人民網（603000）日 K 線圖

　　如 2-10 東方網絡（002175）的 K 線圖所示，該股經過快速下跌後止穩回升，形成一個小的上升通道，2019 年 2 月 25 日，在漲勢中拉出一根大陽線，表示上漲勢頭強勁，接著出現三天小整理走勢，對技術指標進行成功修復後。3 月 1 日，又一根漲停大陽線向上突破，形成上升三法形態，上漲氣勢得到進一步加強。之後股價又拉出 8 個漲停，短期漲幅巨大。

　　如圖 2-11 福安藥業（300194）的 K 線圖所示，這是成功構築技術指標形態後出現主升段走勢的例子。該股經過大幅整理後，主力在 2019 年 1 月底故意打壓製造一個空頭陷阱，然後止穩震盪，RSI 指標形成 W 形態，股價漸漸回升，均線系統呈多頭排列。然後經過一段時間的蓄勢整理，在 3 月 29 日收出漲停大陽線，RSI 指標構築 W 形態，表示洗盤整理結束，股價將展開主升段行情。

　　該股 RSI 指標出現兩個典型的 W 形態，都是比較好的買入訊號。前一個 W 充當底部形態，後一個 W 預示將要加速上漲。以上兩例皆為主力利用技術指標形態，進行大幅炒作的經典。

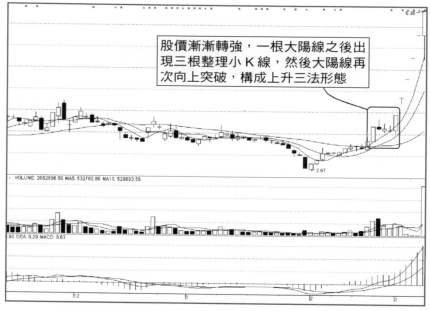

▲ 圖 2-10　東方網絡（002175）日 K 線圖

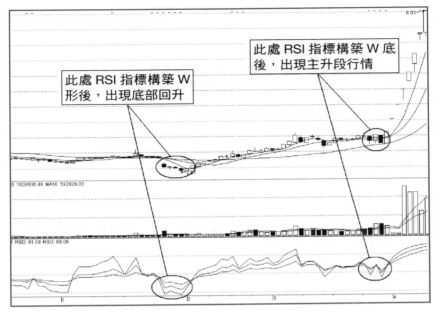

此處 RSI 指標構築 W 底後，出現主升段行情

此處 RSI 指標構築 W 形後，出現底部回升

▲ 圖 2-11　福安藥業（300194）日 K 線圖

3. 從「價」上確認

當股價有效突破某一個重要價位時，如前期最高價、整數價位等，意味著上方的壓力被成功消化，上漲空間被有效打開，原先的壓力成為現在的支撐，後市股價將繼續上漲，則此訊號獲得確認。如果得到更多的輔助訊號支援時，那麼股價突破就有效，主升段的訊號越強。

如圖 2-12 中船防務（600685）的 K 線圖所示，股價在長期的底部震盪過程中，形成了多個階段性小高點，而這些小高點對股價上漲構成了較大的技術壓力，股價多次上攻均未能有效突破。2019 年 2 月一根放量漲停大陽線，一舉攻克前期的多個小高點的壓力，然後股價繼續維持強勢狀態，明示主力做多意圖，盤面符合多個有效訊號的輔助條件，從而構成買入訊號。

如圖 2-13 聖達生物（603079）的 K 線圖所示，該股主力完成建倉計畫後，股價緩步向上推高，均線系統出現多頭排列，30 日均線向上走高，支撐股價上漲。經過小幅上漲，股價出現回落洗盤走勢，從而產生多個小高點，這些小高點對股價短期上漲形成壓力。當回檔到 30 日均線附近時，得到有

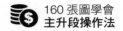

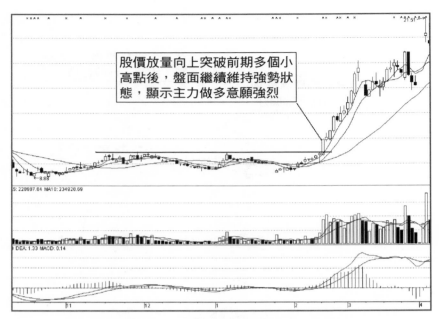

股價放量向上突破前期多個小
高點後,盤面繼續維持強勢狀
態,顯示主力做多意願強烈

▲ 圖 2-12　中船防務（600685）日 K 線圖

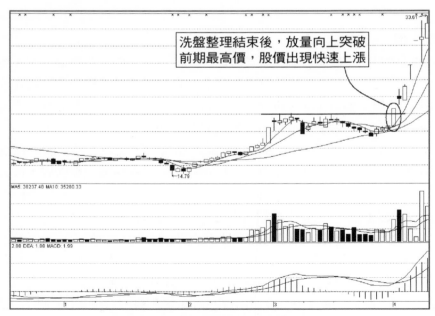

洗盤整理結束後,放量向上突破
前期最高價,股價出現快速上漲

▲ 圖 2-13　聖達生物（603079）日 K 線圖

力的技術支撐，買盤開始介入。2019 年 4 月 1 日，股價放量漲停，突破前期高點壓力，隨後股價出現連續快速上漲。

　　有時候一個突破訊號出現後，不一定就是有效訊號，還需要進行回測確認。也就是說對突破訊號的檢驗，確認其是否可靠，這麼做後市股價上漲才能踏實，它是突破訊號的重複動作，但不是所有的突破都必須經過回測確認，有很多強勢主力股就沒有回測走勢。

　　如圖 2-14 精準信息（300099）的 K 線圖所示，該股主力完成建倉計畫後，當股價向上推升到 6 元附近時，遇到整數關口的壓力，多次向上攻擊未果。經過一段時間的蓄勢整理後，漸漸消化了上方的壓力。2019 年 3 月 28 日，股價放量漲停，突破 6 元整數關口，形成一個強勢的主升段訊號，且符合多個有效訊號的輔助條件支援，股價出現快速拉升。

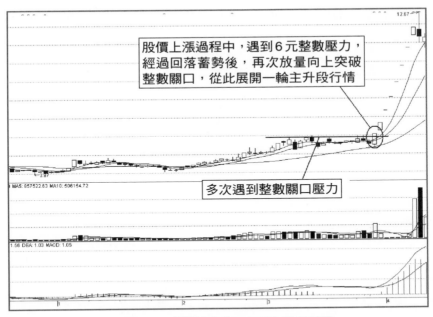

▲ 圖 2-14　精準信息（300099）日 K 線圖

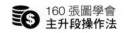
4. 從「位」上確認

指從股價位置上予以確認，當股價成功突破某一個重要價格區域時，如一個盤整區域、成交密集區域等，則這個訊號獲得確認，有可能產生一輪主升段行情。如果得到更多的輔助訊號支援時，意味著股價上漲空間被有效打開，那麼一波主升段行情就會由此展開。

如圖 2-15 御銀股份（002177）的 K 線圖所示，該股主力完成建倉計畫後，股價向上拉高，脫離底部區域，然後在相對高位進行蓄勢整理，從而形成一個盤整區。2019 年 3 月 28 日，一根放量漲停大陽線拔地而起，向上突破了該整理平台。之後，股價出現快速上漲，連拉 6 個漲停板。

如圖 2-16 順榮股份（002555）的 K 線圖所示，該股見底止穩後，出現長達一年多的震盪走勢，股價上下窄幅波動，形成了一個盤整區域，主力在這期間吸納了大量的低價籌碼，在利多消息的配合下，股價向上脫離了這個盤整區域，連續出現多個一字形漲停板，短期漲幅非常之大。

如圖 2-17 上港集團（600018）的 K 線圖所示，該股在長時間的底部震

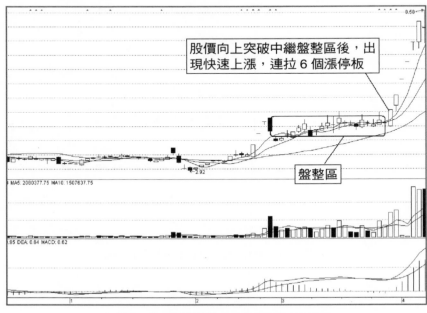

▲ 圖 2-15　御銀股份（002177）日 K 線圖

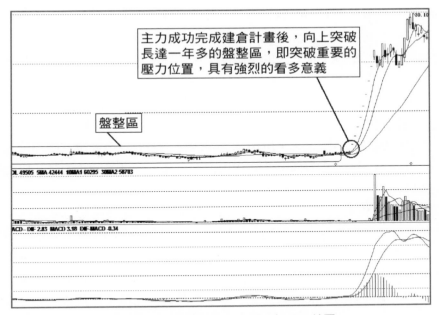

主力成功完成建倉計畫後，向上突破
長達一年多的盤整區，即突破重要的
壓力位置，具有強烈的看多意義

盤整區

▲ 圖 2-16　順榮股份（002555）日 K 線圖

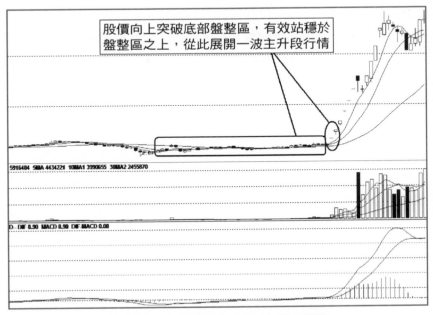

股價向上突破底部盤整區，有效站穩於
盤整區之上，從此展開一波主升段行情

▲ 圖 2-17　上港集團（600018）日 K 線圖

盪過程中，形成一個盤整區域，不久，股價從漲停板價位開盤，全天封盤不動，形成一字形 K 線，股價向上突破盤整區域。第二天，繼續高開高走，股價強勢上漲，鞏固了第一天的突破成果。因此，第二天盤中震盪低點就是較好的買入點。

5. 從「量」上確認

指成交量出現持續放大，出現第二次放量，場外資金源源不斷地流入市場，從而確認訊號的有效性。此時如果得到更多的輔助訊號支援時，股價上漲強度越大，主升段的訊號越可靠。

如圖 2-18 生益股份（002458）的 K 線圖所示，該股成功見底後，股價漸漸向上走高，成交量出現溫和放大現象，但到達前期高點壓力位附近時遇到賣盤的賣壓，股價出現回落整理走勢，成交量出現相應的萎縮，量價配合頗具規律。當股價回檔到前期低點時，又得到買盤的支撐，盤面出現第二次放量，且明顯大於前一次的成交量，顯示場外資金開始不斷流入市場，股價出現同步向上攀高走勢，其上漲勢頭明顯強於前一次，因此看多意義更加強烈。2019 年 2 月 25 日，股價向上突破前期高點，從而走出一波大牛行情。

如圖 2-19 元力股份（300174）的 K 線圖所示，該股經過長期整理後見底止穩，經過小幅回升後出現盤整走勢，形成一個盤整區域，當上方壓力被充分消化後，2019 年 3 月 25 日開始，以「紅三兵」的形式持續放量向上突破，股價成功脫離整理平台，之後出現加速上漲走勢，從而形成主升段行情。從 K 線圖中可以看出，符合突破的三個條件：幅度、時間、量能，投資人可以積極跟進做多。

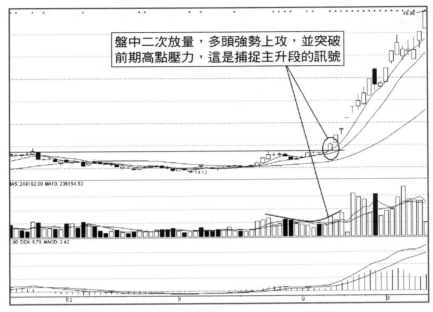

盤中二次放量，多頭強勢上攻，並突破
前期高點壓力，這是捕捉主升段的訊號

▲ 圖 2-18　生益股份（002458）日 K 線圖

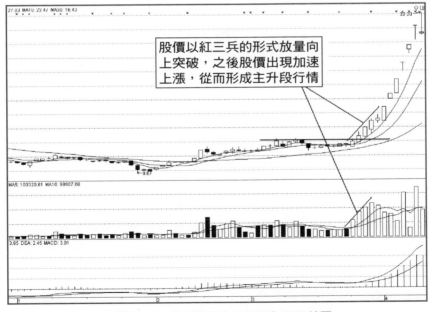

股價以紅三兵的形式放量向
上突破，之後股價出現加速
上漲，從而形成主升段行情

▲ 圖 2-19　元力股份（300174）日 K 線圖

2-3　再次驗證，由「疑似訊號」到「有效訊號」

❖ 疑似訊號的構成條件

疑似訊號也稱為「可疑訊號」，是引發某一種發展趨勢的可能性訊號。但只是市場產生的一種苗頭或現象，後市發展充滿許多變數，必須經過進一步驗證為有效後，才能成功地將其變化為有效訊號，否則不能作為研判後市走勢的依據。

疑似主升段訊號的辨別，也就是疑似訊號必須具備的構成條件如下。(1) 股價必須突破某一個重要的技術壓力位；(2) 股價應當建立在均線具有多頭特徵的基礎之上；(3) 必須得到成交量的積極配合；(4) 必須具有強大的向上攻擊性和持續性。

如圖 2-20，這是至純科技（603690）2018 年 10 月至 2019 年 3 月的走勢圖。2018 年 11 月中旬，股價連續收出放量上漲小陽線，但不能認為是一個標誌性訊號，即不是一個疑似主升段訊號，它不符合疑似主升段訊號的 4 個構成條件。2019 年 1 月 7 日出現的漲停大陽線，也不具備疑似主升段訊號的 4 個構成條件。

在 2019 年 2 月 18 日和 2 月 25 日出現的這兩根放量漲停大陽線，就是標誌性 K 線，即一個疑似主升段訊號，它符合疑似主升段訊號的 4 個構成條件，只不過隨後經過驗證時失敗，不能成功地過渡為一個有效訊號而已。

投資人可以對照分析這幾個訊號，就能找到其不同之處。第 1 個訊號與第 2 個訊號相似，均線系統都處於空頭排列，股價處於下降通道之中，不能成為疑似主升段訊號。第 3 個訊號和第 4 個訊號相似，均線系統處於多頭排

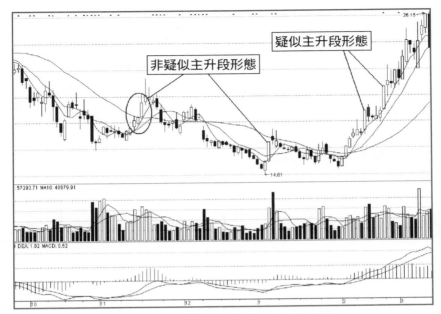

▲ 圖 2-20 至純科技（603690）日 K 線圖

列，並向上脫離底部區域，所以都是一個疑似主升段訊號。

如圖 2-21 亞星錨鏈（601890）的 K 線圖所示，該股出現的兩次訊號有明顯的區別，2019 年 1 月 7 日出現的漲停大陽線，雖然股價突破了前期盤整區高點，但 30 日均線處於下降狀態，多頭的上攻力道大打折扣，這種情況很難出現主升段行情，只有少數主力控盤個股才會出現主升段行情。

但隨後 2 月 27 日出現的漲停大陽線，技術意義就大不一樣了，此時盤面符合疑似主升段訊號的 4 個構成條件，並成功轉換為有效的主升段訊號，股價迎來快速上漲行情。

❖ 疑似訊號的檢驗過程

一個疑似訊號產生後，需要進一步確認和驗證，才能轉化為一個有效的主升段訊號，也才可以作為買賣的依據。通常可以透過兩個方面進行驗證：一是當前既有的市場因素；二是未來可能產生的市場因素。

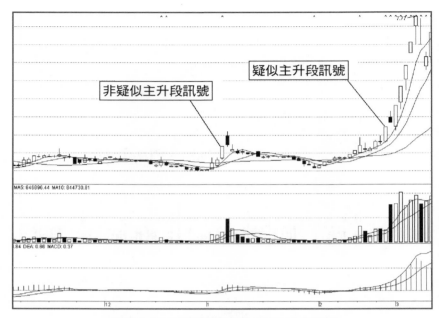

▲ 圖 2-21　亞星錨鏈（601890）日 K 線圖

1. 「已經產生」的既有市場因素

已經產生的既有市場因素是指一個疑似訊號產生時，市場所形成的技術形態和意義，是可能引發主升段標誌性的技術訊號，常見的有以下。

(1) 股價穿越均線系統、趨勢線、通道線或黃金分割線等。

(2) 構成多頭 K 線形態，如紅三兵、陽包容、二陽夾一陰、上升三法等。

(3) 技術指標形成黃金交叉、底背離或出現向上的方向性提示等。

(4) 股價穿越一個技術整理形態，如三角形、楔形、矩形等。

(5) 股價穿越一個重要區域，如整理平台、成交密集區域等。

(6) 股價穿越前一次的高點，構成新的上漲浪形，打開上漲空間。

(7) 成交量開始溫和放大，主力有做多意願，資金流入明顯。

(8) 股價跳空上漲，高開高走，越過一個重要的壓力位。

(9) 有題材、概念、重組等重大利多支持。

(10) 公司出現產業轉型、業績提升、高配股等。

這些已經產生的既有市場因素，不需要同時具備，只要出現其中一個市

場因素，就可形成一個可疑的主升段訊號，比如股價突破均線系統、K 線形態、整理形態等，都是一個引發主升段產生的疑似訊號。

但是在實盤中，一個疑似訊號的產生往往同時具備多種市場因素，比如一個紅三兵 K 線形態產生時，又可能突破一條趨勢線、一個技術整理形態、一處重要壓力位；股價穿越一個技術形態時，又可能突破一個盤整區、一個高點或者出現利多因素，且成交量往往又是放大狀態的。一般來說，出現的既有市場因素越多，股價爆發力越強，訊號的可靠性越高。

如圖 2-22 廣安愛眾（600979）的 K 線圖所示，該股經過長時間的下跌整理後，在低位出現止穩築底走勢，盤中震盪幅度收窄，形成了橫盤整理形態，期間成交量大幅萎縮。在長達 2 個多月的盤整過程中，主力吸納了大量的低價籌碼。2017 年 12 月 25 日，一根跳空高開的放量漲停大陽線突破了底部盤整區域，第二天股價繼續強勢上漲，從此股價出現一波上升行情。

從該股盤面走勢中可以發現，在向上突破時出現多個既有市場因素，比較明顯的有股價跳空上漲、成交量有效放大、脫離底部盤整區、多項技術指

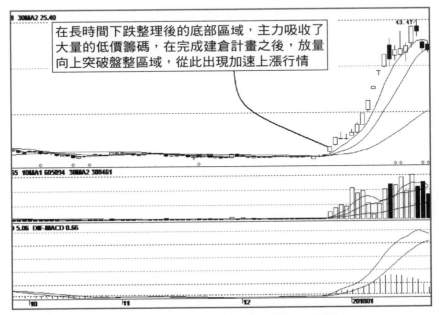

▲ 圖 2-22　廣安愛眾（600979）日 K 線圖

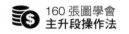
標產生底背離現象等，促使多頭氣勢更加強勁，股價上漲更加猛烈。

2.「將要產生」的可能市場因素

將要產生的可能市場因素，是指在既有市場因素出現後，市場隨後幾個交易日將有可能形成的走勢，這是判斷和檢驗既有市場因素可靠性的重要依據和方法。也就是說，它對既有市場因素予以肯定或否定，或者說，對原先市場出現的訊號是否有效作出評估。

一個既有市場因素出現後，市場不一定就會朝著這個訊號所提示的方向發展下去，需要進一步檢驗和確認，才能將一個疑似訊號成功地轉化為一個有效訊號，從而作為研判後市行情走勢的依據。

在當前市場中，一個疑似訊號產生後，如果在隨後的走勢中出現以下現象時，那麼這個疑似訊號轉化為有效訊號的機率就大大提高。

⑴ 股價突破某一個重要的技術壓力後，能夠快速脫離該壓力位的制約，形成氣勢磅礴的上升走勢。

⑵ 盤面依然保持強勢特徵，呈現蓄勢待發、呼之欲出的勢頭。

⑶ 成交量出現持續的放大，有源源不斷的資金入場。

⑷ 盤中沒有明顯的主力對倒行為，不存在刻意拉高動作。

⑸ 主力沒有利用假突破走勢進行暗中出貨，籌碼比較穩定。

⑹ 股價成功地將原先的壓力變化為現在的支撐，形成新的運行格局。

⑺ 股價繼續跳空上漲，留下短期不予回補的缺口，強勢特徵加強。

⑻ 多方拿下的前沿陣地，能夠堅定地守衛，不給空方可乘機會。

⑼ 多空雙方不存在明顯的分歧意見，盤中很少出現大幅震盪現象。

⑽ 股價上漲得到市場的共鳴，呼喚人氣，具有一定的號召力。

這些將要產生的可能市場因素，是檢驗既有市場因素有效性的重要途徑。通常，可能出現的市場因素越多越好，訊號的疊加效果更強，疑似訊號轉化為有效訊號的可靠性就越高。

如圖 2-23 啟迪古漢（000590）的 K 線圖所示，2019 年 3 月 11 日，出現一字漲停，次日繼續收漲，形成一個疑似主升段訊號。從這兩根 K 線可發現一些既有市場因素：股價跳空上漲、成交量放大、多項技術指標（如 MACD、RSI）進入強勢等。那麼，接著應關注該股隨後將要產生的可能市場因素，經過 4 個交易日的整理後，股價於 3 月 19 日出現漲停大陽線。

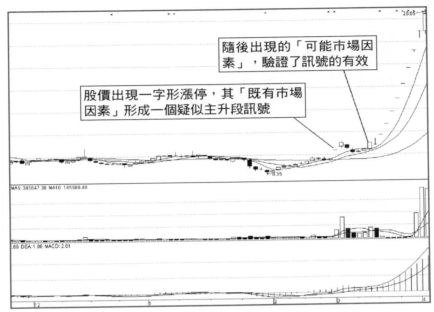

隨後出現的「可能市場因素」，驗證了訊號的有效

股價出現一字形漲停，其「既有市場因素」形成一個疑似主升段訊號

MA5: 365647.38 MA10 185586.48

.66 DEA 1.96 MACD: 2.01

▲ 圖 2-23　啟迪古漢（000590）日 K 線圖

　　此時產生這樣幾個市場因素：原先的均線由壓力轉化為支撐、成交量繼續放大、主力做多意圖明顯、股價成功消化了盤整區的壓力、均線系統繼續多頭發散等，盤面強勢特徵明顯。由此可見，一個疑似的主升段訊號成功地轉化為一個有效的主升段訊號，此後股價出現一波主升段行情，所以 3 月 20 日的回檔就是一個較好的買入機會。

　　如圖 2-24 台海核電（002366）的 K 線圖所示，該股在低位從漲停板開盤後，全天封盤不動，形成一字形漲停 K 線。此 K 線的既有市場因素：股價跳空高開、重大資產重組利多題材、股價脫離短期盤局、突破均線系統等。隨後出現的可能市場因素：股價繼續跳空上漲、股價突破前期高點壓力位、盤中籌碼穩固、主力做多意願堅定等。此後，該股出現一波暴漲式主升段行情，短線漲幅巨大。

　　如圖 2-25 龍津藥業（002750）的 K 線圖所示，2019 年 2 月 22 日開始出現一個「紅三兵」形態，根據這個既有市場因素，形成一個疑似主升段訊號。隨後股價繼續強勢向上運行，2 月 28 日股價放量漲停，此時一個疑似

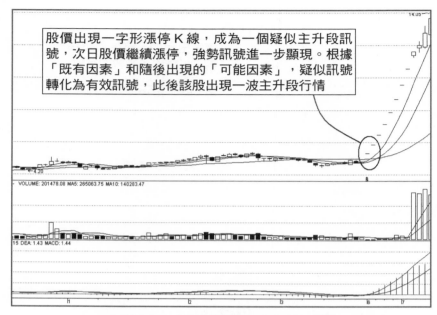

股價出現一字形漲停 K 線，成為一個疑似主升段訊號，次日股價繼續漲停，強勢訊號進一步顯現。根據「既有因素」和隨後出現的「可能因素」，疑似訊號轉化為有效訊號，此後該股出現一波主升段行情

▲ 圖 2-24 台海核電（002366）日 K 線圖

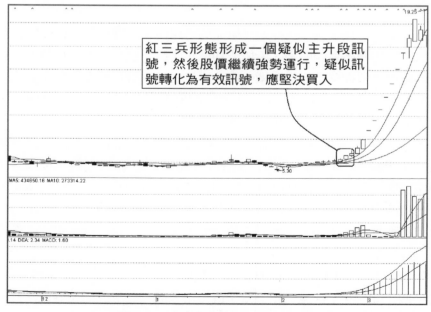

紅三兵形態形成一個疑似主升段訊號，然後股價繼續強勢運行，疑似訊號轉化為有效訊號，應堅決買入

▲ 圖 2-25 龍津藥業（002750）日 K 線圖

主升段訊號成功轉化為一個有效主升段訊號，應立即大膽追漲買入，之後股價出現大幅拉高。

❖ 疑似訊號的確認方法

如前文所述，標誌訊號包括有效訊號和疑似訊號。一個標誌訊號產生後，得到後續市場的支援或肯定，那麼這個標誌訊號就可以成功地轉化為一個有效的主升段訊號，即主升段成功產生。

疑似訊號的確認方法為，找出已經產生的既有市場因素，再根據隨後所產生的市場因素進行檢驗。其結果若是兩者性質相同（都具有看多因素），是有效訊號；若是兩者性質相反（多空分歧因素），是無效訊號。

1. 疑似訊號的轉換成功

從一個疑似訊號成功過渡為一個有效訊號，原先的主升段訊號得到強化，構成有效的主升段訊號。可疑訊號成功的公式如下：

一個強勢訊號 ＋ 一個強勢訊號 ＝ 一個有效的主升段訊號

上式中，前面的「一個強勢訊號」，指的是市場已經產生的既有市場因素；後面的「一個強勢訊號」，指的是市場將要產生的可能市場因素。那麼如何鑑定一個強勢訊號呢？可參考以下技術要點。

(1) 股價突破重要壓力位（所有認可的壓力位）。

(2) 均線系統形成多頭排列，30 日均線支撐股價走高。

(3) 成交量持續有效放大，場外資金入場積極。

如圖 2-26 民和股份（002234）的 K 線圖所示，從 2019 年 1 月 18 日開始，連續 8 天小陽線和星形線將股價推升到前期高點之上，成交量放大，向上突破了前期高點的壓力，產生一個強勢訊號，疑似進入主升段行情。但還不能因此作出肯定的判斷，市場依然存在許多變數，因為盤面還沒達到有效突破的三個條件，需要作進一步確認和驗證。

經過幾個交易日的強勢整理後，於 2 月 18 日又一根漲停大陽線向上拉起，再次產生一個強勢訊號。將前後兩個強勢訊號疊加在一起，其看漲意義就非常強烈，也就構成了一個有效的主升段訊號。投資人在第二個強勢訊號出現時，應大膽介入，此後股價出現一波漲幅非常大的主升段。

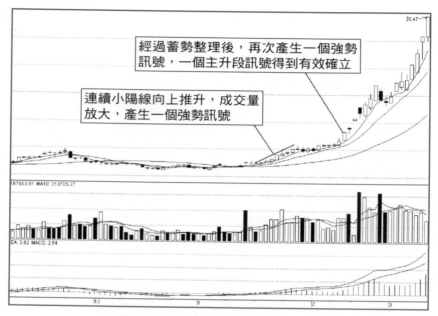

經過蓄勢整理後，再次產生一個強勢
訊號，一個主升段訊號得到有效確立

連續小陽線向上推升，成交量
放大，產生一個強勢訊號

▲ 圖 2-26　民和股份（002234）日 K 線圖

如圖 2-27 神奇製藥（600613）的 K 線圖所示，該股主力在底部完成建倉計畫後，在 2019 年 2 月 25 日收出一根攻擊性中陽線，股價突破底部盤整區，產生一個強勢訊號（符合強勢訊號的技術要求）。經過兩個交易日的整理後，2 月 28 日股價放量上漲，收出一根漲停大陽線，突破前期高點壓力，再次產生一個強勢訊號。前後兩個強勢訊號疊加在一起，可謂「強強聯合」，其看漲意義非同一般，一個有效的主升段訊號確立。之後，股價快速上漲，連拉多個漲停。

2. 疑似訊號的轉換失敗

一個疑似訊號若無法過渡為有效訊號，從而演變為失敗形態，原先的主升段訊號也就失效，則該訊號對以後的股價上漲不會產生積極影響，且可以作為一個高賣減倉的機會。可疑訊號失敗的公式如下：

一個強勢訊號＋一個弱勢訊號＝一個無效的主升段訊號。

上式中，「一個強勢訊號」指的是市場已經產生的既有市場因素；「一

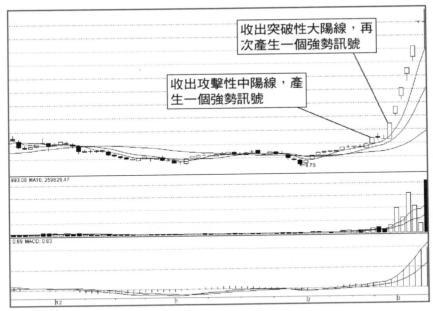

收出突破性大陽線，再
次產生一個強勢訊號

收出攻擊性中陽線，產
生一個強勢訊號

▲ 圖 2-27　神奇製藥（600613）日 K 線圖

個弱勢訊號」指的是市場將要產生的可能市場因素的相反訊號，這個相反的
訊號還會影響短期股價的運行。

　　一個強勢訊號的技術參考要點請見前文，一個弱勢訊號要否定一個強勢
訊號的鑑定方法，可以參考以下幾個技術要點。

　　(1) 股價重回重要壓力位（所有認可的壓力位）之下，有假突破嫌疑，
且壓力位反而得到加強。

　　(2) 股價收回了強勢訊號產生時的 1/2 以上漲幅，回收幅度越大，弱勢特
徵越明顯，如陰包容形態。

　　(3) 短期均線下行，並出現死亡交叉，攻擊力度減弱。

　　(4) 成交量不能持續有效放大，場外資金入場謹慎。

　　如圖 2-28 蘇州高新（600736）的 K 線圖所示，該股價快速下跌後，出
現 V 形反彈，股價很快回升到 V 形的起跌點，然後經過幾個交易日的橫盤
震盪整理，於 2018 年 11 月 15 日股價放量漲停，一根大陽線突破了前期盤
整區，次日繼續收漲，形成一個強勢訊號，疑似構成主升段訊號。

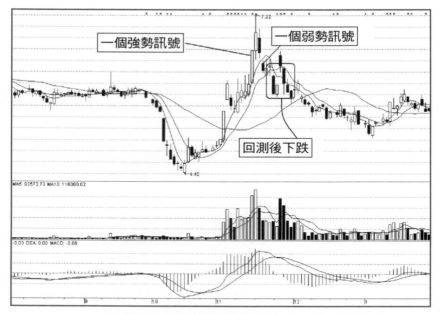

一個強勢訊號

一個弱勢訊號

回測後下跌

MA5:93572.72 MA10:116080.02

-0.03 DEA:0.00 MACD:-0.06

▲ 圖 2-28　蘇州高新（600736）日 K 線圖

　　那麼這個強勢訊號產生後，是否就會出現強勢上漲的主升段行情呢？不一定。之後連續的兩天回檔，收回了強勢訊號的 1/2 以上漲幅，經回測後再下跌，從而形成一個弱勢訊號。

　　從盤面可以看出，股價已經回落到重要壓力位附近，前面的漲幅已經全部被吞沒，使得前面的強勢訊號蕩然無存，也就是說，後面這個弱勢訊號湮滅了前面的強勢訊號，使其無法形成一個有效的主升段訊號，而且，這個弱勢訊號還影響市場的短期運行，此後股價出現繼續整理走勢。

3. 疑似訊號的繼續維持

　　一個標誌訊號產生之後，短期股價沒有作出確定性選擇，這時需要等待下一個訊號的出現，才能肯定或否定原先的訊號是否有效。也就是說，原先的訊號沒有被肯定或否定之前，那麼該疑似訊號將維持一段時間。疑似訊號維持的公式如下：

　　一個強勢訊號＋一個維持強勢訊號＝一個維持的主升段訊號

　　上式中，「一個強勢訊號」指的是市場已經產生的既有市場因素；「一個維持強勢訊號」指的是股價維持原先的強勢特徵，也就是既沒有對強勢訊號予以肯定，又沒有對強勢訊號予以否定，維持強勢震盪格局。

　　疑似訊號的維持只是出現暫時的平衡格局，這種盤面遲早會被打破，所以在實戰操作中需要等待後面出現一個新的訊號之後再作分析判斷。因此，可能產生以下兩種結果。

　　(1)出現一個新的強勢訊號，疑似訊號轉換為有效訊號，股價產生主升段行情。基本結構為：一個強勢訊號＋一個維持強勢訊號＋一個新的強勢訊號（鞏固）＝一個有效的主升段訊號。

　　如圖 2-29 中國應急（300527）的 K 線圖所示，該股見底後緩緩向上推高，2019 年 2 月 20 日股價拉高，突破了前面的兩個高點，形成三重底形態，產生一個強勢訊號。但股價突破後，並沒有出現快速拉升行情，而是維持強勢盤升格局，即維持一個強勢訊號。之後，出現短暫的橫向震盪走勢。3 月25 日，股價放量漲停，打破了這種震盪盤整格局，產生了一個新的強勢訊號。這個強勢訊號鞏固了前面的強勢訊號，主升段訊號得以確立，此後股價出現主升段行情。

　　如圖 2-30 復旦復華（600624）的 K 線圖所示，該股在 2019 年 2 月 22日和 25 日連拉兩個漲停，向上突破底部盤整區，產生一個強勢訊號。此後，短期出現橫向震盪整理，股價既不上漲也不下跌，主力努力維持一個強勢訊號。3 月 11 日開始，股價連拉一字漲停板，打破了這種震盪盤整格局，產生了一個新的強勢訊號，從而出現主升段行情。

　　(2) 出現一個新的弱勢訊號，股價重新步入整理走勢，疑似訊號失敗。其基本結構為：一個強勢訊號＋一個維持強勢訊號＋一個新的弱勢訊號（否定）＝一個失敗的主升段訊號。

　　如圖 2-31 國電南自（600268）的 K 線圖所示，該股產生一個強勢訊號後，股價僅僅維持了 6 個交易日的強勢走勢（這 6 個交易日的強勢走勢就是疑似訊號的維持走勢），第 7 個交易日就出現一個弱勢訊號，一根大陰線吃掉前面幾天漲幅的大半部分。此時前面的強勢訊號被全盤否決，使原先的疑似主升段訊號失效，股價重新步入整理走勢，此時投資人應放棄多頭思維。

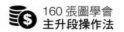

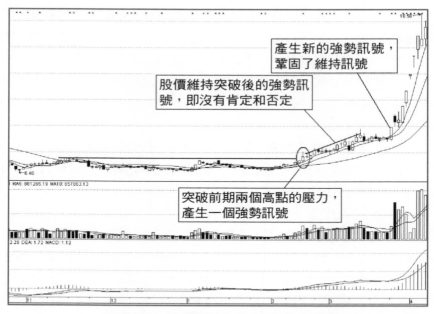

產生新的強勢訊號，
鞏固了維持訊號

股價維持突破後的強勢訊
號，即沒有肯定和否定

突破前期兩個高點的壓力，
產生一個強勢訊號

MA5: 861265.19 MA10: 657863.13

2.28 DEA: 1.72 MACD: 1.12

▲ 圖 2-29　中國應急（300527）日 K 線圖

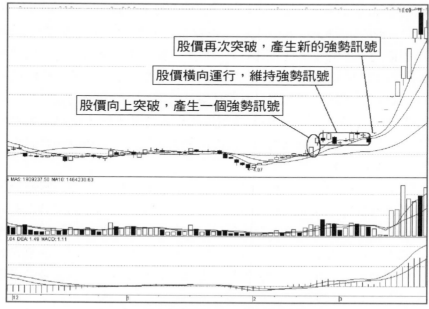

股價再次突破，產生新的強勢訊號

股價橫向運行，維持強勢訊號

股價向上突破，產生一個強勢訊號

MA5: 1809237.50 MA10: 1464230.63

.04 DEA: 1.49 MACD: 1.11

▲ 圖 2-30　復旦復華（600624）日 K 線圖

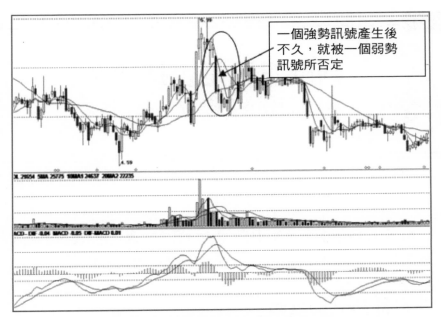

一個強勢訊號產生後不久，就被一個弱勢訊號所否定

▲ 圖 2-31　國電南自（600268）日 K 線圖

2-4

判斷訊號是否持續？
會怎麼演變？

一個主升段啟動訊號產生以後，該訊號是否持續下去、後市如何演變，就需要對此作出鑑別和確定，這就是主升段啟動訊號的評估。

❖ 主升段訊號的延續

一個主升段訊號產生後（包括有效訊號和疑似訊號），如果隨後的走勢繼續強勢上攻，那麼這個訊號短期內就不會輕易被破壞，形成一個主升段訊號延續走勢，也就是說，行情會朝此方向繼續發展一段時間。主升段訊號的延續，一般需要以下三個條件。

（1）主升段訊號的次日或幾日（可能出現一兩天漲跌幅度不大的星形線）必須強勢上漲，如果出現大陽線，其效果更佳。

（2）上漲大陽線必須得到成交量的積極配合，等於或大於前一日的成交量，但不應是天量，除非是因漲停惜售而出現的縮量現象。

（3）盤面走勢必須符合 1-3 節中所介紹的「主升段 8 大操作法」：飆升、跳空、漲停、對倒、推升、貼線、逼空、滾動。股價上漲有氣勢、有力度，盤面拉升有節奏、有波形。

如圖 2-32 大智慧（601519）的 K 線圖所示，2019 年 2 月 19 日，股價放量突破盤整區壓力後，形成持續拉升勢頭，強勢特徵非常明顯。2 月 28 日，打開一字形漲停時，盤中賣壓並不大，當天仍然放量收漲停。

次日大幅低開 9.95%，成功釋放浮動籌碼後，股價繼續拉漲。從 3 月 4 日開始，再次連拉 5 個漲停。其走勢達到主升段訊號延續的三個條件，盤面

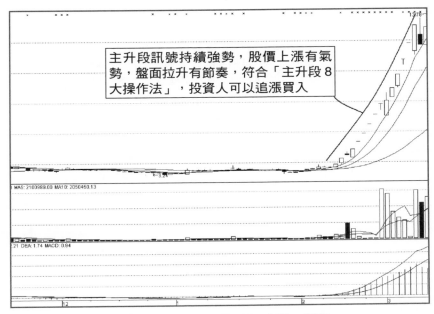

> 主升段訊號持續強勢，股價上漲有氣勢，盤面拉升有節奏，符合「主升段 8 大操作法」，投資人可以追漲買入

▲ 圖 2-32　大智慧（601519）日 K 線圖

符合「主升段 8 大操作法」。投資人遇到這種盤面時，可追漲買入，等待主升段帶來的豐厚獲利。

如圖 2-33 風範股份（601700）的 K 線圖所示，該股主力完成建倉計畫後，2018 年 12 月 26 日股價放量漲停，向上突破盤整區域，形成一個 W 底形態，從而產生一個主升段訊號，之後股價強勢拉升，出現逼空式上漲。盤面走勢符合「主升段 8 大操作法」特徵，股價上漲有氣勢、有力度，盤面拉升有節奏、有波形。如此一來，主升段訊號將會成功延續下去。

❖ 主升段訊號的鞏固

實戰操作中，主升段訊號產生後股價不一定立即持續上漲，而是在啟動訊號的收盤價附近強勢震盪整理，經過幾個交易日或一段時間的強勢整理後，股價再次放量上漲，從而形成主升段。這種現象需要具備以下條件。

(1) 股價在啟動訊號的 0.618 以上位置震盪，盤面強勢依舊。

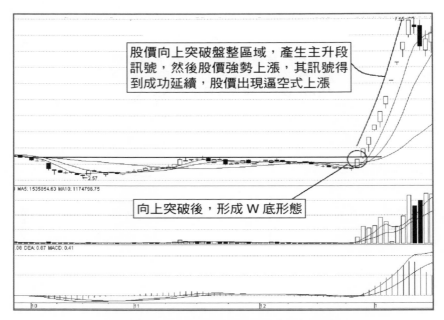

股價向上突破盤整區域，產生主升段訊號，然後股價強勢上漲，其訊號得到成功延續，股價出現逼空式上漲

向上突破後，形成 W 底形態

▲ 圖 2-33　風範股份（601700）日 K 線圖

（2）在強勢整理過程中，成交量不能大幅萎縮，保持盤面活躍狀態。

（3）不應破壞 30 日均線，當股價整理到 30 日均線附近時，如果股價仍然沒有走強，那麼這個啟動訊號就會大大減弱，甚至失去原有的作用。

（4）需要一個新的主升段訊號進一步確認。

如圖 2-34 西藏旅遊（600749）的 K 線圖所示，該股經過大幅整理後，漸漸見底止穩回升，成交量開始溫和放大。股價成功突破 30 日均線的壓制，經過短暫的回落洗盤後，股價在 2019 年 3 月下旬出現加速上漲，形成主升段訊號，大有加速上漲之勢。但股價漲勢戛然而止，開展強勢整理，當股價回落到前一波漲幅的 0.618 位置附近時，得到有力的技術支撐。4 月 1 日，股價再次放量漲停，產生一個新的主升段訊號，對前面的強勢訊號予以鞏固，之後股價連拉多個漲停。

從該股的走勢可以看出，盤面完全符合主升段訊號鞏固的四個條件，投資人在洗盤結束時，應毫不猶豫地入場。類似的例子很多，投資人在實盤中多加檢驗，一定能找到其中的奧妙之處。

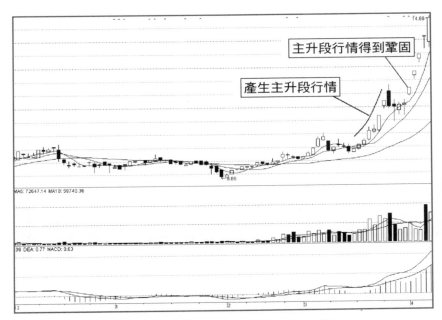

▲ 圖 2-34　西藏旅遊（600749）日 K 線圖

　　如圖 2-35 科藍軟件（300663）的 K 線圖所示，在長時間的底部震盪過程中，主力成功地完成了建倉計畫。2019 年 2 月 22 日，一根大陽線向上突破底部盤整區，次日收出漲停 T 字線，從而產生一個主升段訊號。之後，主力進行了橫向震盪洗盤，盤中浮動籌碼得到較好的換手。3 月 18 日，股價再次形成放量突破走勢，強化了主升段的上漲氣勢，上漲強度更加強勁。

❖ 主升段訊號再生成

　　在實盤中，很多時候主升段訊號產生以後，需要一次回測確認走勢，以檢驗訊號是否有效。主升段訊號經過檢驗成功後，股價將出現新的攻勢，即回測確認成功，一個主升段訊號再生成。

　　需要特別說明的是，在檢驗訊號時，不一定就在第二天回落，可能經過幾個交易日甚至一段時間以後再回測檢驗。主升段訊號的再生成應滿足以下五個條件。

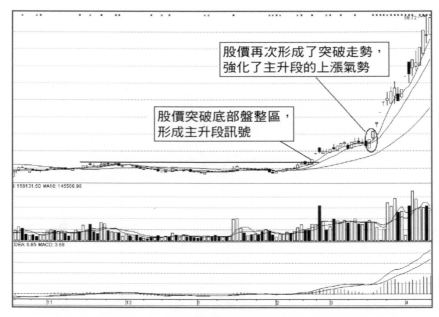

股價再次形成了突破走勢，
強化了主升段的上漲氣勢

股價突破底部盤整區，
形成主升段訊號

▲ 圖 2-35　科藍軟件（300663）日 K 線圖

(1) 兩個低點：檢驗低點不能低於前期最後一個低點（極限位置）。

(2) 兩個高點：檢驗之後的上漲必須高於突破時形成的高點。

(3) 量價規律：回測時縮量，回測結束後放量上漲。

(4) 需要一個新的主升段訊號進一步確認。

(5) 以 30 日均線作為最後防線。

關於回測問題，當股價在一個趨勢或形態中運行一段時間後，會突破這個趨勢或形態，而突破後常常出現回測確認現象。回測是對突破最有效的確認方式，看起來十分簡單，但其中許多問題值得注意，盤面表現形式也有很多變化，所反映出現的訊息及其產生的結果也是不一樣的。

在實戰操作中，回測確認也有真假之分，比如，股價回測到頸線位附近稍作停留，在盤面上產生回測的錯覺，然後股價返回到原來的趨勢或形態之中，散戶因此容易受騙，這是假突破假回測。

或者回測幅度較大，給散戶造成形態失敗的假象，然後重新向突破方向發展，這是「真突破假回測」，主力在真正突破後，透過假回測欺騙投資人。

因此，最重要的是掌握對回測真實性的判斷方法。向上突破後出現回測時，投資人必須掌握以下的三個關鍵性要素。

(1) **兩個低點**：回測的低點不能低於前期最後一個低點，如果低於前期的低點，則不屬於回測，而是原來下降趨勢（或震盪走勢）的延續。也就是說，當股價向上突破下降趨勢線後，回測的最低點不能低於突破前形成的最後一個低點，如果收於此低點之下，表示下降趨勢線仍然發揮作用。而且在一般的次要趨勢線中，後面的低點必須高於前面最後一個低點的幅度，超過3% 以上。

如圖 2-36 所示，A 點為下降趨勢的最後一個低點，C 點為回測時的低點，C 點絕對不能低於 A 點。如果 C 點低於 A 點，則不屬於回測，而是原來下降趨勢的延續。而且，C 點必須高於 A 點的幅度要超過 3% 以上（時間跨越越長，要求幅度越大）。

(2) **兩個高點**：回測之後的上漲必須高於突破時形成的高點，如果低於突破時產生的高點，則突破力道不強，十之八九會成為失敗走勢。也就是說，股價向上突破下降趨勢線（或震盪走勢）後，回測結束重新上漲時，第一個高點必須高於突破時形成的高點，如果第一個高點低於突破時產生的高點，則上攻力量較弱，容易出現突破失敗，後市有可能形成橫向盤整走勢，或重回跌勢。

如圖 2-36 所示，B 點為突破高點，D 點為回測後的第一個上漲高點，D 點絕對不能低於 B 點。如果 D 點低於 B 點，則突破力度不強，為疑似突破訊號。而且，D 點必須高於 B 點的幅度要超過 3% 以上（時間跨越越長，要求幅度越大）。

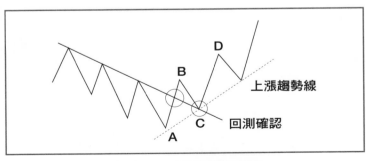

▲ 圖 2-36　回測形態示意圖

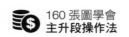

(3) **成交量**：回測時的成交量也非常關鍵，特別是股價向上突破下降趨勢線（或震盪走勢），在回測結束後重新上漲時，成交量要大於突破時的量能，即要有第二次放量現象，至少也要保持較高的活躍盤面，如果成交量與突破時相差很大，就很有可能導致突破失敗。

如圖 2-37 紫鑫藥業（002118）的 K 線圖所示，2019 年 2 月股價見底（A 點）後連續爬高，收出多根溫和放量上漲的小陽線，股價成功脫離底部盤整區域，並突破前期整理區域形成的高點壓力（B 點），從而產生一個主升段訊號。股價小幅上漲後，展開回測確認走勢，當股價回測到前期高點（C 點）附近時，立即獲得支撐而繼續走強。股價創出上漲新高（D 點），表示回測確認股價突破有效，主升段訊號再生成。之後，主力展開第二次確認走勢，同樣確認突破有效，此時是一個絕佳的買入點。

從該股圖表中可以看出，兩次回測確認走勢，峰谷清晰，節奏分明，完全符合回測確認的三個關鍵性要素，並達到主升段再生成的五個條件。

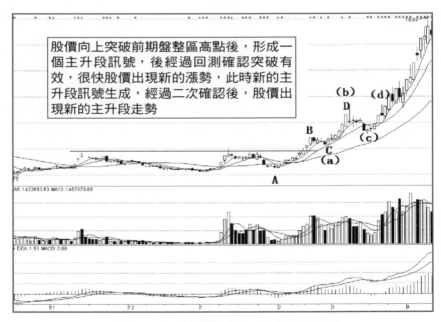

▲ 圖 2-37　紫鑫藥業（002118）日 K 線圖

❖ 主升段訊號的失敗

　　主升段訊號的失敗，指主升段訊號經過檢驗後，無法生成一個新的主升段訊號，使原先的主升段訊號遭到破壞，股價出現新的跌勢。在盤面中出現以下三種情形之一時，被認定為主升段訊號失敗，應放棄多頭思維。

　　(1) **兩個低點**：檢驗的低點低於前期最後一個低點，產生新的低點。

　　(2) **兩個高點**：檢驗之後股價無法形成新的高點，前高成為壓力區。

　　(3) **量價失衡**：股價出現放量下跌，或上漲無量現象。

　　如圖 2-38 華鼎股份（601113）的 K 線圖所示，該股在低位出現兩根大陽線，成功突破前面的兩個高點壓力，上漲空間似乎被有效打開，隨後股價回檔到前期高點附近時獲得支撐而回升。但可惜的是，股價回升時力道有限，缺乏新的上漲動力，突破後生產的第一個高點（D 點）無法向上穿越前期突破時形成的高點（B 點）。

　　如圖 2-39 江山歐派（603208）的 K 線圖所示，股價見頂後下跌，形成一條下降趨勢線，長期壓制著股價的上漲。不久股價止穩回升，放量向上突破下降趨勢線，之後向下回落展開回測確認動作，然後再次上漲，但該股未能出現主升段行情。該股的走勢經過分析後，存在以下幾點疑問。

　　(1) 股價突破下降趨勢線後，回測時的低點低於突破前的最後一個低點，即圖中 C 點低於 A 點（無法形成新的上升趨勢線），表示盤面非常弱，下降趨勢線仍然影響股價進一步下跌。

　　(2) 股價遇到趨勢線支撐而上漲時，第一個高點沒有超過突破時形成的高點，即圖中 D 點低於 B 點（沒有出現更高的高點），反映上攻力量不足，上漲勢頭並不強勁，股價有繼續走弱的可能。

　　(3) 股價回測結束後再次上漲時，成交量沒有再次放大，即圖中 D 點的量小於 B 點的量，表示跟風不夠積極，主力做多意願不強。

　　(4) 下降趨勢線本身就具有助跌作用，在新的上漲趨勢線沒有形成時，始終對股價具有向心力和離心力作用。

　　投資人遇到這種盤面時，應認真分析圖形，判斷方法如下：① 比較兩個低點；② 比較兩個高點；③ 關注成交量的大小；④ 分析趨勢線的角度（以30 度角～ 45 度角為宜）；⑤ 注意趨勢線的功能。依此五點判斷，基本上就把握了回測確認是否成功，以及後市的漲跌力道。

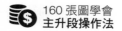

▲ 圖 2-38　華鼎股份（601113）日 K 線圖

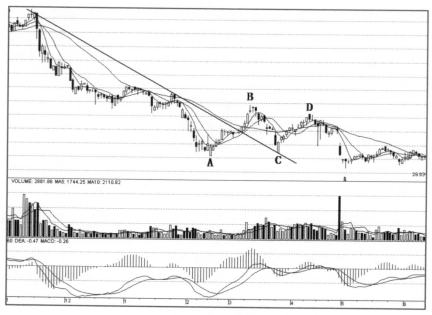

▲ 圖 2-39　江山歐派（603208）日 K 線圖

2-5

用 K 線＋趨勢＋成交量，準確預測上漲強度

　　一般而言，股價上漲壓力越大，一旦成功突破之後，其上漲強度也就越大。上漲的強度大小，在技術方面取決於主升段的必備條件和輔助條件。在實戰操作中，一般可以從以下幾個方面判斷主升段的強弱。

❖ 由前一日 K 線判斷上漲強度

　　一般來說，大陽線的上漲強度與其實體長短成正比。也就是說，陽線實體越長，則上漲強度越強。反之，則強度越小。

　　更重要的是，大陽線的上漲強度與前一天或前幾天的 K 線位置有很大的關係。當日大陽線是前一天 K 線的延續，因此要與前面的 K 線一起分析，所得出的結果更為可靠。在實盤中，要特別注意以下四種盤面現象。(1) 持續下跌的大陽線；(2) 止穩震盪的大陽線；(3) 止跌回升的大陽線；(4) 持續推升的大陽線。

　　前面兩種類型的 K 線形態大多屬於止穩震盪訊號，出現主升段的機率不高，在此不作分析。後面兩種類型的 K 線形態大多已經處於強勢市場之中，出現主升段的機率較高，應特別關注這兩類 K 線形態。

　　其中最強烈的是第四種持續推升中出現的大陽線，股價經過震盪築底後，已經出現明顯的止穩回升態勢，股價重心不斷上移，但整體漲幅並不大，此時如果拉出一根大陽線，不僅鞏固底部基礎，還能加強股價的上漲速度，有可能催生一波主升段行情。

67

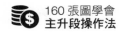
1. 止跌回升後的大陽線

　　股價經過持續的下跌整理後，做空能量釋放結束，股價出現明顯的止穩走勢，市場重心漸漸上移，表現出強烈的上漲欲望。此時如果拉出一根大陽線，表示市場底部成功確立，後市將出現強勁的上漲行情。

　　如圖 2-40 海得控制（002184）的 K 線圖所示，股價經過長時間大幅下跌整理後，做空能量得到充分釋放，出現震盪築底走勢，主力資金逢低悄然介入，股價重心開始上移。2018 年 3 月初，一根漲停大陽線向上拉起，突破 30 日均線的壓制，股價成功脫離底部區域，隨後出現一波快速上漲行情。

　　從圖中可以看出，在大陽線出現的前幾天，盤面上呈現小陰小陽走勢，說明股價的下跌力道已經衰竭。特別是大陽線的前幾天，出現連續的小陽線，表示多頭已經蠢蠢欲動，也反映市場已經出現止跌回升態勢，這時一根大陽線乘勝而上，進一步加強了市場的多頭氣勢。在大陽線出現之前的一段時間裡，成交量極度低迷，表示市場賣壓已經很輕，而產生大陽線時成交量溫和放大，則表示得到了市場的積極回應。

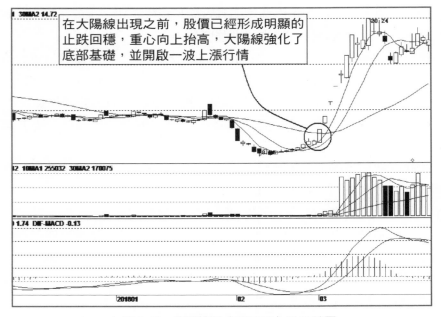

▲ 圖 2-40　海得控制（002184）日 K 線圖

2. 持續推升中的大陽線

股價經過震盪築底後，已經出現明顯的止穩回升態勢，股價重心不斷上移，但整體漲幅並不大。此時如果拉出一根大陽線，不僅能鞏固底部基礎，還能加強股價的上漲速度，形成主升段行情。

如圖 2-41 用友網路（600588）的 K 線圖所示，股價在底部長時間處於震盪走勢，反彈結束後再次回落到前期低點附近，這時市場得到買盤支持，股價以小陰小陽的方式推升，並站於均線系統之上，市場重心開始上移。之後分別收出放量上漲大陽線，股價上漲步伐明顯加快。

在 K 線運用過程當中，一根 K 線就能明確表示訊號的時候並不多，但是在特定的情況下，一根 K 線往往預示著特定的訊號出現。比如「反轉大陽線」，這是典型的底部起漲形態，它是指股價經過長時間下跌後，在前期低點附近或成交量萎縮到極點時，突然出現一根放量的大陽線。這類形態雖然只有一根 K 線，但大陽線的強度大、爆發力強、可信度高，值得投資人關注。

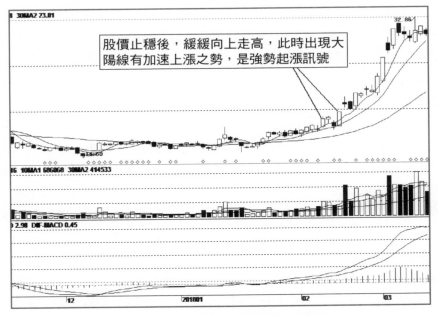

▲ 圖 2-41　用友網路（600588）日 K 線圖

這類形態有三個特點：一是光頭光腳大陽線；二是成交量突然放大，至少是最近5個交易日平均成交量的5倍以上。三是往往出現在前期低點附近，或者成交量極度萎縮的底部。

❖ 從當日 K 線判斷上漲強度

經由觀察前一天的 K 線情況後，再分析當日開盤價、收盤價及當天集中成交區域，來判斷大陽線的上漲強度，以作為買賣參考依據。

在實盤中，應特別關注以下三種盤面走勢：一是低開高走的大陽線。二是平開高走的大陽線。三是高開高走的大陽線。在這幾種走勢中，第三種走勢是最強烈的，投資人應特別注意。

1.「低開高走」的大陽線

股價在空方的發力下大幅低開，而多方不甘示弱也發起反擊攻勢，將股價推高並堅持到收盤，從而形成低開高走的大陽線形態。這時應根據大陽線的收盤價位置，即對昨日 K 線的切入程度進行分析。

通常有三種盤面現象：一是如果大陽線在前一根陰線的收盤價附近收盤，則形成「接吻線」形態，後市股價發展仍有待驗證；二是如果大陽線收盤價深入到前一天陰線的 1/2 以上，則構成「曙光初現」形態，後市股價看漲意義較強；三是如果大陽線收盤於前一天陰線的開盤價上方，則構成「陽包容」形態，後市股價看漲意義最強。

如圖 2-42 必創科技（300667）的 K 線圖所示，股價見底後步入盤升行情，主力採用邊拉升、邊洗盤、邊整理的方式將股價不斷推高，當股價回升到前期盤區附近時，主力主動展開洗盤整理走勢。2018 年 3 月 23 日，一根接近跌停的大陰線向下擊穿了整理小平台，而第二天一根漲停的大陽線向上拉起，收復了前一天陰線的全部失地，形成「陽包容」形態，成交量也開始明顯放大，表示洗盤整理結束，從此股價出現飆升行情。

其實，該股「陽包容」形態中前面的大陰線並不可怕，其理由為：一是股價距離前低位置不遠，殺跌空間不大。二是殺跌動能不足，沒有恐慌盤湧出，這一點從較小的成交量上就能得到解釋。三是 30 日均線支撐非常有力，支持股價走高，這一點非常關鍵。

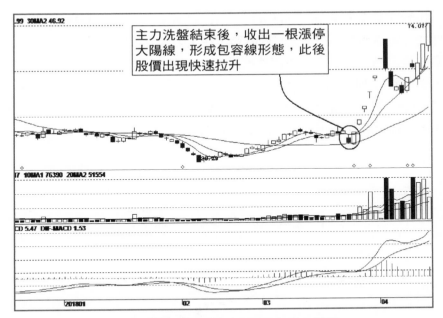

▲ 圖 2-42　必創科技（300667）日 K 線圖

　　如果這種「陽包容」形態出現在股價經過一輪下跌趨勢之後，且股價已經反覆震盪築底，或者是市場下跌的速度已經有所減緩時，就具有一定的市場含義，預示股價即將進入反轉上漲了，投資人應該選擇時機進場操作。

　　如果第二天股價開盤後能繼續走強，那麼在當天的震盪當中，投資人就可以在股價震盪回落時買進，此時是一個較佳的買入時機。如果第二天股價走勢不是那麼強勁的話，很可能先震盪幾天再反轉。此時，投資人可以趁股價震盪時逐步買進，或者是等股價經過震盪後開始走強時進場買進。

2.「平開高走」的大陽線

　　在底部區域，股價在前一天 K 線的收盤價附近開盤，然後多方快速將股價推高並堅持到收盤，從而形成大陽線形態。如果前一天為一根下跌大陰線，則大陽線的收盤價必須在大陰線實體的 2/3 位置之上，該形態才具有看漲意義；如果前一天是小陰小陽的 K 線，則大陽線應封閉前面數根小 K 線，並且封閉前面的小 K 線越多，大陽線的上漲強度越大。

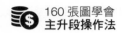
　　如圖 2-43 通產麗星（002243）的 K 線圖所示，該股經過長時間的大幅整理後，股價漸漸止穩進入築底階段，在主力建倉末期刻意打壓股價，造成技術破位之勢，引發散戶恐慌性拋盤。2018 年 7 月 12 日，沒有出現繼續下跌走勢，股價平開後向上拉起，收出一根放量漲停的大陽線。這根大陽線吃掉了前面的 12 根小陰小陽 K 線，其攻擊性非常強勁。次日，股價繼續強勢漲停，一輪波瀾壯闊主升段行情在瞬間產生。

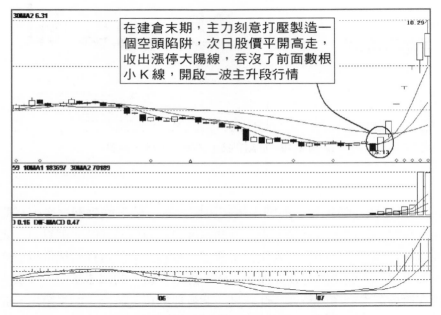

在建倉末期，主力刻意打壓製造一個空頭陷阱，次日股價平開高走，收出漲停大陽線，吞沒了前面數根小 K 線，開啟一波主升段行情

▲ 圖 2-43　通產麗星（002243）日 K 線圖

3.「高開高走」的大陽線

　　股價在前一天 K 線的收盤價上方跳高開盤，然後多方發力將股價進一步推高，全天股價維持在高位震盪，從而形成大陽線形態。這種大陽線的收盤價位置，大多站在臨近數根 K 線的收盤價上方。吞沒臨近的 K 線數量越多，大陽線的上漲強度越大。有時候可能會與前一天的 K 線，形成一個當日沒有回補的向上跳空缺口。這種大陽線的上漲強度最強烈，有可能由此催

生一波主升段，投資人應密切關注這種大陽線。

如圖 2-44 天華超淨（300390）的 K 線圖所示，該股向下擊穿平台整理區域後，市場出現加速下跌之勢，引發盤中浮動籌碼紛紛離場觀望。此時，主力大量吸納低價籌碼，股價漸漸止穩震盪，底部不斷向上抬高。2018 年 3 月 5 日，股價大幅跳空高開 8.07%，盤中秒封漲停。這根 K 線比大陽線更具看漲意義，不僅脫離了底部盤整區，還突破了前期整理平台區域，成功站於均線系統之上，下跌勢頭得到成功扭轉，此後股價出現強勁的上漲勢頭。

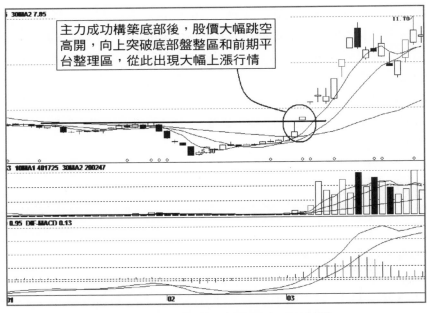

主力成功構築底部後，股價大幅跳空高開，向上突破底部盤整區和前期平台整理區，從此出現大幅上漲行情

▲ 圖 2-44　天華超淨（300390）日 K 線圖

❖ 由次日 K 線判斷上漲強度

大陽線產生一個主升段訊號後，次日或隨後幾天的走勢非常關鍵，它直接反映出訊號的上漲強度，也是對訊號的一種肯定或否定。通常有三種盤面現象：一是大陽線之後弱勢運行；二是大陽線之後震盪整理；三是大陽線之

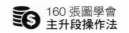
後強勢運行。第三種是最強烈的盤面表現形式,也是引發主升段不可或缺的走勢,這裡僅對此現象分析:大陽線之後強勢運行,股價經過充分的整理後,第二天股價在這根大陽線的 1/3 位置之上強勢運行,顯示出市場依然保持強勢狀態,基本上肯定了前一天大陽線的上攻成果,此種現象也可以分為三種情況。

(1) 大陽線之後,次日或隨後幾天股價乘勢而上,繼續大幅上漲收陽。表示空方毫無反攻之力,多方已佔據盤面優勢,這種情況下後市股價看好。

如圖 2-45 通產麗星(002243)的 K 線圖所示,該股經過長時間的大幅整理後,股價漸漸止穩進入築底階段,在主力建倉末期刻意打壓股價,造成技術破位之勢,引發散戶恐慌性拋盤。2018 年 7 月 12 日,一根大陽線拔地而起,這根大陽線吃掉了前面的 12 根小陰小陽 K 線,其攻擊性非常強勁。

那麼這根大陽線出現後,股價到底怎麼運行呢?次日,股價繼續強勢漲停,成功突破了 30 日均線的壓力,盤面強勢特徵十分明顯。此時的成交量開始逐漸放大,這表示多方力量已掌握主動,從而肯定了第一天上漲大陽線的上攻成果,短期內股價將會繼續走強。隨後股價出現連續漲停,形成一輪波瀾壯闊的主升段行情。

(2) 大陽線之後,次日或隨後幾天收出上漲十字線或小幅高開的小陰線,股價實際小幅上漲。顯示出空方試圖阻止股價上漲,但空方無功而返,這種情況後市仍強勢震盪上漲。如圖 2-46 用友網路(600588)的 K 線圖所示,股價在底部長時間處於震盪走勢,反彈結束後再次回落到前期低點附近,這時市場得到買盤支持,股價以小陰小陽的方式推升,並站於均線系統之上,市場重心開始上移。

2018 年 2 月 12 日,收出放量上漲大陽線,上漲勢頭得到進一步加強。此後二個交易日裡,股價都在大陽線的收盤價上方維持強勢整理,並留下一個沒有回補的向上跳空缺口。顯示盤面依然處於強勢之中,從而鞏固了第一天上漲大陽線的上攻成果。此後股價繼續維持盤升行情,累計漲幅較大。

當股價向上突破一個重要的壓力位後,原先的壓力位轉化為支撐位,股價往往會在支撐位附近進行短暫的震盪整理,以清除近期低位跟進的籌碼。一旦清除完畢,股價將進入加速上升行情之中。當股價漲升一段時間後,若再次出現一根大陽線,並伴隨放大的成交量,則表示股價將要進入加速拉升行情,而該股就屬於這種走勢。

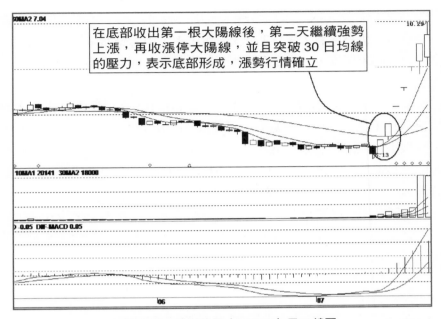

▲ 圖 2-45　通產麗星（002243）日 K 線圖

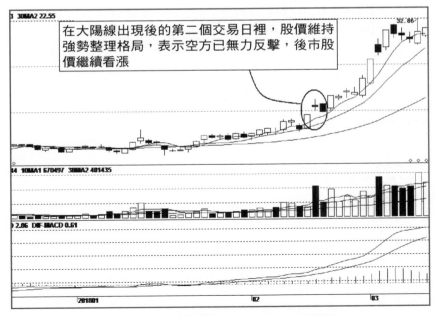

▲ 圖 2-46　用友網路（600588）日 K 線圖

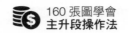

　　(3) 大陽線之後，次日或隨後幾天收出小幅下跌的小陰線，但多空雙方的主戰區域，仍然處於大陽線的 1/3 位置之上，市場整體保持強勢格局。表示空方曾經起來反攻，但無奈多方護盤能力較強，因此後市大多出現震盪盤升走勢。

　　如圖 2-47 至純科技（603690）的 K 線圖所示，在股價跌勢末期，經過一輪快速打壓後，出現止穩盤整走勢，底部漸漸向上抬高。2018 年 2 月 27 日，一根漲停大陽線脫離了底部盤整區域和突破 30 日均線的壓制。此後連續 4 個交易日維持震盪走勢，K 線收出小陰小陽，股價沒有明顯回落，始終處於大陽線的 1/3 位置之上，表示市場保持於強勢狀態。

　　第六個交易日股價向上拉起，收出上漲陽線，均線系統呈現多頭排列，成交量溫和放大。這樣的個股走勢，對於擅長短線操作的投資人來說，就是一次很好的介入機會。

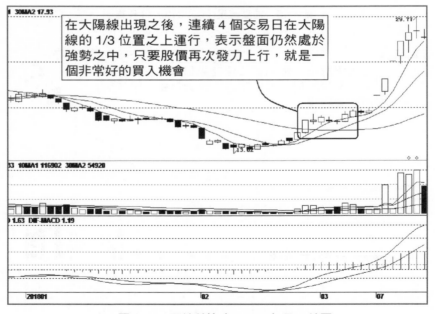

▲ 圖 2-47　至純科技（603690）日 K 線圖

❖ 從運行趨勢判斷上漲強度

實盤中應特別留意上漲趨勢中的中繼大陽線。大陽線出現在股價上漲的途中（是指股價從底部開始上漲，幅度在 30%~50% 之間），尤其是出現在股價剛啟動不久時，預示著股價有加速上漲的徵兆，為持續看漲訊號。

股價開盤之後，做多力量就發起了的攻擊，並得到市場的積極回應，最終收出一根上漲大陽線，表示當天做多力量很堅定。如果第二天股價繼續走強，後市股價就很有可能產生加速上漲的主升段行情。

如圖 2-48 頂點軟件（603383）的 K 線圖所示，這是一個洗盤結束後出現的大陽線例子。該股成功見底後，2019 年 2 月 1 日股價向上突破底部盤整區，然後形成平台蓄勢整理。2 月 22 日，股價出現突破走勢，形成中繼大陽線。表示洗盤整理結束，成交量再次放大，上漲空間被有效打開，後市將進入加速上漲階段，是一個較好的買入機會。

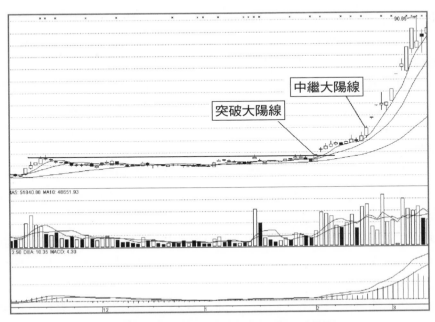

▲ 圖 2-48　頂點軟件（603383）日 K 線圖

從圖中可以看出，當股價突破均線系統的壓力之後，主力並不急於立即向上拉升。由於遇到前期高點的壓力，此時股價開始主動整理，但整理的幅度並不大，以小陰小陽的形式展開。當股價回落到 10 日均線附近時，就受到支撐而回升。

股價依托 10 日均線的支撐逐步向上運行，表示 10 日均線附近有強大的支撐。同時，股價見底回升一定幅度後，出現底部短線獲利盤，所以主力會在中途進行洗盤整理。一來洗去一些不堅定的短線浮動籌碼，二來可以繼續收集低價籌碼，以便降低持倉成本。由於此時主力並無出貨的意願，因此這種洗盤整理的時間通常較短。當洗盤結束之後，便會以放量大陽線的方式，使股價快速脫離整理區域。在有的個股中，當股價短期有了一定的漲幅後，就會再次進行橫盤震盪。在上漲趨勢行情中，這種洗盤行為會重複多次。

從圖中可以看出，在股價上漲較流暢的階段，成交量也出現有節奏的放大。從股價上漲之前逐步築底到後來的緩緩上升，成交量配合得都相當完美，這僅僅憑藉散戶的力量是無法實現的，一定是主力所為。由此可以斷定，股價的回升不僅僅是下跌途中的技術性反彈，而是在股價前期下跌過程中就有主力入駐，股價的回升是主力建倉完畢之後，對其進行拉升而導致的。

投資人在實戰操作中，遇到股價剛啟動不久就出現這種大陽線時，一定要結合當時的成交量，以及股價之前的運行情況來做全面分析。

在實戰操作中，投資人遇到上漲中繼大陽線時，應把握以下技術要點。

(1) 在大陽線出現之前，股價累計漲幅不應過大，一般漲幅在 50% 以內，後市股價有一定的上漲空間。少數強勢主力股可以達到 100% 左右，但要結合整體情況做分析。

(2) 在大陽線出現之前，股價已經明顯見底，市場處於強勢之中，均線系統呈現多頭排列，30 日均線呈現上行走勢。在大陽線出現之後，均線系統要進一步呈現多頭發散，以繼續支持股價上漲。

(3) 在大陽線出現之前，成交量出現溫和放大，股性比較活躍，盤面張馳有序，量價配合理想。出現大陽線的當天，必須得到成交量的積極配合，有明顯的場外增量資金介入。

(4) 在上漲途中出現的大陽線，一定要觀察是否出現在中途整理的後期，如果是出現在橫盤過程中，那麼可能只是主力的一種試盤手法，實際上主力暫時無意做多。此時跟進不但享受不到股價拉升的快樂，反而會備受洗盤的

折磨，所以盤整過程中出現的大陽線，並不是一個買入的時機。

(5) 在大陽線出現之後，要觀察第二天或隨後幾天的股價走勢。如果隨後幾天裡買方力量依然很強勁，持續上攻並收出上漲陽線，那麼後市股價將很有可能出現快速上漲行情。如果隨後幾天裡買方力量不能為繼，股價出現回落並吞沒了大陽線實體，那麼後市存在回檔的可能性較大，這根大陽線可能會形成階段性頭部。

總之，在股價上漲途中出現大陽線時，投資人應結合之前一段時間裡股價的走勢情況，以及之前成交量的變化情況分析，經由這些跡象判斷主力在試拉股價，還是洗盤之後的拉升，從而做出正確的操作。

❖ 從量能判斷上漲強度

在股市中，只有得到成交量積極配合的大陽線，才具有上攻潛力。底部放量的大陽線有強力的支撐作用，具有重要的技術意義：其一，底部大陽線，表示多方在這個位置買意強烈。其二，底部放量，表示主力資金在這個位置建倉的可能性較大。

投資人在分析股價運行趨勢時，往往透過對量價的研判，來辨別多空雙方能量變化的規律。一般而言，若大陽線伴隨著大的成交量，往往是看好後市的訊號。但是，在不同位置出現放量，其技術意義自然就有所差別。

(1) 當股價經過連續下跌至前期低點或見歷史新低後，若突然出現一根大陽線，同時成交量也放出下跌以來的天量，表示股價即將見底回升，因此是一個底部訊號。

(2) 當股價成功築底後，往往會展開橫盤走勢。若股價突破近期壓力位時，突然拉出一根大陽線，並伴隨著天量的出現，則表示增量資金進場積極，股價將攻擊上方均線壓力位，因此是一個啟動訊號。

(3) 若股價一旦攻擊壓力位成功，往往會依托這根均線再次展開橫盤走勢，以清除近期低位跟進的籌碼。一旦清除完畢，股價將進入上升行情之中，當股價漲升一段時間後，若再次出現一根大陽線，並伴隨天量出現，則表示主力拉升心切要加速推高股價，因此是一個上漲中繼訊號。

(4) 股價經過較長時間的大幅上升後，在高價區域會出現一根大陽線，同時伴有上升以來的天量，此時預示著股價即將回檔，因為主力會借勢拉升

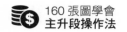

股價並在高位出貨籌碼，因此是一個見頂訊號。

如圖 2-49 新城控股（601155）的 K 線圖所示，該股上市以後就被實力強大的主力看中，成功探明底部後，不斷有大資金介入。在底部的兩波上漲行情中，成交量都出現溫和放量態勢，表示資金有計畫地入市，盤面張弛有序，上漲週期較長，走勢如行雲流水，股價上行，這期間出現的大陽線都是非常強勢的上漲訊號。該股從 2017 年 9 月開始出現加速上漲，到 2018 年 1月，股價累計漲幅超過 6 倍。

此種溫和放量是股價上漲最理想的運行態勢，價漲量增、價跌量縮，量價配合默契，屬於正常的盤面現象，這時出現的大陽線上漲強度強，持續時間長。如果價漲量縮、價跌量增，或者突發巨量、間歇性脈衝放量，量價配合失衡，股價上漲就不會持續太久，此時投資人應有所警惕。

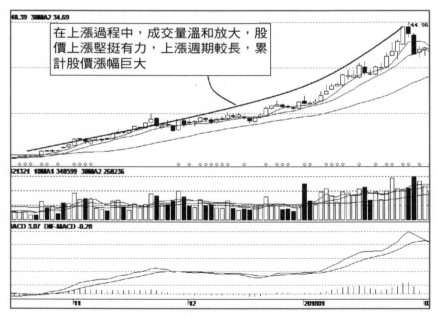

▲ 圖 2-49　新城控股（601155）日 K 線圖

第 3 章

活用主升段的盤面變化，再也不怕主力甩轎！

3-1 注意支撐線與壓力線的變化

❖ 支撐與壓力的作用

支撐線又稱為「抵抗線」，是指當股價下跌至某一低位時，買氣轉旺而賣氣漸弱，從而使股價停止繼續下跌或出現回升走勢，這是因為多方在這個位置買入或持股者惜售造成的。支撐線具有阻止價格繼續下跌的作用，實戰中若能夠準確判斷出支撐線的位置，也就把握了一次較好的買入時機。

壓力線又稱為「壓力線」，是指當股價上漲到某一高度時，有大量的賣盤供應或是買盤接手薄弱，從而阻止股價繼續上漲，或出現回落走勢。壓力線具有阻止價格繼續上升的作用。這個具有阻止股價繼續上升的價位，就是壓力線所在的位置。

支撐線和壓力線的共同作用，就是阻止或暫時阻止股價向一個方向繼續運動。一般來說，若股價在某個區域內上下波動，並且在該區域內累積成交量極大，如果股價衝過或跌破此區域，它便自然成為支撐線或壓力線。這些曾經有過大成交量的價格，時常由壓力線變為支撐線，或由支撐線變為壓力線。壓力線一旦被衝過，便會成為下一個跌勢的支撐線，而支撐線一經跌破，將會成為下一個漲勢的壓力線。

投資人千萬不要產生以下的誤解，認為只有在下跌行情中才有支撐線，只有在上升行情中才有壓力線。其實，**在下跌行情中也有壓力線，在上升行情中也有支撐線**。但是由於在下跌行情中，人們最在意的是跌到什麼地方才能結束，會對支撐線就多一點關注；在上升行情中人們更關注漲到什麼價位股價會回檔，會對壓力線多一些關注。

最初的支撐和壓力就是簡單的指出價格位置，後來發展了支撐線和壓力線的概念，最後支撐和壓力又擴大成了一個區域。常用的選擇支撐線和壓力線的方法，是前期的高點和低點或成交密集區。

股市有句諺語「熊市找壓力，牛市找支撐」，這與「熊市不言底，牛市不言頂」是有所對稱的。這句話告訴大家：熊市要少關注哪裡是底，多關注壓力位的強大作用，賣要賣在壓力位上；牛市要少關注哪裡是頂，而是要注重支撐位的作用，買要買在支撐位上。

❖ 壓力與支撐的 8 個位置

1. 關於壓力位

什麼位置是壓力位呢？壓力位經常出現在以下 8 個位置。

(1) **均線位置**：主要指 5、10、20、30、60、90、120、250 日等均線對股價的壓力。股價上穿均線都需要成交量放大配合，這其中以 30、60、120、250 日均線對股價的壓力尤為重要，必須特別關注。

(2) **高點（波峰）位置**：前期兩個以上高點（波峰）的連線構成高點壓力位，股價突破此連線也需成交量放大的配合。

(3) **低點（波谷）位置**：股價跌破前期兩個以上低點（浪谷）連線後，如果反彈時，這條連線對股價將產生壓力，此連線就叫低點壓力位。

(4) **平台（整理）位置**：股價在平台（或一定幅度內）橫盤整理，然後跌破整理區，當股價再次上漲時，平台整理區域對股價有壓力。

(5) **頸線位**：雙底（頂）、頭肩底（頂）等技術形態的頸線，對股價上漲或反彈都有壓力。

(6) **軌道線位置**：上升或下跌軌道的中軌、上軌；BOLL 線的中軌、上軌對股價也有壓力。

(7) **趨勢線位置**：下降趨勢線（空頭市場各反彈高點的連線）對股價上漲有壓力。

(8) **X 線壓力位**：當股價下跌到一定價位，在此價位形成兩次以上反彈，各次反彈的波谷連線本來已經成為股價的支撐位，但後來又跌破這一波谷連線，股價在這一連線下方又經過兩次以上反彈，反彈高點又在此連線延長線上，這一條由兩次以上低點和兩次以上反彈高點形成的連線，就稱為股票的

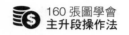

X 線（其實就是前一波谷連線的延伸線）。**X 線是股票的成交密集區，對股價的壓力更勝於其他壓力位。**

股價原先跌破一個較大的技術形態之後再反彈時，這個形態的密集成交區域附近有壓力，主力既定的目標出貨區域也有壓力。重要的整數點位附近（如個股整數價格 10 元、15 元等，或指數的整數位置 2000 點、3000 點等），黃金分割線位置（如 0.382、0.618、0.5 等），技術指標發出的買賣訊號點（如黃金交叉、死亡交叉、頂背離、底背離等），也都具有一定的壓力和支撐作用。近期（3 個月左右）形成的成交密集區，也是較重要的壓力點、支撐位。重要的時間之窗（如 8、13、21、34 等）或者連假（國慶、春節）前後，也都具有一定的壓力和支撐作用。但是，當主力吸足籌碼後，真正進入主升段時，可以說股價幾乎沒有任何壓力，而在真正的熊市整理過程中，也沒有任何的技術支撐。

2. 關於支撐位

支撐位也有與壓力位所對應的 8 種類型，這裡僅對均線支撐位、趨勢線支撐位和軌道支撐位簡單說明。其他的支撐位也就是股價突破相應的壓力位之後，原先的壓力位變成了相應的支撐位。

(1) **均線位置**：股價上穿均線後，原來的壓力位就變成了支撐位。短線操作關注 5、10 日線支撐，中長線操作關注 60、120、250 日線的支撐。

(2) **趨勢線位置**：主要指上升趨勢線（多頭市場各回檔低點連線）對股價的支撐。

(3) **軌道線位置**：上升或下跌軌道的中軌、下軌；BOLL 線的中軌、下軌對股價有支撐作用。

主力的持倉成本或者平均成本附近有支撐；股價原先突破一個較大的技術形態以後再回檔時，這個形態的密集成交區域附近有支撐。從未炒作過的股票，如果市場定位合理，在密集成交區域附近股價也有較強的支撐。在大多數情況下股價在底部區域震盪，是有一定支撐的，如果主力需要擊破包括技術派在內所有看好者的信心，而進行兇狠洗盤時，各種形式的破位就是在所難免的，這時可以說股價幾乎沒有支撐。

❖ 壓力位的理解和認識

1. 壓力位要彈性理解

在實戰操作中，受一些「理論」或股評的影響，有的人對壓力的理解已經出現一些偏差，甚至有些已經成為一種「固定思維」，如此容易被主力利用並影響到實戰結果。根據實戰經驗，需要注意以下幾個原則。

(1) 壓力是根據大勢市道狀況來決定的，大勢較好時，壓力就少就小；大勢不好時壓力就多就大；來了大行情時，幾乎什麼壓力也沒有。

(2) 個股所處位置和階段也決定壓力的大小，股價盤整時壓力當然大，股價上漲時壓力就會小，股價拉升壓力就更小；股價位置高壓力當然大，股價位置低壓力當然小。

(3) 個股的基本面對壓力也有制約，基本面很差又沒有根本改觀的個股，上漲或反彈的壓力都大；基本面很好或者有根本改觀的個股，股價上漲或拉升時壓力就小。

2. 走出壓力的認識誤區

掌握了以上原則內容的同時，還需要注意以下幾個方面。

(1) 壓力是相對的，不是絕對的，對壓力不能形而上學地理解，需要根據市道狀況、個股狀況，特別是主力狀況來決定。沒有主力的股票，主力不想做的股票和已經出了貨的股票，什麼時候、什麼價位都可能是壓力。股價在整理和洗盤時處處有壓力，股價回落中處處有壓力，回落階段的反彈真正有壓力。

(2) 股價如果多次上漲某一壓力區域，則壓力不是越來越大而是越來越小。主力控盤的強勢主力股一旦完成在底部區域吸貨、震盪、洗盤後，向上突破時是沒有任何壓力的，主力為了出貨而進行拉升時也是沒有壓力的。如果有壓力，那只有主力實力不夠的壓力。總之，主力想要漲，主力想要拉，是不存在什麼壓力的。

(3) 壓力也容易被主力所利用，到了關鍵的時候和關鍵的價位，毋須主力「指點」，就會有人站出來「點評」股價壓力。加上投資人腦中已形成固定的壓力概念，往往因壓力賣出籌碼並暗暗慶倖的時候，突然反轉向上的股價卻沒有了壓力，投資人經常因此懊惱不已。

(4) 壓力也可以是人為「製造」出來：主力要做一檔股票，可以在某一區域「製造」密集成交量，然後讓股價震盪回落，日後當股價再運行至這一區域時，密集成交的「壓力」就會「顯現」出來，不少被套的、獲利的就會在此價位附近主動跑出來，這時候主力吸貨、震盪、整理和洗盤的目的就都可以達到。

❖ 支撐和壓力的運用法則

支撐和壓力只在一定時期內發揮作用：下跌趨勢中，支撐只能阻擋跌勢暫時放緩，但無法永久阻擋，在以後價格運動中，還會向下突破支撐；同樣地，在上升趨勢中，壓力只能阻擋漲勢暫時回落，但無法永久阻擋，在以後價格運動中，還會向上突破壓力。支撐和壓力的運用法則如下。

(1) 由於支撐線與壓力線之間相互轉化的特徵，因而當股價向上超越前次波段行情的高點之時，壓力線被有效突破，則這條壓力線將成為日後行情回檔的支撐線，尤其是在多頭上升中，回落之機就是買進之機。同樣地，當股價向下跌破上次波段行情的低點之時，支撐線被有效擊穿，則這條支撐線將成為日後行情反彈的壓力線，尤其是在大空頭市場中，每次反彈到壓力線位置都是最佳的出貨時機。「牛市中每次回落都應買進，熊市中每次反彈都應賣出」，就是這個道理。

(2) **低點成交量的大小**：在波段行情的低點，當股價向下擊穿支撐線，同時伴隨著成交量的顯著放大時，表示市場在該點位套牢盤較多，對後市股價的反彈回升將產生更大的壓力作用。相反地，如果成交量在跌破支撐線時並沒有出現顯著放大，表示市場反應較為平靜，在這一點位的套牢盤不重，股價雖然創出新低，但其壓力作用相對較小，後市股價的反彈突破比較容易。

(3) **頂點成交量的大小**：在波段行情的高點，當股價向上穿越壓力線，同時伴隨著成交量的積極放大時，表示市場信心大增，籌碼積極換手，則該點位對後市股價的回落將產生更大的支撐作用。相反地，如果成交量在突破時並未積極放大配合，顯示出投資人信心不足，雖然股價創出新高，但股價的上漲缺乏市場人氣的支持，支撐線的作用不是十分明顯，後市股價回落擊穿這一點位不會受到太大的抵抗。

(4) **價格差幅的大小**：支撐價格與最近小波段最高價的差幅越大時，或壓力價格與最近小波段最低點差幅越大時，所產生的支撐和壓力的效果將會較大。也就是說，在上升趨勢中，當股價突破壓力線創出新高，如果這一新高點距離支撐線價位越遠，幅度越大，則支撐線對股價的支撐作用將越明顯。如果上升突破的高點與支撐線之間的距離不大，則產生支撐作用的效果不是十分明顯，有時可以將這種突破列為假突破。

(5) **執行時間的長短**：支撐線與壓力線形成點，距離當前行情的時間跨度越長，表示股價在這一段較長的時間內都無法形成突破，其支撐與壓力的作用將更加明顯。如果發生的時間距離當前價位不是很久，因而時間越短，點位越接近當前股價，其支撐與壓力的作用也越小。

但是，如果支撐和壓力的形成點，距離當前行情的時間太久的話，因場內浮動籌碼逐步被消化，因而所產生的支撐和壓力的效果也將略微降低，適中的時間跨度在 1 個月以內較好。

(6) **市場投資氣氛**：大盤處於強勢多頭市場時，由於股價整體趨勢向上，因而行情在上漲過程中遇到的壓力遲早都會被突破，壓力作用也就顯得相對較弱。而在大空頭市場中，由於股價的整體趨勢向下，市場人氣衰退，多頭買盤在低位的承接強度有限，支撐線遲早會被擊穿，因而其支撐作用也就顯得不是十分明顯。

(7) **集中成交區域**：股價在某一價位出現相當大的成交量，則在此會形成密集的成交區，對股價的支撐與壓力作用將是十分明顯與有效的，成交越集中，其作用也就越大。由於成交的密集反映了市場集中的平均成本，回落時買方會積極護盤，而反彈時則會解套拋售。

(8) **形態的作用**：原始趨勢線、各種技術形態的預測能力，及尚未突破形態時的上限、下限及頸線等，其支撐與壓力的作用，都要比一般平常點位要大得多。

(9) **二分法與三分法**：當指數或個股漲升之後，若滯漲回跌，通常跌到這段漲幅的 1/3 或 1/2 左右時，都會分別具有支撐力量。同樣地，當指數或個股下跌之後，若止跌反彈，通常反彈到這段跌幅的 1/3 或 1/2 左右時，都會分別具有壓力力量（1/3 與黃金分割率 0.382 相似、1/2 與黃金分割率 0.618 相似）。

⑽ 靠近除權波段低點或填權價格，股價經過除權後形成的近期低點，具有支撐和壓力作用。另外，如果權值較大的股票，當其接近填權或剛已填權時，因參與除權者已獲得不少的配股利潤，賣出自然會較積極，因此到填權價格附近無形中也會產生較大的壓力。

❖ 短線支撐和壓力的計算

短線支撐和壓力的計算方式，有以下兩種。

(1) 計算公式：當天均價－當天最低價＝X（差價）

最後買入叫價（或收盤價）－X＝第二天短線支撐價

最後賣出叫價（或收盤價）＋X＝第二天短線壓力價

【例】某一個股的當天均價為 10.5 元，當天最低價為 10 元，則 X（差價）為 0.5 元。當天收盤買入價為 10.4 元，則第二天短線支撐價為 9.9 元。當天收盤賣出價為 10.39 元，則第二天短線壓力價為 10.89 元。

注：均價＝（開盤價＋最高價＋最低價＋收盤價）÷4（或成交金額÷成交數量）

(2) 首先，取最近 5 日最高點和最低點，取兩者差值，將差值分別乘以黃金分割數 0.618、0.5、0.382，再分別加上最低點，得出的數就是明日第一、二、三支撐位或壓力位（若在當日收盤點之下，則是支撐位；在收盤點之上，則是壓力位）。或者，將差值乘上黃金分割數 0.618、0.5、0.382，求所得商，再從最高點減去所得商，就是明日第一、二、三壓力位或支撐位（若在當日收盤點之下，則是支撐位，在收盤點之上，則是壓力位）。

【例 1】2019 年 3 月 15 日，上證指數收盤點為 3021.75，往前 5 日的最高點為 3093.39，最低點為 2963.58，兩者差值為 129.81。將 129.81 分別乘以黃金分割數 0.618、0.5、0.382，結果為 80.22、64.91、49.59，再分別加上最低點 2963.58，分別得到 3044.22、3028.49、3013.17，這三個數就是次日的第一、二、三支撐位或壓力位。其中 3044.22 和 3028.49 在當日收盤點 3021.75 之上，則為壓力位，而 3013.17 在當日收盤點 3021.75 之下，則成為次日初級支撐位。

【例 2】或者，從最高點 3093.39 分別減去 80.22、64.91、49.59 所得商，分別為
　　　　3013.17、3028.48、3043.8，其中 3013.17 在當時收盤點 3021.75 之下，則
　　　　為支撐；而 3028.48 和 3043.8 在當日收盤點 3021.75 之上，則為次日的第一、
　　　　第二壓力位。

　　兩者所得結果比較接近，說明該位置是一個下有支撐、上有壓力的震盪
區間，所以此後幾天滬指繼續呈現小幅震盪走勢，就可以理解了，當然這只
能算個小竅門，如果結合其他指標綜合測算，會更精確。

　　上述兩種計算方法，第一種比第二種要簡單得多，投資人可以根據自己
的習慣選擇，其結果見仁見智。無論壓力或支撐的大小，一旦真的被突破都
會有大小不一的行情，但在許多情況下行情突破後散戶一旦買入，就會發覺
股價不久又回到了原先的「壓力區」內再次徘徊不前。主力利用假突破誘多
或誘空是常見的手法，就像足球場上的假動作，甩掉對手以後，才能長驅深
入對方的禁區。

❖ 支撐和壓力的相互轉化

　　支撐和壓力是一個相對的概念，兩者角色經常互換，當支撐被相當程度
的力量突破後，就會轉變成為下次股價回升的壓力。同樣地，當壓力被相當
程度的力量突破後，就會轉變成為下次股價回落的支撐。在股價的上漲過程
中，上升趨勢線即為支撐線；在股價的下跌過程中，下降趨勢線即為壓力
線。

　　支撐線與壓力線最大的作用，就是阻止股價持續原先趨勢方向的運動。
股價的波動是有趨勢的，而在一個大的趨勢之中又包含了許多小的趨勢，有
些趨勢是與大方向相反的，而支撐線與壓力線就引起這種趨勢產生的作用。
如果股價要維持原先的運行趨勢，就必須對這些支撐與壓力進行突破。由此
可以看出，支撐線與壓力線大多時候只是使股價在漲跌過程中暫時停頓，但
不足以長期地影響股價，始終都有被突破的可能。

　　從支撐線與壓力線的強度上來講，趨勢運行的時間越短，所形成的支撐
與壓力的作用就越弱。當股價在運行完一個大的趨勢之後，多空勢態已發生
逆轉，此時股價已無法在短期內再創出新高或新低，這時在頂部形成的壓力
線或在底部形成的支撐線，就顯得極為重要。

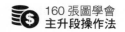
實際上，**支撐線與壓力線作用的發揮，主要是投資人心理因素造成的。同樣地，兩者之間地位的轉化，也是由投資人心理因素造成的。**比如，在上升趨勢中，當股價突破上檔壓力線的壓制時，股價表現出較強的強勢特徵，市場反應積極。當股價突破後再次回落到該點位時，投資人多數會認為只是對行情突破的回測確認，多方會在這裡繼續加碼買進，而原先並不看好後市的投資人，會因為害怕踏空而在相對較低的價位積極買進，此時股價在這裡受到買盤的強力支撐，股價止跌回升，原先的壓力已經轉化成支撐線了。

同樣，在下跌過程中，股價向下擊穿支撐線創出新低，投資人信心開始動搖，市場人氣衰退，當股價再度反彈到該點位附近時，原先沒有及時出貨的投資人，會趁著股價的反彈之機盡數拋空，強大的拋售壓力使股價無法超越這一點位，原先的支撐線也就轉化成壓力線了。因此可以看出，支撐線與壓力線的地位並非是一成不變的，它們之間可以相互轉化，條件是它必須被有效、足夠強大的股價變動所突破。

支撐線與壓力線對當前股價的影響程度，主要從以下三個方面考慮：(1) 股價在這個區域停留時間的長短；(2) 股價在這個區域伴隨的成交量的大小；(3) 支撐點或壓力點離當前股價的遠近。

一般來說，股價在這一區域逗留的時間越久，伴隨的成交量越大，其支撐和壓力作用對當前行情的影響力也就越大。

❖ 壓力和支撐的研判技巧

從理論上來說，在上漲行情中，每一個未成交的委賣單都是壓力，在下跌行情中，每一個未成交的委買單都是支撐，只是壓力和支撐的強度大小不同而已。行情一旦突破成功，一般要慣性延續一段時間，股價的上升或下降都是需要推動力的，在行情發展過程中多少會遭遇到「壓力」，只是「壓力」有時大一些，有時小一些。

散戶心態各不同，每個人買賣股票都有他自己的理由，在一般的價位上的成交是隨機、沒有規律的。但一位善於分析歸納的投資人，會發現在某一些點位上，散戶們是不約而同地在某一個價位排隊等候買賣，彷彿在盤面上形成了一道人牆，較大程度上阻止行情的上漲或下跌。

(1) 在上升趨勢的回檔過程中，K 線之陰線比先前所出現之陽線弱，尤

其接近支撐價位時，成交量萎縮，而後陽線迅速吃掉陰線，股價再上升，這是有效的支撐。

(2) 在上升趨勢的回檔過程中，K 線頻頻出現陰線，空頭勢力增加，即使在支撐線附近略作反彈，接手乏力，股價終將跌破支撐線。

(3) 在支撐線附近形成盤整，經過一段時間整理，出現長陽線，支撐線自然有效。

(4) 在支撐線附近形成盤整，經過整理卻出現一根長陰線，投資人為減少損失，爭相出逃，股價將繼續下跌一段。

(5) 股價由上向下跌破支撐線，表示行情將由上升趨勢轉換為下降趨勢。一般來說，在上升大趨勢中出現中級下降趨勢，如果行情跌破中級下降趨勢的支撐線，則表示上升大趨勢已結束；在中級上升趨勢中出現次級下降趨勢，如果行情跌破次級下降趨勢的支撐線，則說明中級上升趨勢已結束，股價將依原下降大趨勢繼續下行。

(6) 股價由上向下接觸支撐線，但未能跌破而調頭回升，若有大成交量配合，則當再出現下降整理時，即可進貨，以獲取反彈利潤。

(7) 股價由上向下跌破支撐線，一旦有大成交量配合，即表示另一段跌勢形成，稍有回檔即應出貨，避免更大損失。

(8) 股價由上向下接觸支撐線，雖未曾跌破，但也無成交量配合，則預示無反彈可能，應儘早出貨離場。

當然在實際運行過程中，可能會由於一些市場的不確定因素或主力機構的刻意行為，使股價對支撐線或壓力線做出短暫的突破，但之後很快又重新回到原來的範圍之內，此時投資人要隨時整理與修正，使其更具明顯的支撐與壓力的作用。

3-2

突破：主升段的開關

❖ 技術終將被突破

突破是指股價成功穿越某一個重要的技術位置，從而產生新的運行格局。當股價衝破壓力線時，稱為「向上突破」；當股價跌破支撐線時，稱為「向下突破」。

股價在長期的運行過程中，可能會形成某些有重要意義的位置，但這些位置不可能長期存在，遲早有一天會被突破。當股價成功向上跨越或脫離這些重要位置時，表示市場出現向上突破走勢，股價蓄勢整理結束，後市有可能出現一段升勢行情，此時投資人可以積極做多。

在實戰操作中，能夠成為突破的技術位置很多，比如移動平均線、趨勢線（通道）、技術整理形態、成交密集區域以及黃金分割線、整數點位和時間之窗等，當股價成功突破這些重要的技術位置後，有可能產生一波主升段行情。

任何趨勢、形態都不可能長期存在，總有一天會被打破，原來的運行格局被新的運行方式所替代。但是，突破不是一件輕而易舉的事，往往要有一個過程。上一節分析了壓力位和支撐位，為分析突破奠定了基礎，也為關注突破節省了時間，**只有當股價到達壓力位和支撐位附近時，才有可能形成突破走勢，在其他位置運行時就不必過早為之考慮。**

❖ 突破的基本方式

從股價運行形態上看，突破可分支撐突破、壓力突破、平台突破三種，分別說明如下。

1. 支撐突破

股價上漲所形成的走勢、形態等等，構成了股價整體上升走勢，它反映了股價運動的趨勢和方向。上升趨勢是由 K 線、形態、均線、軌道線等構成的。這些圖形或線條非常直接，一旦股價下跌破壞了原先的上升趨勢，圖形就會變得非常難看。通常，股價下跌到某一個重要技術位置附近時，將得到支撐而不再下跌或者抵抗下跌，甚至出現回升走勢。如果股價脫離上升趨勢而下跌，並擊穿那些應有支撐的位置時，就會產生破位的圖形，從而引發一輪跌勢。

2. 壓力突破

攻破壓力與擊穿支撐正好形成相反走勢。股價在長期的震盪走勢中，會形成明顯的支撐或壓力區（線）。通常，股價上漲到某一重要位置時，將受到壓力而不再上漲或者遇阻回落。如果股價一舉攻破那些應有壓力的位置時，一輪主升段行情呼之欲出。

3. 平台突破

股市裡平台整理是積蓄能量最強的一種形態，一旦向上或向下突破後的威力都是巨大的。股諺有「橫有多長，豎有多高」之說，意思是股價突破後的上升或下跌空間會有平台那麼長。股價在一個震盪幅度不大的價格區域內橫向波動，在震盪期間既不選擇上漲又不選擇下跌，股價似乎沒有了漲跌方向，於是就形成平台形態，但這個平台遲早會被突破的。

通常有兩種情況：一種是在股價上升途中進行橫盤，目的是讓底部跟進者「下轎」。因有的投資人求富心切，恨不得自己的股票天天上漲，很容易急躁，耐不住的投資人，往往會賣出手中長期不漲的股票轉而去追別的股票。主力就是利用人們急於暴富的急躁心情，以拖延的手法進行周旋，以此消磨別人的耐心和意志、消耗別人的時間和精力，使之喪失鬥志和信心，以

達到其「整理」目的。

另一種是在股價下跌途中橫盤。有的股票在下跌初期進行橫盤，那是因為主力手中的籌碼還沒有出貨完畢，或者因為股價持有成本過高根本沒辦法出貨，主力又不甘心讓股價的重心下移，只得進行護盤，由此走出了橫盤的態勢，這種橫盤是在積蓄下跌的能量。如果基本上是主力出完貨的股票，在下跌一大段以後可能進行橫盤，這種情況是橫盤中最為多見的。

一般情況下，股價長時間形成的平台一旦向下突破，具有很強的殺傷力（平台持續時間越長，下跌空間越大），因此主力常常利用突破平台的手法製造恐慌局面。而且突破平台後往往連續壓低股價，造成極大的恐慌盤面，形成深幅下跌態勢。投資人看到這種形態會紛紛賣出手中的股票，主力卻在低位悄悄承接籌碼。這種走勢是主力進行吸貨、整理、洗盤時常用的手段。

❖ 突破的特徵和細節

趨勢分析在股市技術分析中佔有非常重要的地位，尤其在轉捩點位置，能夠非常早發現轉捩點的出現，趨勢即將轉變。一旦投資人能熟練掌握趨勢分析，就可以在下跌趨勢結束轉為上升趨勢時，及時買入獲得利潤；在上升趨勢完結下跌趨勢將開始時，及時賣出，迴避風險。也就是說，股價向上有效突破下降軌道線時，表示上漲壓力已經被消除，為買入訊號。相反地，股價向下有效跌破上升軌道線時，表示下降支撐已經被消除，為賣出訊號。

在實戰操盤中，有時會出現短暫的突破趨勢走勢，股價很快回到原來的趨勢之中，令投資人百思不解，這就是所謂的「假突破」，屬趨勢陷阱，投資人經常為突破是真是假而傷透腦筋。那麼如何看待股價的有效突破呢？應掌握以下幾點。

(1) 在突破時成交量應有效放大，如果成交量過低，突破必定不可能成立，如果成交量特別巨大股價位置又高，需提防主力以假突破的方式出貨。

成交量會隨著主要趨勢的變化而變化。一般而言，在多頭市場中，價位上升，成交量增加；價位下跌，成交量減少。在空頭市場中，當股價滑落時，成交量增加；在反彈時，成交量減少。當然，這條規則有時也有例外。只根據幾天的成交量變化是很難下結論的，觀察成交量的大小，應結合一個時段進行分析，只有在持續一段時間的交易才能夠作出分析，而且成交量僅僅是

在一些有疑問的情況下提供解釋的參考。

（2）向上突破壓力位時，成交量必須有效增加，突破才能有效可靠。但是，如果出現以下幾種不放量的情況，則不能簡單地列入假突破的範圍。

第一，股價突破當天因強勢上漲封住漲停板位置，投資人惜售導致成交量未能放大時，此時只要在後面幾個交易日中有補量的現象，則仍可視為有效突破。第二，股價經過長期下跌之後，突然向上突破下降趨勢線的壓力，此時可能由於市場人氣經過股價的長期下跌，仍未得到恢復，觀望情緒較重，或者是行情太過突然，投資人來不及反應，這時不能簡單地認為是假突破。此時股價可能不會馬上上漲，而是在底部逐漸震盪走穩，成交量趨於溫和放大，暗示股價已經見底，隨時可能反轉上升。第三，在向上突破的當天成交量並未大增，但第二天仍維持強勢並出現「補量」上漲時，也應視為有效突破。

向下突破上升趨勢線時，成交量增加與否並不重要，均可視為有效突破。但在突破趨勢的關鍵位置時，成交量也要顯著放大，隨後不久股價又反彈到趨勢線附近，作短暫的停留後，再次大幅下跌。這種突破後出現反彈再大幅下跌的現象，為突破後的「回測確認」走勢。下跌突破不強調成交量大小，是因為行情已有一段升幅，持股者對後市仍抱有一定的信心，而場外投資人追高心態謹慎，觀望情緒較濃，導致交投並不十分活躍。

（3）在上升過程中，向下跌破支撐的形態各異：① 起始階段成交量增大不明顯，隨後繼續下行，如果成交量逐漸放大，則上升趨勢的反轉作用成立；② 起始階段股價跌破上升趨勢不遠，無成交量放大，則股價重回上升趨勢以上，上升趨勢的反轉作用不成立；③ 股價回頭靠近上升趨勢時，無大成交量配合，其後若量增價跌，則上升趨勢的反轉作用成立；④ 股價自跌破上升趨勢後，雖不見成交量明顯放大，但股價持續下跌，上升趨勢的反轉作用成立；⑤ 成交量伴隨價位跌破上升趨勢明顯放大，則上升趨勢的轉折作用成立。

（4）**幅度標準**：無論向上突破還是向下突破，幅度均以超過 3% 為有效突破，否則為假突破。但由於市場較多短線操作行為，只要收盤價高於或低於趨勢線突破點的 2%，也可認定為該條件成立，在判斷時應以當日的收盤價為準，如果只是在盤內一度衝破趨勢，然後又快速回到原來的勢趨線之中，且成交量非常低，其可靠性不高，可以認定為假突破。

(5) **時間標準**：一條趨勢只有小小的突破，且突破時間很短暫，股價又回到原趨勢之中，那麼這種突破就可能是假突破。真正的突破除了要求有一定的漲跌幅、距離外，還有時間上的要求。通常，股價在趨勢突破一方連續站穩 3 天以上，突破才算成立。但在實戰操作中，只要收盤價高於或低於勢趨 2 天，也可以視為有效突破。

(6) **突破盤局的原因**：從股價整體運行趨勢來說，就是漲、跌、盤（震盪整理）三種情況，上漲讓人興奮，下跌讓人恐慌，而震盪整理最讓人心煩。可是，股價的絕大部分時間都處於震盪整理之中，它比上漲和下跌的時間都要長。但不震盪整理是不行的，因為股價是在漲漲跌跌中運行的，不可能一味的上升，也不可能一味的下跌，多空雙方都必須有一個蓄積攻擊能量的過程，才得以使股價繼續維持原來的運動趨勢。

(7) **突破盤局的辨別**：突破是指股價在一個相對平衡的市道裡運行一段時間以後，突然朝一個方向運行，它經常出現在吸貨或出貨行情中。在吸貨行情中，在盤面上大致有兩種現象：一種是歷經幾次破位下跌後，股價在底部突然放量刻意向下壓價，造成再次破位的勢頭，使受深套的股民徹底絕望。這時許多散戶似乎變聰明了，知道該「停損」出場，可是不久股價不跌反漲；一種是股價跌到了底部，突然股價向上急拉 10% 左右，給散戶「反彈出場」的機會。

(8) 對主力選擇突破時機需要仔細研究，市道較好股價又不高的時候沒有疑問，如果市道一般時，就需要結合主力成本、股價、主力類型及其控盤特點進行分析，在大勢較好的時候前期走勢不逆勢的，在市道不好的時候突然逆勢突破，提防主力出貨。

(9) 如果突破以缺口形式出現的話，是強勁有力的。股價在突破時形成盤面缺口，其可靠性比普通的突破走勢可靠性更高，而且缺口越大上漲力量越強，可靠性越高。

(10) 一個趨勢的有效突破不包括股價的偶爾突破，由於有時市場會受到某些不確定的因素或突發消息，引起股價產生短期異動，向上或向下突破趨勢的支撐或壓力。但這種影響只是暫時的，隨後不久股價又會重新回到趨勢的影響範圍內。特別是在主力刻意的行為中，時常會利用對一些重要趨勢及支力位、壓力位的突破，來製造多頭陷阱和空頭陷阱，引誘投資人上當受騙，從而達到吸貨、震倉甚至是出貨的目的。

(11) 觀察趨勢觸及的次數，在理論上強調觸及點越多，趨勢也越可靠。但實盤中並非如此，大家知道，任何一個趨勢不可能永久存在，也不可能長期發揮作用，遲早會改變走勢。通常，在一條趨勢上連續出現三個觸及點後，在第四次以上出現的觸及點可靠性會降低，越往後其可靠性越低。尤其是在次級趨勢中，這種情況表現更為明顯。

(12) 分析突破時的盤面細節，有利於提高判斷的準確性。比如，當天的突破時間早晚，通常越早越可靠，特別是在臨近尾盤的突破更應值得懷疑；觀察當天的突破氣勢，突破時一氣呵成，剛強有力，氣勢磅礡，可靠性就高。

(13) 如果下跌趨勢線維持時間較長，而且股價的跌幅較大時，股價向上突破趨勢線，是下跌趨勢線開始反轉的訊號。通常應具備三個主要特徵：① 下跌趨勢線的時間較長；② 股價的跌幅較大；③ 股價向上突破下跌趨勢線時，一般都呈現出放量的狀態，但在實際應用中要注意的是，所確認的反轉突破點與下跌趨勢線的幅度不能過大，一般不能超過 5%。否則，這個突破的高度和可靠性就會降低。

(14) 因受人為心理因素或趨勢的慣性影響，很多時候支撐與壓力容易被「放大」或「縮小」。在上升趨勢中，支撐作用似乎有神奇效果，而壓力作用卻不十分明顯；相反地，在下降趨勢中，壓力作用似乎十分奏效，而支撐作用似乎完全失效。所以，在上升行情中，股價回落到上升趨勢附近獲得支撐，可能反轉向上；而在下跌行情中，股價反彈到下跌趨勢附近將受到壓力，可能再次回落。也就是說，在上升趨勢的觸點附近將形成明顯的支撐，而在下跌趨勢的觸點附近將形成明顯的壓力位。

(15) 股價突破趨勢時，如果原來的趨勢成為支撐或者壓力，通常應具備三個主要特徵：① 只選用於上升或下降趨勢，對於橫向趨勢沒有指導意義；② 原來的趨勢線被確認有效突破時，該法則才可以適用；③ 與原來的趨勢作用性質形成反向對應關係。即支撐變壓力，壓力變支撐。

❖ 研判突破的基本方法

根據筆者長期的實戰經驗，研判突破的基本方法有以下幾點。

(1) 如果處於底部吸貨區域、中途整理區域、主力成本區域附近的，若向上突破其真突破的機率較大，若向下突破其假突破的機率較大。如果處於

高位出貨區域、遠離主力成本區域的，若向上突破其假突破的機率較大，若向下突破其真突破的機率較大。

（2）股價突破必須建立在充分蓄勢整理的基礎上。包括兩類：一類是人們熟悉的各類形態整理，如三角形整理、楔形整理、旗形整理、箱體整理等；另一類是主力吸完貨以後，以拖延較長時間作為洗盤手段，或者因等待題材或拉升時機，長期任憑股價回落下跌，股價走出了比形態整理時間更長、範圍更大的整理。股價一旦突破此種整理盤面，則往往是有效突破。由於這種整理超出了形態整理的範圍，因而有時候是難以察覺和辨別的。

（3）一般而言，當大盤處於整理、反彈或橫向整理的階段時，個股出現放量突破是假突破的可能性較大；而當大盤處於放量上升過程中或盤整後的突破階段時，個股出現放量突破是真突破的可能性較大。而個股突破時板塊聯動同時向上，則可信度較高，這時要選擇量能最大、漲幅最大的個股，這往往就是板塊中的龍頭股。最後還要看政策面和基本面有無支持該板塊向上的理由。

（4）突破與均線的關係，有以下幾種盤面現象：第一，在低位均線上行，股價位於均線上方且緊貼均線緩慢上移，此時出現向下突破時多為主力洗盤所為，為假突破的可能性居多。第二，在低位均線下行，股價位於均線下方且緊貼均線緩慢下行，此時出現向下突破時預示市場即將出現加速下跌的勢頭，為真突破的可能性較大。第三，在低位均線下行，股價位於均線下方且遠離均線，超過 10 日均線 15% 以上，且股價累計跌幅較大，顯示市場短期處於超賣的不理智狀態，股價有回歸均線附近的要求，因此這時候出現繼續向下突破時為假突破的可能性較大。第四，均線水平移動，股價圍繞均線上下波動，此時如果出現向下突破往往會有一定的跌幅，為真突破的可能較大。第五，在股價出現向下突破時，30 日均線具有較強的支撐和壓力作用，可以觀察 30 日均線的運行方向及支撐和壓力程度，對分析判斷後市趨勢會有一定的幫助。

（5）股價上漲必須有氣勢，走勢乾脆俐落，不拖泥帶水，這一點非常重要。突破後並能持續上漲，既然是突破就不應該磨磨蹭蹭，如果放量不漲就有出貨的嫌疑。而且，突破要成功跨越或脫離某一個有意義的位置，比如一個整數點位、一個整理形態、一條趨勢線、一個成交密集區域或某一個時間之窗等，否則判斷意義不大。

　　如圖 3-1 柳鋼股份（601003）的 K 線圖所示，股價經過大幅下跌後止穩盤整，在震盪築底過程中形成一個上升三角形整理形態，在三角形整理的末端曾經兩次試圖向上突破，但均因突破氣勢不強，未能堅守前沿陣地，最終重返弱勢盤面之中。

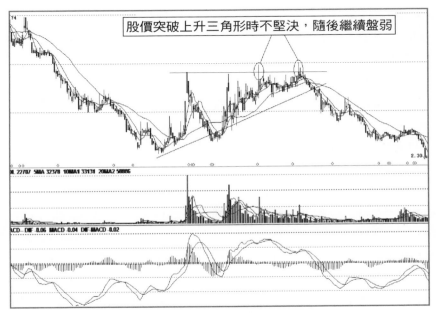

▲ 圖 3-1　柳鋼股份（601003）日 K 線圖

　　(6) 突破的時間要求：① 低位突破：股價長期持續下跌，然後在低位橫盤，只要在低位時間足夠（超過 3 個月以上），股價在低位兩次向上突破時以真突破居多。反之，當時間小於兩個月時，向上突破往往以假突破居多，這也是形態理論的要求。② 高位突破：個股高位橫盤整理，整理時間越長，向上突破越有效。

　　(7) 在研究趨勢是否被突破時，應當明白一種趨勢的突破後，未必是一個相反方向的新趨勢的立即出現，有時候由於上升或下降太急，市場需要稍作整理，作上下側向運動。如果上下的幅度很窄，就形成牛皮狀態。側向運

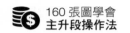

動會持續一些時間，幾天或幾週才結束。在技術上稱之為「消化階段」或「鞏固階段」。

(8) 發現突破後應多觀察一天：如果突破後連續兩天股價繼續向突破後的方向發展，這樣的突破就是有效的突破，是穩當的買賣時機。當然兩天後才買賣，股價已經有較大的變化——該買的股價高了、該賣的股價低了。即便如此，由於方向明確，大勢已定，投資人仍會大有作為，比貿然操作要好得多。

同時，注意突破後兩天的高低價。如果某一天的收盤價突破壓力線向上發展，若第二天的交易價能跨越其最高價，表示突破壓力線後有大量的買盤跟進。相反地，股價在突破支撐線向下運動時，若第二天的交易價是在它的最低價下面運行，那麼說明股價突破後，賣盤壓力很大，應及時做空。

(9) 在一般情況下，維持得較久的通道、趨勢或均線，第一個突破方向往往是假突破的可能性最大，第二次突破的次之，而經過第三次或以上的突破，可能就是真正的突破了。

如圖 3-2 祥龍電業（600769）的 K 線圖所示，一條上漲趨勢線確立後，當股價第一次遇到該趨勢線時，一般都有較強的支撐，此時如果向下擊穿該趨勢線，大多屬於假突破的性質。該股在首次回落到該趨勢線附近時，遇到技術支撐而走強，此後再次向下擊穿這條趨勢線時，股價也迅速拉起，形成向下假突破走勢，在第三次再次考驗該趨勢線時，也得到了有效的支撐而走強。但是，當股價第四次考驗該趨勢線時，多頭已經支撐不住了，股價終於選擇了向下跌位，此後盤面出現新的運行方式。

(10) 向下突破上升軌道線時，股價處於上漲幅度較大的頂部，預示做多能量不繼，有強烈的轉勢要求；向下突破下降軌道線時，股價下跌幅度較大，處於市場底部，可以適當建倉；向下突破水平軌道線時，確定股價所處的具體位置。在低位或漲勢的中途，向下突破為疑似訊號，向上突破的可靠性較高；在高位或跌勢的中途，向上突破為疑似訊號，向下突破的可靠性較高。

(11) 向上突破下降軌道線時，下降軌道線具有助跌的慣性作用，有效突破必須要有成交量的積極配合，並維持市場所需的量能，才能保持盤面的活躍狀態；向上突破上升軌道線時，上升軌道線雖然具有助漲的慣性作用，但出現巨大的天量，小心見頂回落。

向下突破上升軌道線時，上升軌道線具有助漲的慣性作用，在突破的那

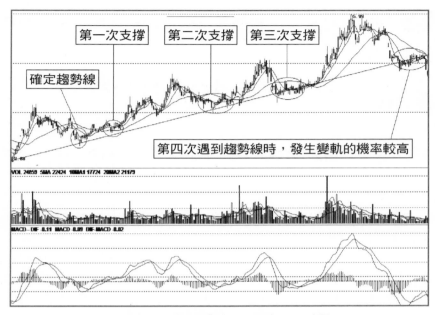

第一次支撐　第二次支撐　第三次支撐

確定趨勢線

第四次遇到趨勢線時，發生變軌的機率較高

▲ 圖 3-2　祥龍電業（600769）日 K 線圖

一刻必須要有成交量的放大；向下突破下降軌道線時，下降軌道線雖然具有助跌的慣性作用，在突破的那一刻必須要有成交量的放大。

（12）分析原先軌道線的上升角度，若原先的軌道線本身已經較陡峭，此時若繼續向上突破，會使新的軌道線更陡峭，這樣的軌道線必定不會維持太久。相反地，分析原先軌道線的下降角度，若原先的軌道線本身已經較陡峭，此時若繼續向下突破，會使新的軌道線更陡峭，容易出現超跌反彈或產生市場反轉走勢。

（13）股價一旦突破成立，必須反向操作，但必須注意突破後經常出現回測現象。造成回測的原因有三：一是正常的技術性反彈；二是主力有意識的陷阱；三是重大意外消息的作用。究竟是哪種，要仔細辨認並作出相應處理。

3-3　節奏：主升段的脈搏

❖ 拉升的氣勢

　　觀察盤面氣勢需要一定的看盤經驗和修煉，這可以說是看盤的最高境界。氣勢在於個股盤面呈現出來的攻擊力，一些有經驗的炒手領悟到盤面氣勢的強盛，以及氣勢的演變，這是很難用一兩句話表達清楚的。

　　股市中的氣勢是指股價漲升的氣概、勢頭，股票真正的上漲，一定是有氣勢的漲升，這是從盤面上區分股價上漲的真假、虛實以及判斷主力意圖的參考依據。在目前情況下，炒股賺錢的機會只存在於上漲之中，但是上漲有多漲少漲、真漲假漲以及上漲以後是繼續上漲還是快速反轉下跌等區別。股價上漲和拉升，沒有氣勢不行，主力做多的意願需要透過上漲氣勢表現出來。因此，研判股價上漲的氣勢，有助於我們分清真漲和假漲、大漲和小漲以及躲避風險、把握獲利機會。

1. 拉升氣勢的主要特徵

　　⑴ 股價上漲能持續揚升的，才具有投資價值。伴隨股價上漲成交量持續放大或者溫和放大，不是偶然一兩天突放巨量。

　　⑵ 關鍵位置上漲有強度，突破時有力量，乾脆俐落而不拖泥帶水。

　　⑶ 股價緊貼 5 日均線上行，走勢堅挺，整體走勢的角度大於 45 度。

　　⑷「壓力」阻擋不了股價的持續上漲，主力做多意願堅決。

　　如果股價上漲沒有氣勢，意味著該股可能沒有主力，或者主力的實力不夠，或者個股的基本面不支持該股做多，主力沒有底氣或膽量。沒有氣勢的

股票盤面死氣沉沉，其特徵為：上漲不夠持續，股價偶爾突然大漲，成交量突然放大。股價走勢疲軟，整體走勢平緩，角度低於 30 度。關鍵位置上漲無力，壓力重重，主力無做多意願。每一個上漲波段以內，K 線陰陽交錯，波段形狀不清晰，5 日均線走平或是彎彎的曲線。個股走勢明顯弱於大盤，整體上漲幅度跟不上同期的大盤上漲幅度，是市場中的「落伍者」。

2. 就漲停板而言，從浪形上觀察氣勢的強盛

(1) **一字漲停**：股價一開盤就封於漲停價位，分時圖在漲停位置上成一條筆直的直線，沒有浪形可言，這類個股通常是遇到重大利多消息或主力做多意願強烈，在氣勢上多方佔據絕對優勢，不給空方任何機會。

(2) **單波拉升**：開盤之後或在盤中某一時段出現直接式上升，拉升不回檔，一波拉漲停。這種漲停的氣勢，僅次於一字形漲停的個股，顯示出多方明顯佔優勢，空方棄守觀望，盤面氣勢磅礴，勢如破竹。

如圖 3-3 九典製藥（300705）的 K 線圖所示，該股見底止穩後漸漸向上攀高，再次回落到 30 日均線附近時，得到有力的技術支撐。2018 年 3 月 20 日小幅低開後，先作短暫的整理，然後在 9：35 開始拉升，不到 8 分鐘股價一口氣拉漲停，中間沒有回檔，全天封盤不動，當天收出一根上漲大陽線，盤面氣勢磅礴勢不可擋。這是一根標誌性 K 線，一根大陽線向上穿越三條中短期均線，接著出現兩個一字形漲停，股價強勢上漲，漲幅超過一倍。

如圖 3-4 西部創業（000557）的 K 線圖所示，2018 年 7 月 27 日，股價高開 2.01% 後，盤中不作回檔，一波式快速漲停。為什麼有如此強勢的盤面呢？該股前幾日主力進行了多次試盤，盤面感覺良好。這種盤面走勢，顯示出短線主力上攻欲望十分強烈，所以投資人可以在高出開盤幾個價位掛單買入。選擇這類個股的關鍵為，分析前幾個交易日的盤面表現，然後結合當天分時盤面表現，再決定買賣計畫。

(3) **二波拉升**：在分時走勢圖中，股價分二波拉升，經過一波拉高後開始回落洗盤蓄勢，然後拉至漲停板。

這種盤面在啟動點開始的上升，第一波通常漲到比較高的位置，一般在 4%~6% 之間（如果第一波上升只漲到 2% 左右，那麼回檔之後再漲就要 8% 以上才能衝到漲停，操盤的難度比較大）。第一波的上漲幅度不低，就是為了將來能夠經歷二浪整理之後，第三浪上漲到封於漲停。這種漲停的氣勢，

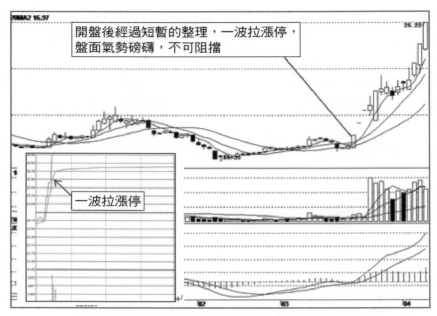

開盤後經過短暫的整理，一波拉漲停，
盤面氣勢磅礴，不可阻擋

一波拉漲停

▲ 圖 3-3　九典製藥（300705）日 K 線和分時走勢圖

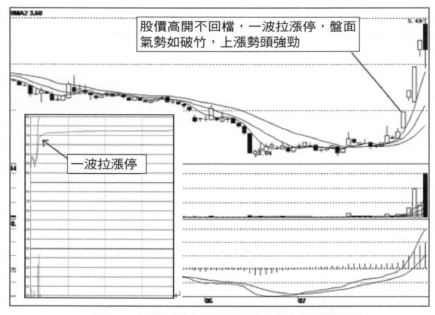

股價高開不回檔，一波拉漲停，盤面
氣勢如破竹，上漲勢頭強勁

一波拉漲停

▲ 圖 3-4　西部創業（000557）日 K 線和分時走勢圖

其強度又次於「一波漲停」的個股，但上漲氣勢也不可阻擋，實際漲幅也不見得小於「一波漲停」個股的幅度。

如圖 3-5 成都路橋（002628）的 K 線圖所示，該股主力在低位吸納大量低價籌碼後，2018 年 7 月 19 日股價放量強勢漲停，收出一根具有看漲意義的突破性大陽線。從分時圖中可以看出，股價開盤後出現向上拉高，第一波就強勢拉升，顯示主力做多決心，然後進行快速整理，第二波主力輕而易舉地將股價拉向漲停，上漲勢頭非常強勁，短線繼續看漲。

如圖 3-6 興齊眼藥（000573）的 K 線圖所示，該股見底後股價緩緩向上走高，2019 年 4 月 10 日，股價放量強勢漲停，收出一根具有看漲意義的突破性大陽線。從分時圖中可以看出，股價小幅低開後立即出現拉升，呈二波上攻將股價拉向漲停，主力做多意圖可見一斑。此後，之後股價連續漲停，形成井噴式拉升行情。

(4) **三波拉升**：在分時走勢圖中，股價分三波拉升，中間出現兩次回檔蓄勢走勢，然後拉至漲停板。這種走勢的盤面氣勢也是非常強勁的，但弱於

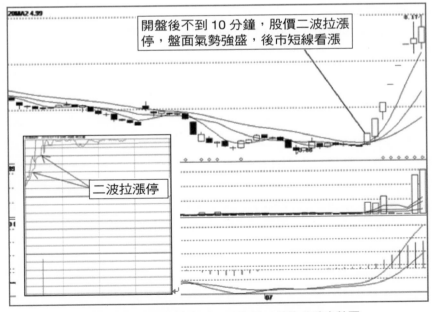

▲ 圖 3-5　成都路橋（002628）日 K 線和分時走勢圖

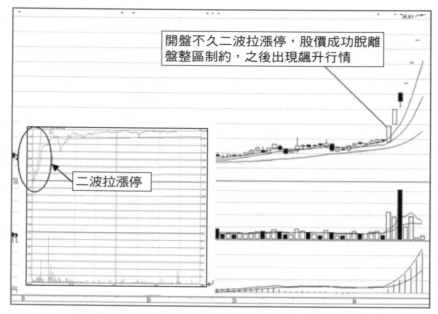

開盤不久二波拉漲停，股價成功脫離
盤整區制約，之後出現飆升行情

二波拉漲停

▲ 圖 3-6　興齊眼藥（000573）日 K 線和分時走勢圖

前面三種形態。

　　如圖 3-7 凱倫股份（300715）的 K 線圖所示，該股蓄勢整理結束後，股價漸漸向上走高。2018 年 3 月 8 日放量向上突破，三波式漲停形態。從分時走勢中可以看出，股價逐波上漲，波峰浪谷清晰，量價配合理想。投資人可以在當日均價線或開盤價、昨日收盤價附近介入。

　　如圖 3-8 精確信息（300099）的 K 線圖所示，該股見底止穩後，漸漸向上推高脫離底部區域，然後出現一段時間的震盪整理，2019 年 3 月 28 日股價放量向上突破盤區，出現連續的飆升行情。在分時走勢中，股價開盤後進行短暫的整理，然後出現三波向上拉至漲停，成交量明顯放大，量價配合頗具規律，投資人可以在當日均價線附近介入。

　　散戶操盤技巧為：前一日或前幾日盤面表現良好的，可以在開盤附近買入，也可以在均價線或開盤價、昨日收盤價附近買入。

　　在三波式拉升中，第一次回落與第二次回落在時間上和幅度上，都具有一定的互換性。具體來說，就是如果第一次回落幅度較深，那麼第二次回落時往往幅度不會很大；如果第一次回落幅度不大，那麼第二次回落時往往幅

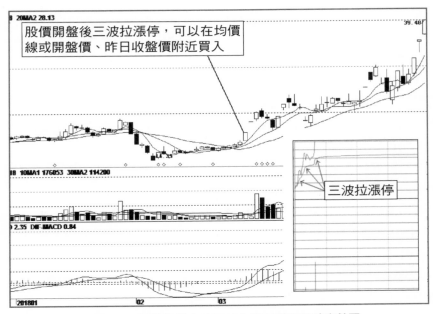

▲ 圖 3-7　凱倫股份（300715）日 K 線和分時走勢圖

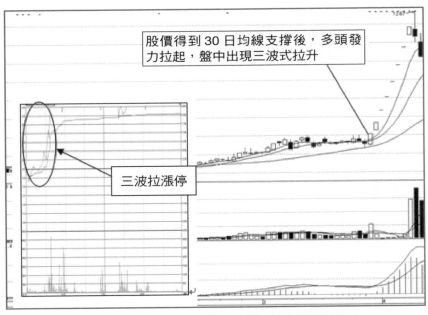

▲ 圖 3-8　精確信息（300099）日 K 線和分時走勢圖

度較深。在時間上，如果第一次回檔時間較短，通常第二次回檔時間往往較長；如果第一波回檔時間較長，通常第二次回檔時間往往較短。

（5）**多波拉升**：多波式拉升又稱作震盪式拉升，這種拉升方式也非常多見，在分時拉升過程中，一波三折，多次回檔，分不出明顯的浪形，但整體上低點越來越高，高點不斷被打破，低點和高點逐級而上。在拉升個股裡，這種盤面氣勢也算是最弱的了，但上升趨勢一旦形成，其上漲強度也非常強勁的，而且往往持續較長時間。

散戶操盤技巧為，在當日均價線附近介入，要求均價線處於上行狀態，均價線至少要保持水平運行，絕對禁止在均價線轉為下行狀態時介入，因為下行的均價線說明股價已經開始走弱，甚至出現尾市跳水現象。

如圖 3-9 揚子新材（002652）的 K 線圖所示，該股止穩後步入上升趨勢，當天開盤後，股價穩步走高，盤面張馳有序，量價配合得當，當天收出一根漲停大陽線。從分時走勢看，雖然該股沒有上述幾種盤面形式強勁，但上漲氣勢依然不可小覷，隨後該股出現飆升行情。

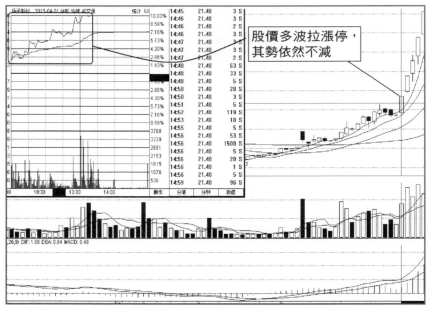

▲ 圖 3-9　揚子新材（002652）日 K 線和分時走勢圖

❖ 拉升的時間

1. 拉升的時間持續

　　股價拉升是最激動人心的時刻，也是每一個散戶孜孜不倦的追求目標。股價上漲要有一定時間的持續性，主力的做多意願呈現在持續的上漲之中，股票真正的上漲，一定要有持續的漲升，而不是一兩天的衝高動作，這也是從盤面上區分股價上漲的真假、虛實以及判斷主力意圖的參考依據。在實盤中，有的股票能夠持續升勢，投資人有獲利機會；有的股票持續性不強，漲勢曇花一現，散戶跟進後即遭套牢。因此，有必要研究股價上漲時間是否具有持續性，拉升時間的持續應符合下列特徵。

　　(1) 股價上漲必須是連貫性的，而不是一兩天的短期上漲。

　　(2) 股價上漲速度很快，在 K 線圖上以長陽短陰、大漲小回、二陽一陰等方式，股價緊貼 5 日或 10 日均線快速上揚，角度大於 45 度。

　　(3) 上漲要有一定的幅度，通常一個波段大於 30% 以上。在波段內，一般沒有跳空缺口，股價呈小波段逐波上行，漲跌有序，買賣點明確。

　　(4) 股價上漲是因為有人在刻意「拉動」，是主力的故意行為，具有明確的拉升目的和意圖，如果僅僅是因為大家看好哄搶而上漲，股價很快會歸於沉寂。

　　(5) 上漲中沒有出貨動作，這樣的上漲是推升股價的一種方法，主力經由盤中製造人氣，吸引場外投資人介入，然後輕鬆推升股價。

2. 拉升的時間長短

　　相對於建倉、整理、出貨階段來說，拉升的時間週期短，拉升幅度的大小以及時間的長短，是呈現主力實力與操盤風格所在。同時，拉高是主力獲利的關鍵，在主力操作中具有決定性意義。一般短線行情在 1~2 週，中級行情為 1~3 個月，長主力股在 6 個月以上，個別大牛股可能超過 1 年以上。

　　一般來說，底部盤整結束後，將股價拉升到一個台階進行整理，只需 15 天左右。以震盪爬升方式上行的，上升週期約 1~2 個月。一個波段或台階的拉升時間在 15 天左右，但整體的持續時間較長，需要 3~6 個月甚至 1、2 年。為出貨而快速拉升的持續時間較短；中途沒有震盪或震盪幅度小的，需要 20 天左右；中途有震盪且幅度大的，需要 2 個月左右。拉升時間

通常與拉升性質、拉升方式、整理方式以及上漲速度、角度和上漲空間等因素有關。

拉升時間與上漲角度的關係，兩者一般呈反比，即上漲角度陡峭的，持續時間較短；上漲角度平坦（適中）的，持續時間較長。一般來說，30 度角上漲的持續時間最長，可維持幾個月甚至一年以上；45 度角上漲的持續時間適中，通常在 1~3 個月；超過 60 度角上漲的持續時間最短，行情在幾天或幾週就結束。可見，角度平坦（但不低於 30 度角為宜）的上升速率維持時間較長，角度陡峭（特別是超過 60 角度）的上升速率維持時間較短，因此投資人遇見井噴式行情時，不可戀戰。

拉升時間與上漲速度的關係，兩者一般呈反比，即上漲速度較快的，持續時間較短；上漲速度穩健的，持續時間較長。另外，上漲速度與上漲角度呈正比關係，也就是說上漲速度越快，上漲角度就越大，持續時間也就越短，反之相反。通常，井噴式行情的持續時間在 5~10 天左右，長的可能持續 30 天左右。

拉升時間與上漲空間的關係，兩者一般呈正比，即上漲空間越大，持續時間較長；上漲越小，持續時間較短。通常，一般股票的拉升幅度在 50% 以上，時間在 5~10 天；幅度較大的超過 100% 甚至 200% 以上，時間在 10~30 天；超級大牛市可能達到 4~5 倍以上，時間在 3 個月以上。通常，一支主力股的整體漲幅不小於 1 倍，流通盤較大的在 80% 左右。基本面較差又無可以看好理由的，在 60%~80% 之間。小型股、熱門股的漲幅預期較高，可能達到 2~3 倍，甚至 4~5 倍以上。

主力操盤手法不同，其拉升幅度也有別。快速拉升的幅度在 80% 甚至 2 倍以上；一個波段或台階的拉升幅度在 30% 左右，但整體的幅度在 1 倍以上，推進式或複合式的拉升幅度在股價的 1 倍左右。股票拉升的空間，取決於個股炒作題材、市場人氣、股價定位、技術形態、股本大小、籌碼分佈、主力成本和主力獲利目標等，其中主力的意願是決定性的。股價拉升幅度也可以參考股價的最低價，從底部最低價起算，可以按漲幅的 80%、100%、150% 或者 200% 以上，分別確定拉升可能到達的價位。

3. 拉升的時間早晚

拉升時間的早晚不僅能夠反映主力的實力，也能預測未來股價上漲的氣勢，說明如下。

漲停早的比晚的好，最先漲停的比尾盤漲停的要好得多，在每天交易中第一個漲停的最好，漲停時最好出現在 10：10 分以前。因為前幾個漲停最容易吸引短線投資人，並且在開盤不久就能漲停，表示主力是有計畫地進行拉高，不會受大盤當天漲跌大小的影響（但也不是一點也沒有影響）。如果這時該股的技術形態也不錯，在眾人的集體推動下，漲停往往就能封得很快，而且買單可以堆積很多，漲停封死的可能性就非常大，那麼，第二天獲利也就有了保障。

臨近尾盤的時候漲停的股票上漲氣勢最弱，尾盤關注度在降低，拉升消耗的資本比較少，所以通常尾盤拉漲停的主力實力相對弱一些，特別是臨近收盤的前 30 分鐘拉漲停的，具有一定的欺騙性。此外，每年的最後一天 5 分鐘，都有主力為了做當年獲利市值而故意拉抬股價，其場面蔚為壯觀。而且，尾盤漲停的個股次日通常會低開，原因就是氣勢不強，底氣不足。

❖ 拉升的速度

(1) 拉升速度快，具有爆發性。個股在啟動初期經常出現連續軋空的走勢，同時隨著行情的展開，成交量連續放大。對這類主力而言，時間比資金更重要，而且閃電式的突擊本性已經根深蒂固了，連續軋空就是這種操作行為的最好寫照。因此主力的拉升一般都是十分迅速的，因為畢竟適合於拉升的良機不多，主力必須及時把握時機而快速拉高，才能充分達到事半功倍的效果。同時快速拉升產生的暴利效應，能夠有效吸引投資人。

(2) 短線主力的拉升，最關鍵的就是借勢。借大市反彈之勢、借大市上升之勢、借利多消息之勢、借形態突破之勢，借勢拉高往往是一鼓作氣的。短線主力的拉高手法比較簡單，以快、狠為主，有時快到讓想追入的投資人不得不一次又一次地撤單將價位打高。一般來說，短線主力的拉高多出現在尾盤，因為如果過早地拉升，極有可能面臨賣壓賣出的風險。而在尾盤拉升，往往可以將投資人殺個措手不及，想買的買不著，想賣的又捨不得賣。特別兇狠的主力，甚至將股價用大單封至漲停，讓投資人只能望單興嘆。

(3) 中、長線主力的拉升，由於控盤週期比較長，往往達到高度控盤，其目標利潤定得比較高，而且手中掌握的籌碼比較集中，其拉升時的盤面通常獨立於大勢而行，走勢不溫不火，碎步推升，一輪拉升段往往持續時間較長。但如果遇上合適的拉升時機，可使主力事半功倍，不必花費大量的資金就可以達到目的，且拉升幅度更大。

(4) 個股行情一旦啟動，其走勢相對獨立，上漲速度明顯快於大盤或板塊，且多發生在大市比較樂觀時。因此時大市表現出明顯的多頭特徵，使股價的上升有很好的市場人氣作為基礎，可使個股走出明顯強於大盤的走勢。很少選擇大盤不明朗時進攻，但是如果發現個股在此時發動攻勢，則一般隱藏有相應的題材或可能是主力在拉高建倉，未來的空間極為巨大。

(5) 當主力企圖大幅拉抬股價的時候，將透過媒介或股評放出題材，散佈種種模糊利多，並聯繫大戶主力，同時製造大成交量和大手筆成交（也可製造異動，如一筆特高或特低的成交），以降低賣壓和吸引買氣，從而加速股價的上漲。

(6) 拉升階段中後期的典型特徵是，股價上漲幅度越來越大，角度越來越陡，速度越來越快，成交量愈放愈大。但漲幅大、角度陡、速度快、成交量大的股票，持續時間較短，投資人應隨時做好出場的準備。若成交量呈遞減狀態，那麼，這類股票要麼在高位橫盤慢慢出貨，要麼利用除權使股價絕對值下降，再拉高或橫盤出貨。

(7) 對倒拉抬：一邊在上方堆積籌碼，一邊從下方不停往上拉升股價，促使股價快速上漲。對倒與對敲不同，對倒時可能大幅拉升股價，而對敲可能不拉升股價。另外，對敲的性質重股價的成交量，而對倒的性質在偏重成交量的同時偏重股價的漲勢。

❖ 拉升的角度

在股價運行中，大部分時間是在低價區進行起漲前的整理震盪，只有小部分時間用來拉升股價。因此，過早進入正在上下震盪中的個股，是不經濟的；同樣地，過晚進入一個已經拉升的個股，也是不經濟的。因此，要著重尋找那些在底部剛剛啟動的股票，在實戰操作中掌握拉升角度，對研判主升段很有幫助。

1. 沿 30 度角上升

這種走勢依托均線系統上行，不受大盤升跌影響，同時又受到均線系統的制約，一旦距離均線較遠時，會有集中賣盤出現，因此就形成了 30 度角上升形式。這是一種比較弱的盤面走勢，後市存在許多變數。尤其是低於 30 度角的走勢，又落後於大盤的漲幅，表示盤勢過弱，多空雙方的鬥爭與大勢的上升不能統一，應特別注意。其原因可能是：① 繼續吸籌；② 資金不足；③ 利空隱患；④ 無主力入駐等。

雖然這種盤面現象看起來主力力量脆弱、控盤程度較低，但是正因為表面上看起來是如此，迷惑了不少投資人的眼睛，到了中後期也有不少的個股出現快速拉升的動作。其實，這是長線實力主力的一大策略。

如圖 3-10 中遠海能（600026）的 K 線圖所示，經過長時間的下跌整理後，股價在底部止穩整理，呈 30 度角上升。盤面顯示，股價上漲強度明顯偏弱，難以走出獨立的主升段行情。這種盤面走勢需要後面的加速突破訊號出現之後，才能產生主升段，否則還屬於底部整理階段，不宜匆忙介入。

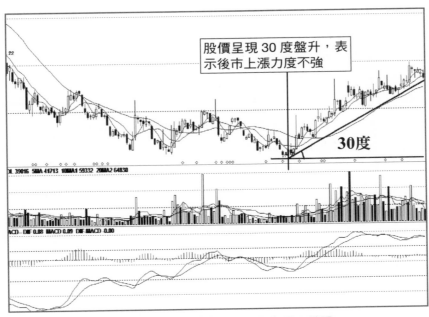

▲ 圖 3-10　中遠海能（600026）日 K 線圖

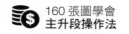

2. 沿 45 度角上升

　　這種走勢最強勁、最理想，也最穩健。經過仔細觀察，不少大幅攀升的個股前期都在平緩的上升通道中運行一段時間，股價陰陽相間、交錯上行，角度多為 45 度角，成交量錯落有致。這種形態通常是主力控籌所為，由於主力大規模介入，必然使股價重心逐漸上移，形成一條緩慢的上升通道，且初漲期升勢一般都很慢，既可降低持籌成本，又不至於過早引人耳目。這類個股上升通道維持的時間越長，主力準備工作越充分，日後的爆發力越大。

　　如圖 3-11 江鈴汽車（000550）的 K 線圖所示，經過長時間的下跌整理後，在 2018 年 12 月 4 日突破底部，形成 45 度角的上升通道，量價配合理想，其走勢明顯強於 30 度角的上升趨勢，此後形成一波累計漲幅較大的慢牛式上漲行情。

3. 沿 60 度角上升

　　這種走勢往往預示股價背後隱藏著重大題材，加上主力實力強大，操盤手法兇悍怪異，令股價漲勢兇猛。這表示主力在底部長期潛伏吃貨後，達到了高度控盤。加上拉升之初，大勢、板塊、人氣等諸多因素的共同作用，產生了閃電式拉升。這種走勢主力短期消耗能量過大，需換手整理後，再度上攻。

　　在牛市行情或階段性強勢市場中，一般會出現大概 5% 左右的個股，在日 K 線震盪上升中形成較標準的上升通道。上升通道形態的角度有大有小，一般情況下處於 30 度角至 60 度角之間，其中以 45 度角最為標準和常見。個股出現真正的主升段走勢，日 K 線上升角度大於 60 度角。

　　如圖 3-12 陝國投 A（000563）的 K 線圖所示，該股見底止穩後，形成長時間的築底走勢，主力成功完成了建倉計畫。2019 年 2 月 18 日，放量漲停，股價向上突破。以大於 60 度角的速度，強勢拉升股價，量價配合理想，短線具有極強的爆發力。

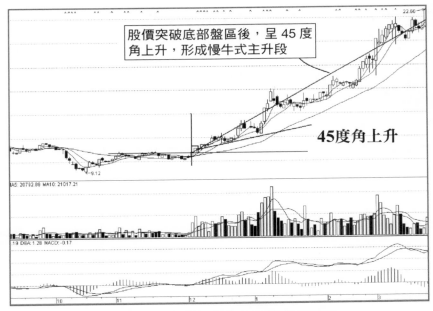

股價突破底部盤區後，呈 45 度角上升，形成慢牛式主升段

45度角上升

▲ 圖 3-11　江鈴汽車（000550）日 K 線圖

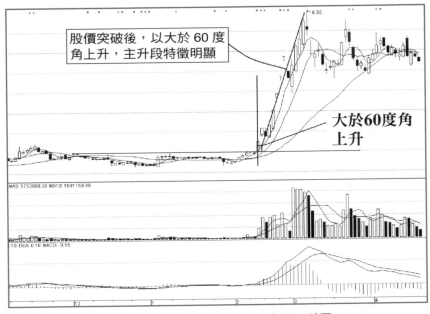

股價突破後，以大於 60 度角上升，主升段特徵明顯

大於60度角上升

▲ 圖 3-12　陝國投 A（000563）日 K 線圖

3-4

加速：主升段的象徵

主升段是指個股由震盪上升，轉變為快速加速上升階段的走勢，而個股能出現主升段往往是大資金在裡面運作的結果。主升段拉升速度快、漲幅大，是主力拉出獲利空間的重要手段。投資人操作進入主升段的個股，能實現快速獲利。

「加速上漲」意指股價原來就處於上升趨勢之中，但上升趨勢相對緩慢，如今開始轉變以快速上漲走勢。**對於股票投資人而言，抓住股價上升趨勢中的加速上漲波段，其時間成本很低，一旦抓準了加速啟動點，往往能夠在短時間內獲得巨大收益。**那麼哪些股票會出現加速上漲走勢呢？

❖ 加速上漲的兩種形態

一般而言，從股價的短、中、長線走勢來看，加速上漲的啟動點有以下兩種重要形態：支撐式加速上漲和滑行式加速上漲。

1. 支撐式加速上漲

指底部形成強支撐確認之後的加速上漲，也稱作「突破式加速上漲」。當股價的中長線底部夠明朗，並形成明顯的底部反轉之後，股價後續的走勢往往選擇向上突破，如雙重底、三重底、頭肩底等，以及某些具有重要意義的壓力位，如前期高點、成交密集區、長期形成的盤整區等。此外，還有股價連續沿著上升曲線向上運行的上升趨勢以及上升三角形形成之後，一旦股價整理完畢，向上突破的機率會明顯增加，股價易出現一波短線暴漲行情。

　　如圖 3-13 福安藥業（300194）的 K 線圖所示，該股主力完成建倉計畫後，開始緩緩向上推高，當股價回升到前期高點時，遇到低位獲利盤和前期套牢盤的雙重賣壓，主力主動選擇整理走勢。在整理過程中，主力不敢讓股價出現深幅回落，擔心低位丟失廉價籌碼，也不做突破性走勢，以免造成不必要的成本增加，所以出現橫向震盪走勢。經過一段時間的蓄勢整理後，盤中浮動籌碼得到較好的消化，股價得到 30 日均線的支撐。2019 年 3 月 29 日，放量漲停，股價突破盤整區高點壓力，表示主力蓄勢整理結束，30 日均線支撐有效。這時投資人應積極介入，從此出現一波井噴式主升段，在 11 個交易日中拉出 9 個漲停板。

　　如圖 3-14 哈投股份（600864）的 K 線圖所示，該股在低位震盪過程中形成多個高點，這些高點對股價後市上漲構成不小的壓力。不久，股價經過蓄勢整理後，一舉向上突破前期盤整區域的壓力，然後回落進行確認，當股價回落到前期盤整區域及 30 日均線附近時，得到了較強的技術支撐而再次強勢上攻，從而展開一波主升段行情。

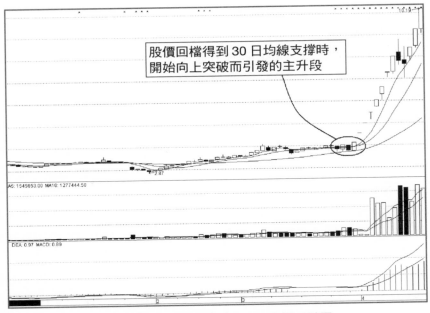

股價回檔得到 30 日均線支撐時，開始向上突破而引發的主升段

▲ 圖 3-13　福安藥業（300194）日 K 線圖

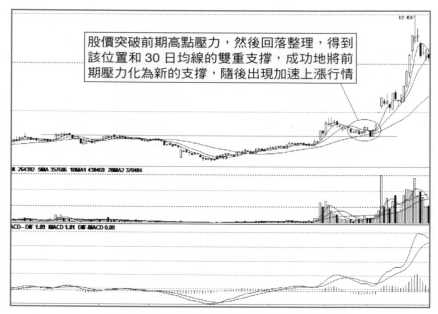

股價突破前期高點壓力，然後回落整理，得到
該位置和 30 日均線的雙重支撐，成功地將前
期壓力化為新的支撐，隨後出現加速上漲行情

▲ 圖 3-14　哈投股份（600864）日 K 線圖

2. 滑行式加速上漲

　　股價出現一段時間的小陰小陽盤升之後，向上突破形成加速衝刺走勢。
股價上漲過程如同「飛行理論」，由進入跑道、開始滑行、離開地面，到加
速爬高、高空飛行等幾個過程。主力完成建倉後，股價慢慢脫離底部，然後
底部緩緩抬高，上漲步伐漸漸加快，最後達到加速爬高。連續小陰小陽攀升
的形態，往往是主力低買籌碼的過程，一旦吸收了一定的低位籌碼，一般會
大幅度拉升，進入「加速衝刺」階段。

　　這種形態在整個上漲過程中，呈圓弧形上漲態勢，速度越來越快，角度
越來越陡峭，最後形成快速衝刺走勢，此時成交量也明顯放大。「加速衝刺」
是上漲過程中最兇猛、最瘋狂的階段，也是最引人注目的過程，但也是風險
聚集的階段，往往是上漲行情即將結束的時段。

　　如圖 3-15 凱龍股份（002783）的 K 線圖所示，主力在長時間的底部震
盪過程中，成功完成低位建倉計畫，然後以小陰小陽的方式向上攀高，雖
然漲幅不是很大，但主力資金在不斷流入。從 2019 年 4 月開始出現加速上

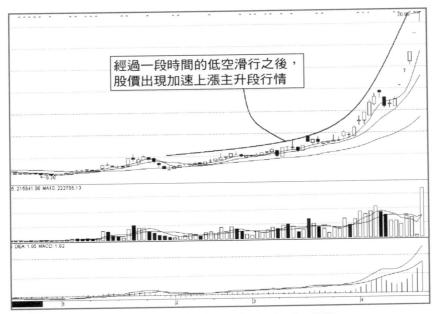

經過一段時間的低空滑行之後，
股價出現加速上漲主升段行情

▲ 圖 3-15　凱龍股份（002783）日 K 線圖

漲，大幅拉升。從走勢圖中可以看出，股價上漲的速度越來越快，角度也越來越陡峭，這就是最後的衝刺階段，股價累計漲幅較大。

　　如圖 3-16 中信建設（601066）的 K 線圖所示，該股在 2018 年 10 月成功探明底部，股價成功突破均線系統後，出現穩健的向上攀高走勢，成交量開始溫和放大，此時上漲角度平坦，盤面起伏也不大。經過邊漲邊整理後，從 2019 年 2 月下旬開始，股價上漲步伐漸漸加快，上漲角度也加大。最後股價進入衝刺階段，上漲速度明顯加快，角度也越來越陡峭，幾乎呈直線式上漲。

　　整個上升過程呈圓弧形，最後出現瘋狂走勢，形態非常誘人，不斷出現漲停大陽線。當然此時市場風險開始聚集，一旦股價真正見頂，短期內股價很難突破此位置，往往成為今後很長一段時間的壓力區域。投資人在實戰操作中，遇到這種走勢時可先掌握以下幾方面。

　　（1）上漲角度：一般上漲角度在 45 度角左右比較理想，加速到 45 度角~70 度角之間屬於快速上漲階段，加速到 70 度角以上則屬於最後的瘋狂飆升階

段，股價很快面臨回檔，這時明智的做法就是迴避風險，保持場外觀望為上策。而該股的上漲角度已經大於 70 度角，市場面臨回檔風險。

(2)**上漲幅度：**一般而言，累計上漲幅度超過 1 倍的要謹慎操作，超過 2 倍甚至更高的要拒絕參與，耐心當一位旁觀者。而該股的累計漲幅已經超過 500%，市場風險不可忽視。

(3) **市場熱度：**當市場出現一片沸騰、眾人一致看好時，反映市場投機過熱，這時投資人容易失去理智，市場很快就會形成頂部，因此需要投資人冷靜思考，避免倉促入市。

(4) 在高位出現不利訊號時，不要花精力對訊號的真假進行分析，快速退出觀望是最理想的首選方法。

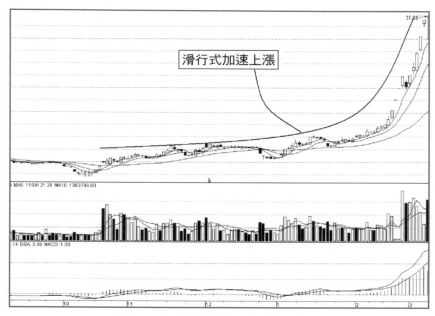

▲ 圖 3-16　中信建設（601066）日 K 線圖

❖ 捕捉熱點板塊和牛股

(1) 淨利潤高增長：公司收益的增長推動股價上漲，從長遠來看，一個企業的表現與其股票的表現有著密切的聯繫，因此，要重點關注業績增長最快的企業。

(2) 要主動出擊，而不是被動回應：要往前看，只有預測未來的熱點板塊，才能儘早找到贏家。比如，估計某板塊的主動下跌，是為了後市漲得更高等設想，並找出充足的理由。

(3) 要敢於承認錯誤，承認自己不足：一定要誠實，要看到主力增倉事實，而不是只靠希望和幻想。跟隨主力套利，而不是自鳴得意。

(4) 投資的想法來自於資訊和洞察力：資訊貴在能夠獨享，洞察力貴在能夠瞭解資訊的含義。

(5) 投資過程要有熱情，但是對待投資對象要冷靜，以眾人之美為美。如同「發現潮流、利用潮流」的方法，投資就是要順應大趨勢，追求大熱點。

(6) 不要試圖買在絕對的底部，等待一次大跌簡直是浪費時間。未來幾年的走勢將和過去幾年一樣，都是大漲小跌，螺線上升。

❖ 捕捉加速上漲的股票

對短線投資人而言，可以積極捕捉市場熱點，圍繞主力資金運作方向，讓自己的投資收益快速膨脹。那麼，如何在市場中找到一些漲得快一點的股票呢？基本訣竅如下。

(1) 必須確定主力基本上完成建倉、洗盤整理之後：市場中這麼多的股票，個股主力的操盤思路各不相同。買早了，需要忍受主力一次次洗盤的折磨；買晚了，股價已經起飛。從技術上來講，必須有底部溫和放量，日 K 線逐步走平，時間保持在 2 個月以上，並構築出初步拉高通道，連續小陰小陽出現後，突然近似跌停的 K 線，次日開盤迅速上漲的股票，就是起漲前的重要特徵。或者，股價快速打壓至 10%~20% 的跌幅後，又被巨大的力量快速拉起，並創出最近的一個高點，成功構築一個「黃金坑」形態，這就是主升段的標誌。

(2) 中短期技術指標均已走好：這個前提非常重要，起碼有 5 日均線開

始上穿 10 日、20 日均線這個動作，30 日均線走平或上行，表示主力拉高在即，主升段開始形成。

(3) 換手率持續遞增，但價格變化不大：換手率變化是衡量主力資金活躍程度的重要特徵。如果一支個股經過長期下跌，股價累積跌幅超過 50% 以上，而其基本面一直維持較好，且沒有多大變化的股票，往往能夠吸引新的作多主力注意，這些主力進場吸籌的重要變化就是成交量增加。為了避免市場注意，操盤手往往在收盤的時候，故意把股價砸下去，日 K 線通常為陰十字星為多，但日 K 線底部開始上升，5 日換手率超過平均水準，預示主升段即將啟動。

(4) 突破長期均線後，完成回測動作的股票：連續溫和放量，股價的變化自然會引起技術高手的注意，這樣的股票容易出現加速上漲。但主力不大樂意有太多追風盤出現，通常當個股突破 30 日、60 日均線後，利用大盤整理的機會震倉。有可能是以放量大跌或跌停方式，回測剛突破的長期均線位置，不少短線資金恐慌逃跑，而這個回測動作完成後，則是股票即將繼續大漲的訊號。

下面結合實例進一步分析，全面掌握擒拿主升段的訣竅。

訣竅一，猛力突破：30 日均線和 10 日均線是中短線的重要技術指標，也是主升段中兩條很重要的均線，因此是多空雙方的戰略要地。如果股價同時向上突破了這兩條均線，則該位置非比尋常，此時盤面技術要求如下。

(1) 股價在 10 日、30 日均線下方作短暫停留（10 個交易日內為宜）。

(2) 30 日均線保持堅挺的上行狀態。

(3) 股價貼近 30 日均線，一般離 30 日均線的幅度不超過 5%。

(4) 中陽線或大陽線直接突破 10 日和 30 日均線。

(5) 成交量有所放大。

如圖 3-17 冰輪環境（000811）的 K 線圖所示，股價見底後運行於一個慢牛式的上升通道，30 日均線穩步上行，有力地支撐著股價不斷向上爬高。經過一波拉高動作後，股價出現回落整理，並擊穿了 30 日均線，但並沒有大幅下跌，而是貼近 30 日均線整理，此時 30 日均線保持上行狀態。突然，股價跳空高開於 30 日均線之上，收出放量漲停陽線，一舉突破 10 日、30 日均線的壓力，隨後出現加速上漲行情。這種形態在實盤中非常多見，投資人應當有很多的經驗值得歸納。

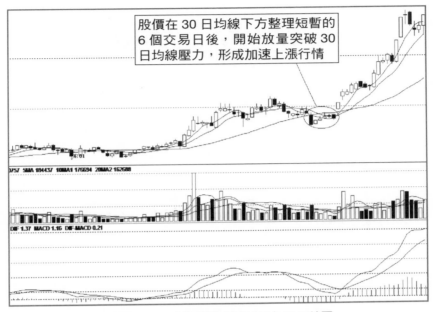

▲ 圖 3-17　冰輪環境（000811）日 K 線圖

訣竅二，打開天窗：股價創出歷史或一年的新高，是大牛股必經的階段，表示空方大勢已去，多方完全控制市場，這時是一個很好的買點，此時盤面技術要求如下。

(1) 股價整體漲幅不大，漲幅最好還沒有超過一倍。

(2) 處於盤整或者上升趨勢中，股價即將形成突破創新高。

(3) 30 日均線平走或保持上行狀態，盤面處於強勢之中。

(4) 在整理時成交量萎縮，突破時成交量放大，量價具有規律。

(5) 股價整理結束後，大陽線向上突破，並創歷史或一年的新高。

如圖 3-18 飛利信（300287）的 K 線圖所示，該股被實力強大的主力相中，股價見底後漸漸走高。經過一波拉高突破後，股價回落進行強勢整理。經過短暫的整理後，再次放量漲停創出上漲新高，股價有效打開上漲空間，此時 30 日均線持續上行，盤面符合技術要求，隨後股價出現加速上漲。

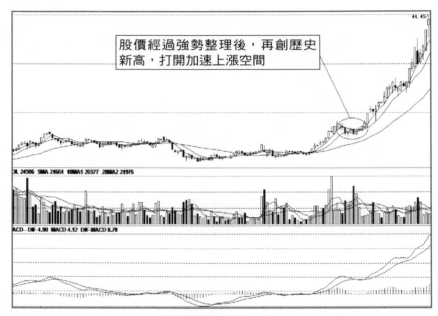

股價經過強勢整理後，再創歷史
新高，打開加速上漲空間

▲ 圖 3-18　飛利信（300287）日 K 線圖

訣竅三，空中加油：股價在加速上漲的時候，脫離 30 日均線之後進入主升段，新的操作機會來臨，此時盤面技術要求如下。

⑴ 股價運行在 30 日均線和 60 日均線之上，此時股價再次上穿 5 日或 10 日均線，而 5 日均線上行。

⑵ 30 日或 60 日均線保持堅挺的上行狀態，市場處於強勢之中。

⑶ 成交量出現一定的放量，但並非異常放量。

⑷ MACD 指標為紅柱，或由紅色變為綠色後，再次迅速變為紅色。

如圖 3-19 東方能源（000958）的 K 線圖所示，該股經過一段時間的蓄勢整理後，開始出現向上突破走勢，均線系統呈現多頭排列。然後出現小幅整理，經過短暫的幾個交易日，股價在 30 日均線上方再次發力上攻。此時，30 日均線保持堅挺的上行狀態，支撐股價進一步走高，成交量溫和放大，MACD 指標縮短後的紅柱再次拉長，顯示出股價進入加速上漲行情。

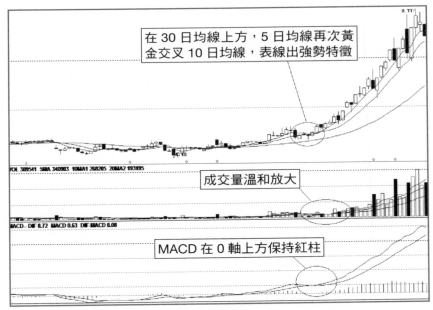

在 30 日均線上方，5 日均線再次黃金交叉 10 日均線，表線出強勢特徵

成交量溫和放大

MACD 在 0 軸上方保持紅柱

▲ 圖 3-19　東方能源（000958）日 K 線圖

❖ 捕捉有潛力的股票

很多散戶非常希望選到一支好股票，但又不懂究竟什麼是好股票。於是，天天學習股票投資知識、每天聽媒體上的分析師意見，就是希望能夠選到好的股票，以獲取可觀的利潤。但可惜的是，很多投資人不明白，分析師的分析都只是理論上的判斷，而並非他們真正的選股操作。比如估值判斷、公司業績成長性判斷、行業判斷等的理由，說白了，這些都是分析師分析的理論依據，而不是操作股票的依據。如果跟著分析師或市面上投資書籍的理論分析去選股操作，很容易步入誤區，不太可能選到真正的好股票，就算偶爾碰上了，也只能算是運氣好，還很有可能因為賣得過早而收益較小。

那麼，**什麼才是真正的好股票呢？判斷標準其實相當簡單，那就是在相同一段時間裡，漲勢遠遠超過大盤，或者是遠遠超於其他股票漲幅的股票**，就是真正的好股票。那麼，這種真正的好股票是怎麼找到的呢？

從某種意義上來說，所有上市的股票都是好股票，沒有哪一檔股票是不

好的。只是在不同的時間和空間節點上，不同的股票漲跌節奏和幅度會不同，因而使得投資人不好做選擇。

真正好股票的產生，唯一的原因，就是投資推升所產生的結果，與公司業績成長，行業景況和估值等都沒有太大、太直接的關係。這些理由，最多只能算是一種基礎，有了這種基礎，資金才會進場兇猛推升股價。但有這種基礎的股票很多，並不是每一檔股票都會受到資金強勢推升的。

按照這個思路，可以將所有的股票分成兩類：一類是強勢主力股；另一類是弱勢主力股。強勢主力股就是主力願意、也會用資金去強勢推升股價的股票；弱勢主力股就是主力不願意、也不可能用資金去推升股價的股票。這樣一分類，就看懂了股票投資的誤區，不會被分析師或某些書所誤導，去選到一支業績成長性很好、行業成長性很好、估值很合理但就是不會漲的股票。

比如，中國南車（601766）近幾年的走勢就是一個很好的證明。從業績上來看，公司接到的都是幾十億上百億的訂單，業績成長性相當好；從行業來看，它直接受益於國家重點投資鐵路、軌道交通的利多。但它的股票到目前還是在底部徘徊，這個例子不得不讓人產生更多的思考。

所以，投資人選擇買入的股票應該是「強勢主力股」，而不是其他所謂的「好股」。**好股不一定會上漲，但強勢主力股一定會上漲，而且還是強勢的上漲，這是當前股市的一個特點。**所以，投資人在選擇要買入的股票時，唯一應該選擇的，就是買入強勢主力股。

3-5

通道：主升段的跑道

　　股價的中、長期連續在上軌線和下軌線之間運行，就形成了通道走勢，分上升通道和下降通道兩種。上升通道就是股價在中線或長線趨勢之中，處於有規律的上升趨勢。在此過程中，當股價攀升到一定高度時，便受到之前一段時間內的相繼高點形成的上軌線壓制，開始回落。而當股價回落達到一定程度時，開始獲得之前不斷抬高的相繼低點形成的下軌線支撐，形成回升。下降通道則與此相反。

　　當上升通道被有效突破後，表示股價開始擺脫上軌線的壓制，進入加速上漲的階段，漲勢令投資人欣喜，能夠在短時間內獲得較高收益，操作上應果斷持股待漲。相反地，如果向下突破上升通道，很可能趨勢出現反轉，操作上應減倉觀望。此外，當股價加速突破上升通道的時候，一定要有主力資金大量買入的配合，否則加速上漲的趨勢就難以持續。

❖ 大小上升通道的區別

　　個股從開始形成大於 30 度角而小於 60 度角的上升通道形成，到上升行情的結束，其執行時間跨度上是有差別的。有的個股其時間跨度只有一個多月左右，有的上升持續時間長達半年甚至更長。 在形態上，個股出現大於 30 度角而小於 60 度角的上升通道，屬於一種緩慢爬升形態，在這部分個股中，有小部分經歷了爬升形態後會出現大於 60 度角的加速上升走勢，而多數個股很難形成加速上升或主升段走勢。

　　上升通道可以分為小上升通道和大上升通道。大小之分最重要的是上升

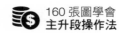

通道運行的時間跨度長短。一般把執行時間超過兩個月以上者，稱之為大上升通道形態；時間跨度較短者，稱為小上升通道形態。大小之分也參考上升通道中，個股股價上下波動幅度的大小。如圖 3-20 衛寧健康（300253）的 K 線圖所示，該股經過長時間的整理後，漸漸上行形成一個小上升通道，然後回落洗盤，進行變軌前的蓄勢整理。經過一段時間的整理後，股價開始向上突破，成交量放大，上升通道變軌成功，從而形成新的大上升通道。

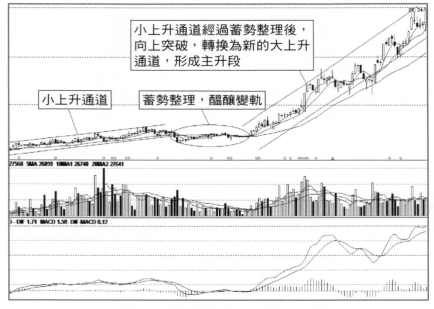

▲ 圖 3-20　衛寧健康（300253）日 K 線圖

　　一般來說，大小通道之間有一個變軌過程。在上升行情中，大多先形成一個小上升通道然後回落洗盤整理。蓄勢了新的多頭力量後，股價開始向上突破，打破了原先的運行格局形成大上升通道，此大上升通道就是主升段。

　　在實盤中，同一檔股票中有時會出現多次變軌的現象。當然，很多時候小上升通道形成後，股價不回落整理，而是直接變軌進入大上升通道，且短期漲勢也非常兇猛，其實這種走勢在小上升通道之中，就已完成蓄勢整理。

需要提醒的是，小上升通道形成後，不一定都會產生大上升通道，只有約10%~20% 的個股，經過變軌後形成加速上漲的大上升通道，而多數小上升通道會演變為震盪盤整走勢，甚至轉為下跌走勢。

　　相反地，在下跌行情中，大多先形成一個小下降通道，然後止穩回升，形成短線反彈走勢，最後股價開始向下突破，股價出現加速下跌，形成大下降通道。這個大下降通道就是主跌段，此種走勢有時在同一檔股票也會多次出現。當然，很多時候小下降通道形成後，股價沒有出現回升反彈，而是直接變軌進入大下降通道，且短期跌勢也非常強大。

　　如圖 3-21 千山藥機（300216）的 K 線圖所示，該股整理結束後，形成一個小上升通道，股價一直沒有出現明顯的回落洗盤走勢，而是直接向上突破，進入大上升通道，且短期漲勢也非常令投資人喜愛。其實，主力在此前的小上升通道之中，就已完成蓄勢整理，整個小上升通道本身就是一個蓄勢過程。投資人遇到這種走勢時，可在股價突破上軌線壓力或者在突破後經回測確認有效時，積極介入多頭。

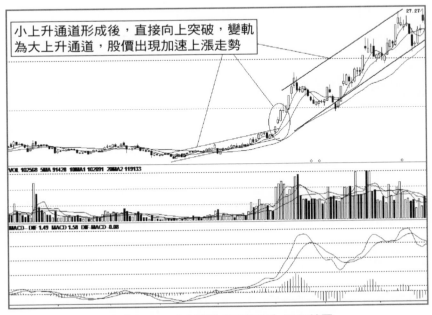

▲ 圖 3-21　千山藥機（300216）日 K 線圖

如圖 3-22 聯美控股（600167）的 K 線圖所示，該股形成小上升通道之後，並沒有成功變軌為大上升通道，股價隨後出現長時間的整理走勢。那麼，如何判斷小上升通道能否變軌為大上升通道呢？根據實戰經驗，可以從兩個方面的因素注意：一是看股價有沒有向上突破通道的上軌線壓制，如果股價突破上軌線壓制，則意味著股價進入加速上漲的大上升通道之中；二是當股價回落到下軌線之下進行蓄勢（暫且以蓄勢看待）後，是否產生一個新的向上突破訊號，如果股價出現向上突破，則通道變軌成功，後市將進入加速上漲。從該股來看，顯然不具備這兩個因素，因此短期難見樂觀行情。

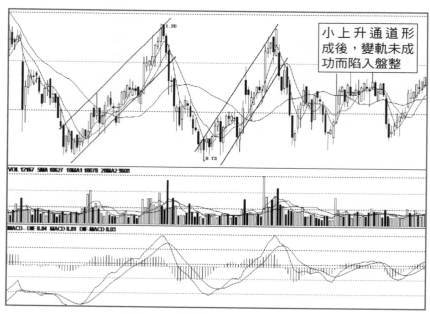

▲ 圖 3-22　聯美控股（600167）日 K 線圖

❖ 通道變軌的判斷技巧

在同一時間段中，經歷了緩慢的爬升形態，最後能出現加速上升形成主升段的個股，在數量比例上受當時大盤環境因素的影響很大。當大環境非常

好時，能走出主升段的個股比例會比較高；若大勢環境一般時，其比例自然會減少。根據實戰經驗，約有 10%~20% 的個股能夠從緩慢的上升通道中，走出大於 60 度角的加速上升走勢的主升段，而多數緩慢爬升形態的個股，是沒有主升段走勢的。

在實盤中，尋找大於 30 度角且小於 60 度角上升通道形態的個股並不難，經由觀察所有個股日 K 線圖表就可以找到。但找出這些形成上升通道的個股後，要判斷其中哪些個股在什麼時間出現加速上升走勢、哪些個股將會出現主升段走勢？是件不容易的事情。以下詳細說明，幾種個股由緩慢上升通道轉變為加速上升的判斷技巧。

1. 得到均線系統的支援

在實盤中，個股形成小上升通道形態運行時，股價往往以 5 日均線為依托，以 10 日均線為支撐震盪上升。此時，如果股價向上突破小上升通道的上軌線壓制，就有可能形成加速上漲的大上升通道。同樣地，一旦股價有效跌破 10 日均線的支撐，上升通道走勢就有可能意味著結束。所以，10 日均線是小上升通道形態的生命線，非常重要。

如圖 3-23 慧球科技（600556）的 K 線圖所示，該股經過充分整理後止穩回升，形成一條小上升通道。在通道內股價以 5 日均線為依托，以 10 日均線為支撐，呈 45 度角震盪上升。不久後，主力借助公司資產重組的利多消息，股價向上突破小上升通道的上軌線壓制，從而形成一波暴漲性主升段行情。

同理，在實盤中個股形成大上升通道形態運行時，股價往往以 10 日線為依托，以 30 日均線為支撐震盪上升。此時，如果股價向上突破大上升通道的上軌線壓制，就有可能形成更為陡峭的主升段行情。同樣地，一旦股價有效跌破 30 日均線支撐，上升通道走勢就有可能意味著結束。**30 日均線非常重要，是大上升通道形態的生命線**，它是判斷上升通道能否繼續保持上升的關鍵。

如圖 3-24 康恩貝（600572）的 K 線圖所示，股價經過大幅下跌後止穩回升，形成一條長達 5 個多月的大上升通道。在通道內以 10 日均線為依托，以 30 日均線為支撐震盪上升。不久後，股價放量向上突破大上升通道的上軌線壓制，從此產生一波加速上漲的主升段行情。

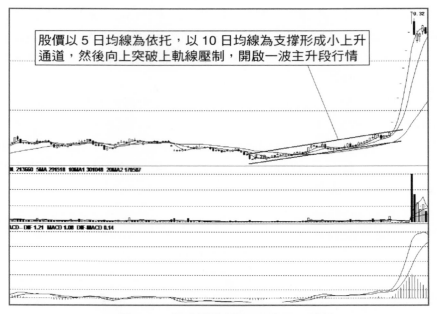

股價以 5 日均線為依托，以 10 日均線為支撐形成小上升
通道，然後向上突破上軌線壓制，開啟一波主升段行情

▲ 圖 3-23　慧球科技（600556）日 K 線圖

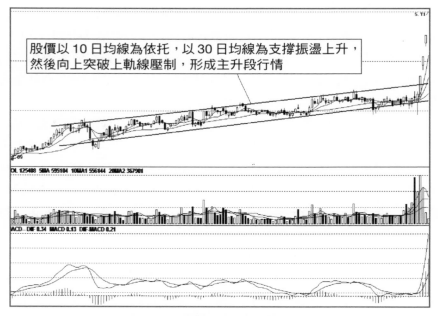

股價以 10 日均線為依托，以 30 日均線為支撐振盪上升，
然後向上突破上軌線壓制，形成主升段行情

▲ 圖 3-24　康恩貝（600572）日 K 線圖

2. 股價向上突破上軌線

　　日 K 線走勢形成上升通道的個股，一般整體獨立於大盤而表現。在大盤上下震盪中表現出比較強的獨立性和抗跌性，當然在大盤有時出現短線上升時，也有可能出現明顯的滯漲現象。實盤中發現，形成上升通道的個股有一部分時間獨立於大盤而運行，這類特殊個股一般具有主力在其中運作。

　　事實上，如果個股沒有實力主力在裡面運作，股價是很難形成長期獨立而有規律的波動的，除非大勢也走出完美的上升通道形態。因此，選股時應選擇獨立而強勢於大盤的個股作為重要目標，特別是對股價突破上軌線壓制的個股，應積極參與。

　　如圖 3-25 曉程科技（300139）的 K 線圖所示，該股見頂後一路震盪走低，在低位出現長時間盤整走勢，主力成功地完成建倉計畫。之後，股價開始漸漸向上攀升，形成一條小上升通道，股價呈 45 度角左右震盪上升。

　　在通道內運行一段時間後，股價放量漲停，向上突破小上升通道的上軌線壓制（同時也是箱體形態的上軌線），表示股價將進入加速上漲階段，這

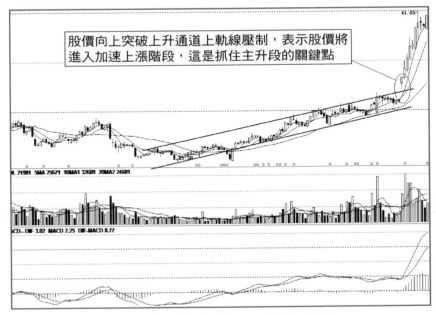

▲ 圖 3-25　曉程科技（300139）日 K 線圖

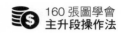

是捕捉主升段的最佳買入點。

3. 成交量出現明顯放大

　　股價由緩慢爬升轉為加速上升，當日出現明顯放量大陽線向上突破上升通道上軌線，日 K 線中上升趨勢角度出現明顯變化，這是股價開始進入加速上升的轉捩點。股價進入主升段時，個股日 K 線的上升角度出現明顯加速趨勢。

　　在追蹤上升通道個股走勢時，只要該股日 K 線上升角度沒有大變化，就可以繼續觀察，當股價出現放量大陽線向上突破上升通道時，往往意味著大漲的機會來臨。

　　如圖 3-26 百合花（603823）的 K 線圖所示，該股在突破之前，股價處於一條漲勢相對緩慢的小上升通道之中，而在股價向上突破上升通道的上軌線壓制後，成交量明顯加大，表示主力資金開始大量介入，股價上漲空間被有效打開，從而產生一波主升段行情。在實戰操作中，很多突破中、長期上

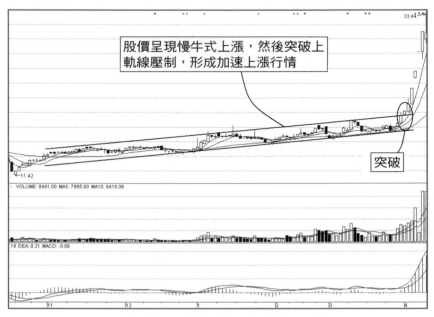

　　股價呈現慢牛式上漲，然後突破上軌線壓制，形成加速上漲行情

突破

▲ 圖 3-26　百合花（603823）日 K 線圖

升通道的個股，在進入加速上升之前都是如此，在盤面上短線漲勢大，資金巨額流入，K 線組合出現大陽線向上突破形態。

如圖 3-27 勝利精密（002426）的 K 線圖所示，該股成功探明底部後，股價止穩回升，形成一條緩慢的小上升通道。在後期，成交量明顯放大，顯示主力資金暗流湧動，多空換手相當積極。不久後，股價向上突破上升通道的上軌線壓制，成交量出現持續放大現象，顯示出多頭資金積極入市，上漲空間被有效打開，股價進入新的運行格局之中。

在實盤中，無論大上升通道還是小上升通道，都有加速上漲走出主升段的可能，而主升段的升幅大小與上升通道沒有直接的關係。事實上，主升段的升幅與該股的主力實力強弱，以及當時環境好壞有密切的聯繫，因此要結合主力面、市場面、資金面和基本面綜合分析。

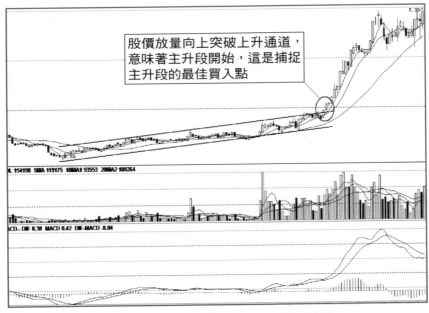

股價放量向上突破上升通道，意味著主升段開始，這是捕捉主升段的最佳買入點

▲ 圖 3-27　勝利精密（002426）日 K 線圖

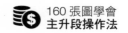

❖ 強烈的通道變軌訊號

個股由上升通道進入主升段的方式，以放量上升大陽線向上突破原來上升通道上軌為啟動契機，其中最強烈的轉折訊號是大陽線當日以漲停板收盤，或直接從漲停板開盤，全天封盤不動，形成一字形漲停 K 線。同時，成交量大幅放大，角度明顯陡峭。

1. 強勢漲停

如圖 3-28 台海核電（002366）的 K 線圖所示，該股見頂後一路走低，在底部形成長時間的震盪走勢，成功構築了一個雙重底形態，此後股價緩慢而穩健地向上爬高，從而形成一個慢牛式的上漲通道。不久，股價受利多消息影響，向上突破上升通道的上軌線壓制。股價突破上升通道後，原先的慢牛走勢被打破，上升空間被有效打開，從而產生一波暴漲式主升段，連續拉出 9 個漲停板後依然強勢運行，在 20 多個交易日裡股價漲幅超過 200%。

2. 角度陡峭

如圖 3-29 廣譽遠（600771）的 K 線圖所示，該股原先運行於一個緩慢的上升通道之中，角度大於 30 度角而小於 60 度角，之後放量向上突破，股價出現加速上漲，角度大於 60 度角上漲，由此展開主升段行情，股價累計漲幅超過 300%。

股價由大於 30 度角而小於 60 度角爬升，發展到大於 60 度角加速上升行情時，由緩慢爬升轉為加速上升時將出現一個轉捩點。轉捩點往往是以一根放量的大陽線向上突破，代表緩慢爬升行情結束，加速上升行情的開始。這根放量大陽線，就是判斷加速上升行情是否展開的關鍵，也是判斷主升段的核心。

3. 量能積極

如圖 3-30 紫天科技（300280）的 K 線圖所示，該股見頂後逐波走低，止穩後向上回升，形成一條緩慢的上升通道，執行時間長達 6 個多月。不久，股價從漲停價位開盤，全天封盤不動，形成一字形漲停 K 線，收於通道上軌線之上，這是最強烈的轉折訊號。第二天，股價繼續放量上漲，顯示主力

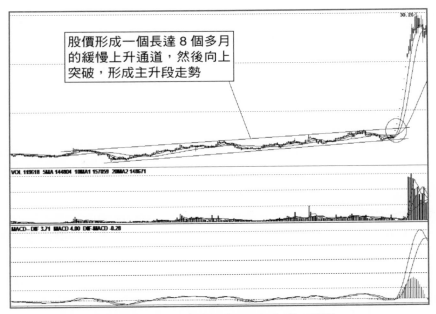

股價形成一個長達 8 個多月
的緩慢上升通道，然後向上
突破，形成主升段走勢

▲ 圖 3-28　台海核電（002366）日 K 線圖

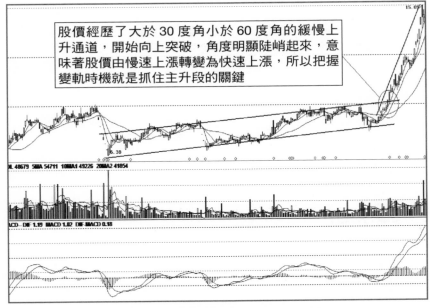

股價經歷了大於 30 度角小於 60 度角的緩慢上
升通道，開始向上突破，角度明顯陡峭起來，意
味著股價由慢速上漲轉變為快速上漲，所以把握
變軌時機就是抓住主升段的關鍵

▲ 圖 3-29　廣譽遠（600771）日 K 線圖

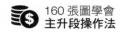

有大單介入，隨後股價出現快速拉升行情。

主升段的升幅大小一般是無法準確預測的，個股主升段升幅大小與當時大盤的環境好與壞、該股主力的實力強弱、上市公司是否有潛在利多題材、利多題材的大小等都有影響。從技術上分析，觀察個股前期走勢，一般個股上升通道從形成到加速上升之前，上升通道向上爬升的時間跨度越長，突破後往往主升段的升幅也就越大。

股價突破上升通道一般以放量大陽線為標誌，放量的大陽線代表緩慢爬升行情的結束，加速上升行情的開始。個股出現放量的大陽線後，股價必須連續上漲，表示有新的多頭資金入場，無量的突破應屬於疑似訊號。如果在放量大陽線出現後，股價馬上大幅整理，就意味著可能是假突破。另外，向上突破大陽線當天的成交量不能是天量，天量可能會是主力利用巨量突破時減倉出貨，這一點應小心防範。在操作上，如果個股還處於緩慢爬升階段時介入，那麼等候時間長而獲利速度慢。在加速上升開始時及時介入，往往能在最短的時間內掙最大的利潤，這是短線操作夢寐以求的。

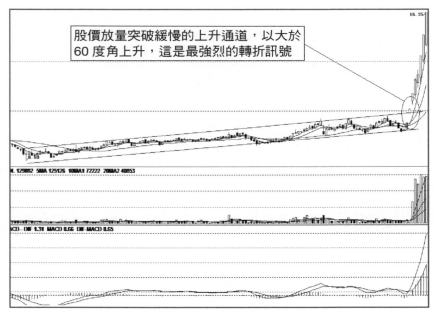

▲ 圖 3-30　紫天科技（300280）日 K 線圖

3-6

幅度：主升段的天空

　　當市場運行於主升段行情中時，投資人要能快速研判主升段行情的上漲潛力和漲升的大致空間，才能根據主升段的漲升潛力，採用適宜的投資策略和相應的持股週期。主升段上升空間的測算方法如下。

　　第一，普通行情：以起漲當天開盤乘以 0.382 倍或 0.5 倍，再加上當天開盤價，即為波段漲幅。第二，強勢行情：以起漲當天開盤乘以 0.618 倍或 1.618 倍，再加上當天開盤價，即為波段漲幅。根據實戰經驗，主升段的發展潛力可透過以下幾方面研判。

❖ 從漲升節奏研判

　　如果股價上升節奏非常單一，一帆風順式直線上漲，反而不利於行情的持續性走高。如果股價上升是保持著一波三折的強勁上升節奏的，中途不斷出現一些震盪式強勢整理行情的，反而有利於行情的持續性發展。

　　如圖 3-31 深天地 A（000023）的 K 線圖所示，該股經過持續下跌後，出現超跌反彈走勢，股價快速拉升，但盤面節奏非常單一，呈直線式上漲。連拉 4 個漲停板後，從 2019 年 2 月 21 日進入盤整走勢。可見，投資人對於漲勢過於一帆風順且短期漲幅過大的個股，更要提防風險。

　　如圖 3-32 維力醫療（603309）的 K 線圖所示，該股經過長時間的震盪築底後 2019 年 2 月開始漸漸盤升而上。盤升過程中經歷了多次起伏，但整體依然保持強勢整理狀態，經過反覆的震盪洗盤股價強勢向上推升，反而有利於行情的持續性發展，股價從 10 元下方開始上漲到 21 元上方。

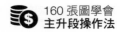

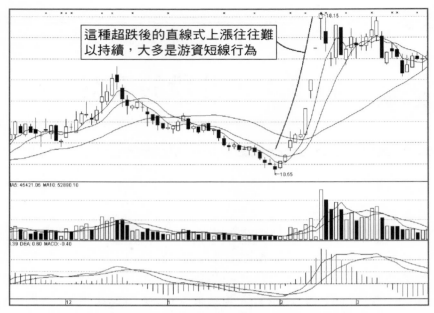

這種超跌後的直線式上漲往往難
以持續，大多是游資短線行為

▲ 圖 3-31　深天地 A（000023）日 K 線圖

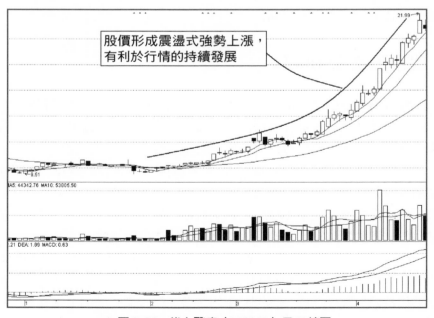

股價形成震盪式強勢上漲，
有利於行情的持續發展

▲ 圖 3-32　維力醫療（603309）日 K 線圖

❖ 從量能進行研判

　　很多投資人誤以為漲升行情中成交量放得越大越好，其實這是片面的，任何事情都要有度，如果量能過早或過度放大，就會使上攻動能被過度消耗，很容易造成股價在經過短暫的上升階段後隨即停滯不前。相反地，如果成交量處於溫和放大，量能就不會被過度消耗，投資人仍要存有一定的謹慎心態，大眾還沒有一致看多，因此後市股價仍具有上攻潛力。最理想的放量是在行情啟動初期，量能持續性溫和放大，但隨著行情步入正常的上升通道後，量能卻略有減少，並保持較長時間。

❖ 從市場熱點研判

　　有凝聚力的領頭羊和龍頭板塊是漲升行情的推進器，從某種意義而言，可以說有什麼樣的龍頭股就有什麼樣的上漲行情，凡是具有向縱深發展潛力、有持續上漲潛力、有號召力和便於大規模主流資金進出的龍頭股，往往可以帶動一輪有強度的上漲行情，而且這種龍頭的持續時間較長，即使在其他跟風個股出現見頂走勢後，仍能保持一段時間的強勢。

❖ 從利多消息研判

　　當市場出現漲升行情時，很多投資人會多方打聽是否有利多消息，如果沒有利多消息，就惶惶不可終日，認為大盤必將回落，其實這都是以前的一些非正常牛市留下的後遺症。在真正健康有潛力的牛市中，即使沒有消息的配合，股市一樣具有上升的動能。

　　股市中向來有見利多出貨的習慣，有時候消息面越是延遲明朗化，越有利於行情的持續發展。越是沒有利多，行情越是能走好，如果一旦公佈了所謂的利多或者消息面徹底明朗化後，很容易使上漲行情因缺乏想像空間而一步到位。

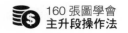
❖ 從政策的實質作用研判

一輪強勁的牛市漲升行情離不開政策面的大力扶持，例如中國股市中的數次大牛市行情，都是依靠政策發動和推動的，從而奠定了近幾年來波瀾壯闊的大牛市行情。

需注意的是，判斷主升段行情上升的強度與空間的大小，應以所依托的均線作為判斷依據，如果原先以 5 日、10 日、30 日或 60 日均線上漲的主升段，那麼當股價有效擊穿這些所依托的均線後，就意味著該波主升段已經結束。

比如，依托 30 日均線上漲的主升段，就以 30 日均線作為參考標準，若30 日均線沒有被有效擊穿，表示這波主升段行情還沒有走完。如果一波行情當中，股價始終未能擊穿 30 日均線，這就是強勢行情。當股價放量有效擊穿 30 日均線，且在 3 日內不能順利收復，意味這波主升段行情結束。

散戶操作方法如下：一波主升段行情啟動時，如果股價把 30 日均線擊穿了還沒有賣出，可以等待三天，不用過於著急，一般會在 8 個或 13 個交易日內，再次回升 30 日均線附近，構成第二頭部，此時還是可以賣在高點。如果第二個頭部出現的時候還沒有賣出的話，就不要抱有幻想了。

要再注意的一點是，不要在擊穿 30 日均線的時候就急急忙忙賣了，一賣就賣在最低價，結果一反彈就上去了，這時投資人又著急了。任何一支炒高的股票，不會迅速脫離頂部，因為主力要出貨，但出貨沒有那麼快，必然要構成一個盤頭走勢。所以，主力必須把股價再次拉上去，形成新的上漲攻勢，讓散戶對此抱有幻想，如此主力出貨就比較容易了。

3-7

如何區分「反彈行情」與「反轉行情」

　　股價經過充分整理或大幅下跌，必然會出現反轉行情。所謂反轉，是指股價探明重要底部後，出現強勁的上漲行情，並創出前期或歷史高點。在一輪反轉行情中，其收益是非常豐厚的。因此，主力便在反轉行情的初期，耍弄種種手法，使盤面變得更為離奇複雜，不少散戶將反轉行情當成反彈行情對待，一輪漲升行情就這樣隨風而去。

　　由於反彈行情和反轉行情本質不同，對投資人而言，關係到操作方向的選擇。在反彈行情中，投資人主要側重於及時減輕倉位；而在反轉行情中，投資人則要及時整理持倉結構，在必要時可能還需要追高介入。因此，在股價出現上漲時，需仔細判斷是反彈還是反轉。

　　在多數情況下，反彈行情與反轉行情雖然初期貌似相同，但如果細心觀察會發現兩者截然不同。也就是說，反彈一般不會演化為反轉，兩者有以下幾個判斷方向。

　　(1) 判斷是反彈還是反轉，首先要看政策面是否出現變化。因為這是制約股價趨勢的最重要因素。當政策面轉暖，基本面轉好時，市場環境的寬鬆會使反轉行情比較容易形成；而在缺乏來自於政策面、基本面支持時的股價上揚，多數還是反彈。

　　(2) 比較此次股價上揚之前大盤整理的時間跨度：一般而言，一次明顯的中期整理所需要的時間，不可能在一兩個月內就能完成。多數情況下，從中級整理開始到下一次反轉出現的時間週期，至少要經歷四個月以上。這一點來看，如果股價出現的上升時間距離明顯的頂部較近，很有可能是一次反彈行情。但如果市場已經連續整理四個月以上，此時出現的上漲才有可能是

反轉。實際上，即使短時間內股價整理幅度較深，探明了底部區域，但由於整理的時間還不充分，在底部出現的上漲行情還會反覆出現，所以絕大多數情況下仍屬於反彈。

(3) 看成交量的變化：反轉行情通常都伴隨成交量的放大，這種放大不是指單個交易日的成交金額明顯增加，而是要求連續幾個交易日的成交金額，都需要達到並穩定在一定水準之上。一般的反彈行情雖然都有交易量的放大，但卻不能持久，三四個交易日後量能便會出現萎縮，這一點是反彈與反轉在技術分析上的明顯差異。主要原因是在反轉行情中，一方面買賣雙方不斷換手，另一方面增量資金又源源不斷地進場交易。但在反彈行情中卻不一樣，賣方在出掉手中的籌碼後，一般會保持觀望，而買方在沒有後續的接盤時，會迅速轉向下跌出場，等待下一次的機會。由於沒有增量資金的積極介入，因此反彈行情中成交量缺乏持續放大的基礎。

(4) 投資人還可以從市場熱點方面，來判斷行情是反彈還是反轉。反彈行情一般是在技術面出現嚴重的超賣，或下跌過急時出現的短暫恢復性行情，由於是在技術上對過急的行情進行一定的修正，因而此時熱點多集中在超跌股中。同時還可能多個熱點同時出現或熱點轉換過頻繁、過快的現象，導致行情過早夭折，而反轉行情卻一般是在嚴重超跌。熱點大多具有一定市場號召力和資金凝聚力，具有向縱深發展的動能和可持續上漲的潛力，使行情具備良好的持續性，這也是反轉與反彈的明顯不同。

(5) 看股價的下跌幅度：股價下跌幅度不大的，可能是反彈。此外，還要結合價值確定，如果股價定位仍然偏高，又沒有可以視股價已經見底的其他充足理由，那就應當先視為反彈對待。

(6) 看股價的盤面走勢：除非下跌週期很長且跌幅極大，股價形成 V 形反轉且走勢特別強勁時，底部可以成立。在正常情況下，股價構築底部需要很長的時間，期間股價可能多次反覆探底，因此股價一次見底的可能性不大。在對股價見底沒有把握的前提下，一般都應該先以反彈對待。

(7) 股價震盪走勢或者形態給人感覺非常好的，位置不在絕對底部而成交量突然放大許多的，一般不太可能是主力吸貨（主力要麼隱蔽吸貨，要麼低位持續放量拉升吸貨）。同樣的走勢成交量極度萎縮的，也不可能是主力吸貨，在這種情況下也應先以反彈對待。

(8) 看股價前期位置：股價前期漲幅巨大、位置過高、成交量又很大的，

則反彈的可能就很大。股價前期漲幅較小、股價位置又不算高的，則回檔後
繼續上漲的可能就大。

⑼ 看主力有沒有將籌碼充分地出貨完畢，如果已經充分出貨完畢的，
則只能是反彈，而不可能是回檔整理後的新一輪的繼續上漲。如果主力沒有
將籌碼充分地出貨完畢，重新經過吸貨整理的，可能是反轉。

⑽ 看股價反彈的走勢：當股價回落幅度超過 1/3、1/2、2/3 附近，如果
放量滯漲，或者走勢凝重滯呆，成交量萎縮，則反彈的可能就大。如果股價
在這些位置雖然有震盪但很快就突破上行的，則是新一輪的上漲。

下面透過一個實例，進一步分析反彈與反轉的區別。如圖 3-33 鄂爾多
斯（600295）的 K 線圖所示，該股脫離頭部區域後漸漸走低，經過一波弱
勢反彈後再次向下滑落。股價向下突破 30 日均線，幾個交易日後出現一根
大陽線，對股價突破 30 日均線進行回測確認，在大陽線的次日，一根大陰
線幾乎吞沒了前一天的漲幅，形成一個鑷頂形態，表示股價向下突破 30 日
均線有效，後市仍有一段下跌空間。如果投資人將這根大陽線誤解為止穩訊

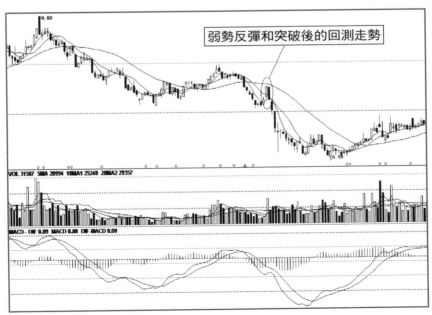

▲ 圖 3-33　鄂爾多斯（600295）日 K 線圖

號而加入多頭行列的話，就正好落入主力設置的多頭陷阱之中。

那麼，如何解讀這根大陽線呢？投資人應如何操作？可以從下列分析中得到一些啟示。

⑴股價向下突破 30 日均線後，均線系統呈空頭排列，30 日均線由原來的支撐作用變為現在的壓力作用，大陽線受制於 30 日均線和前期整理平台的壓力，很難重新返回到該區域之上，因此不具備主升段的基本條件。

⑵股價回升時遇到前期成交密集區域的壓力，該區域變為現在的壓力，因此這根大陽線難有作為，是一個次弱勢反彈。

⑶第二天的大陰線說明股價突破 30 日均線有效，股價再現跌勢，因此也出現一次下跌走勢。

⑷市場長期處於弱勢格局之中，股價易跌難漲。在實戰操作中，當股價向下突破一些非常敏感的技術位置後，大多會出現一次回測確認動作。因此，投資人遇到這類個股時，千萬不要以為主升段開始介入而受騙。

由此實例可知，投資人在實戰操作中，必須明確以下三種市場因素。

第一，超跌反彈一般屬於「假上漲」：熊市中的超跌反彈或破位後回測，出現的機率較多，大多發生在下列技術背景下：均線空頭排列，股價處於下降通道，且運行於階段性下跌的中段、後段。超跌反彈的最主要特徵就是：股價同均線比較，乖離率大或者較大。這種情況下的上漲，屬於「時間有限」、「空間有限」的修復性走勢。一般來說，其上漲終結的區域，大多在某個重要均線附近，如 20 日、30 日均線。但是，反彈到 20 日、30 日均線附近過不去、或者過去但是站不住，則會展開新一波下跌。

因此超跌反彈的抄底者，如果不善於快進快出，就會被套。畢竟投資人是不可以與「假上漲」天長地久的。這種「假上漲」之所以「假」，其原因在於股價上方由於空頭排列的均線，因此存在層層套牢盤。

第二，破位後回測，在雙重頂、三重頂的頸線破位之後，或在某個重要技術位破位之後，或在某個重要整數關破位之後，一般會有反彈，意義在於測驗突破的有效性。這種上漲其時間、空間更有限。一旦介入，極容易招致套牢、解套盤的打壓從而被套，同樣需要注意快進快出。這種「假上漲」之所以「假」的原因在於，主力的拉高只是為了更好出貨。

第三，主升段才是「真上漲」：出現主升段的個股，一個基本的特徵就是均線多頭排列（均線多頭排列的股票不一定是走主升段，但是走主升段的

股票其均線必定多頭排列）。因此，選股首先在均線多頭排列的個股中選擇。

　　其次，要看股價所處的浪形，是第一浪、第三浪、還是第五浪。要選主升段的話，選擇第三浪才有較好的成功率，這是選擇大牛股技術面的第二個條件和思路。一般來說，雙重底形態、頭肩底形態的個股，一旦完成形態的突破、以及完成形態突破之後的回測確認，展開主升段的機率較高，這是選擇大牛股的技術面的第三個條件和思路。走主升段的個股，其上漲之所以稱為「真上漲」，在於其漲升強度強勁、比較可靠，持有它就能獲大利。

第 **4** 章

看穿主力買進、賣出的模式，才不會被割韭菜！

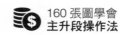

4-1 主升段啟動的 4 大模式

　　黑馬股屬於「稀有資源」，並非要找就找得到，需要投資人豐富的實戰經驗，對選中的個股長期追蹤觀察，在黑馬股啟動前做好詳細地準備工作，並在充分瞭解趨勢發展和個股股性的基礎上準確出擊。

❖ 井噴型啟動模式

　　這類主力通常資金實力十分雄厚，在低位收集了大量的低價籌碼，達到了高度控盤，操作手法極其兇狠，主力並不在乎剩餘籌碼的威脅。一旦進入主升段，股價就會以迅雷不及掩耳之勢拔地而起，其上漲勢頭不可阻擋，既可以節省資金、縮短拉升時間，又可以打開上升空間。

　　在日 K 線圖上，常常連續拉出大陽線或連續出現漲停板，甚至連續跳空高開，這些向上跳空缺口，在短期內一般不會回補，形成一字形或 T 字形上漲的井噴式行情，其上升角度大於 80 度。

　　在拉升過程中，成交量也同步放大，但以跳空漲停形式出現時，成交量反而見小，這表示主力的高度控盤。這種方式多出現在中小型股或新股中，通常具備投資價值或有特大的利多題材作為支持，市場基礎良好。這類個股產生主升段，大致有以下三個原因：(1) 突發性利多消息刺激；(2) 純粹是主力拉高行為；(3) 超跌後的報復性反彈行情。

　　有時候在板塊聯動或大盤帶動下，也會發生主升段行情。井噴式主升段在啟動之前沒有明顯的徵兆，比如大幅下跌後的 V 形反轉、長期低迷整理後的突然拉起，以及突發性利多消息的發佈等情況下產生的主升段。

1. 突發性利多消息刺激

　　這是主升段啟動的內在條件——股票價值增長。包括投資價值和投機價值兩方面，它是造就大牛股、催生主升段最主要的因素，也是投資人挖掘成長股最重要的指標。

　　(1) 在股市中，能夠成為投資價值增長因素的有以下兩類：一是業績增長，爆發增長、由大虧轉大盈、持續高成長。二是資產增值，隱蔽資產增值、股權增值等。

　　(2) 同樣地，能夠成為投機價值增長因素的，也有以下兩類。一是利多題材，包括高配股、產品價格大幅上漲、資產重組、收購或者注入熱門資產、重大行業性利多等。二是比價效應，同板塊或者同概念股票價格暴漲，有時大盤的大漲，也會帶動某些冷門個股轉牛或形成中級上漲行情。

　　如圖 4-1 赫美集團（002356）的 K 線圖所示，該股在下跌過程中，接連發佈「業績預虧公告」、「大股東減持」等利空消息，導致股價一跌再跌，釋放了大量的做空動能。2019 年 2 月 18 日，發佈了《關於籌畫重組上市暨

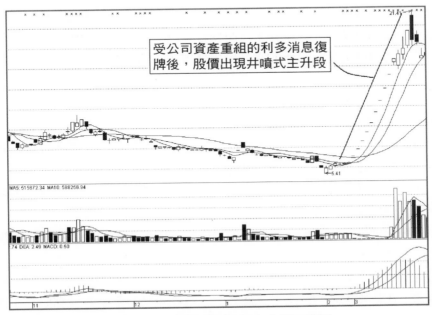

受公司資產重組的利多消息復牌後，股價出現井噴式主升段

▲ 圖 4-1　赫美集團（002356）日 K 線圖

關聯交易的停牌公告》而停牌。3 月 4 日，帶著公司與英雄互娛科技股份有限公司重組的消息復牌，受此資產重組利多消息影響，股價出現井噴式飆升行情，13 個交易日中拉出 11 個漲停板。

2. 純粹是主力拉高行為

對於股價上漲來說，雖然「理由」很多，比如，業績增長、利多題材等，但其上漲的根本動力還是資金推動。而資金推動當然是主力才能有這個能力，一般散戶很難完成一波完整的主升段。在同樣價值和題材的情況下，不同的買入資金大小和勢頭，可以單方面決定股價上漲的強度（漲速）和高度（漲幅）。所以，不管是價值投資人還是價格投機者，都應該研究資金推動股價的問題。

如圖 4-2 風範股份（601700）的 K 線圖所示，該股就是一波資金推動型的主升段，也是一波超跌反彈行情。股價見頂後逐波下跌，主力完成建倉計畫後，在沒有任何利多消息配合的情況下，2018 年 12 月 26 日發動一波井噴式主升段，股價連拉 10 個漲停板，短期股價漲幅巨大。

所以，在當前主力盛行的時代，散戶必須掌握一套制勝術，懂得拿刀操劍的要領，然後直刺主力咽喉。透過觀察盤面走勢，洞悉主力意圖，識破主力陰謀，進而判斷主力想幹什麼、將要幹什麼？是否將要發動主升段以及主升段的潛力有多大？是真正的主升段還是主力的誘多行為？是反彈、反轉還是拉升？

3. 超跌後的報復性反彈

資金推動主升段除了主力控盤式外，就是超跌股的大反彈主升段。在超跌股中，超跌低價股的大反彈主升段形成，與大盤的走勢有一定的關係。

在絕大多數情況下，與大盤的走勢有同向的關係。當然，也有在大盤處於震盪或只是小反彈行情時，超跌低價股出現大反彈主升段的情況，這主要發生在超跌低價的新股中。超跌低價股的反彈強度主要還是要看股價的投機性，投機性越強的股票，反彈的速度越快，強度越大，幅度也越大。

這類個股其實是跌出來的主升段，由於 V 形反轉是一種劇烈的底部反轉形態，在毫無先兆的情況下突然發生，這種走勢非常不容易掌握。在實戰操作中，應注意以下幾方面。

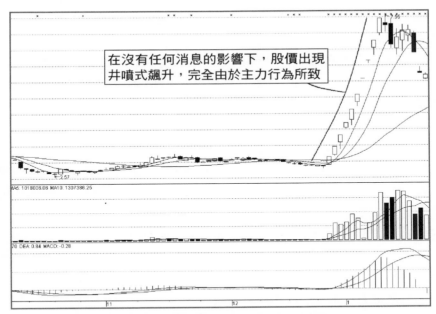

在沒有任何消息的影響下，股價出現井噴式飆升，完全由於主力行為所致

▲ 圖 4-2　風範股份（601700）日 K 線圖

(1) **必要條件**：① 市場在極度脆弱中，下降速度越來越快。② 股價下跌幅度大，盤面出現急劇反轉，高點與低點相差巨大。③ 反轉時成交量顯著放大，無量或小量均不可靠。

(2) **最大缺點**：形成時間很短，形態出現之前沒有任何技術跡象，何時產生和結束都難以判斷。V 形並不一定出現較長時間的大趨勢，有時它僅影響數日的走勢，但如果掌握得好，也能抓住一波不少的收益。

(3) **認識方法**：① 標準的 V 形下跌的角度與反轉上升的角度基本相等。② 底部比較尖銳，往往出現非理性賣出。③ 股價反轉時必須伴隨著成交量的顯著放大。④ 借助於黃金分割線、循環週期理論以及消息的真假判斷等進行判斷。⑤ 股價通常形成三波上漲走勢，中間有短暫的整理，這是較好的入場機會。

(4) **買賣時機**：①在急跌尾段以跳空形式下挫，隨後又以跳空形式反彈，形成島形反轉形態，其轉向訊號更強烈，應及時買入。②經持續下跌後，在低點成交量突然大增，可逢低買入。③以先前的跌幅來推算上漲的高度，並

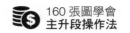

關注壓力位。④投資人應以短線操作為主，快進快出，不要計較一兩個價位，捨小本賺大錢。

(5) **跌幅與漲幅的關係**：要明白「下跌容易，上漲難」的道理。股價下跌50%，需要100%的漲幅，才能恢復原位。這裡為了方便投資人實盤參考，將跌幅與漲幅的關係換算如下：10%=11.11%，20%=25%，30%=42.85%，40%=66.67%，50%=100%，60%=150%，70%=233.33%，80%=400%，90%=900%（前面的數字為跌幅，後面的數字為漲幅）。

如圖4-3恒立實業（000622）的K線圖所示，該股經過長期的下跌整理後，從19元上方下跌到3元附近，股價嚴重超跌，投資和投機價值顯現，主力開始介入收集部分低價籌碼，使股價漸漸止穩回升，在低位形成長時間的橫盤震盪走勢，主力在此期間基本完成主倉吸納計畫。

2018年10月11日，突然股價跳空低開3.51%，盤中逐波走低，一度觸及跌停價位，在形態上造成技術破位之勢。此後的連續小陰線，給散戶造成很大的心理壓力，不少散戶在恐慌中離場。

主力透過向下試盤的方式，完成了最後的加倉計畫後，10月22日股價一字漲停，快速回升到前期盤整區內，呈現V形底。股價在前期盤整區附近作短暫的震盪後，股價突破多個重要壓力，主力強勢拉升，盤面氣貫長虹，在17個交易日中拉出14個漲停，短期股價漲幅超過200%。

那麼，關於主力是如何拉升的呢？下面進一步說明。

(1) 主力建倉非常成功，浮動籌碼收集得十分徹底，如圖4-4的日K線圖。主力在前期持續下跌過程中，拿到了部分初倉籌碼，從2018年6月下旬開始進入橫向震盪走勢，盤面十分低迷，成交量大幅萎縮，顯示浮動籌碼已經不多。在橫向震盪期間，曾經兩次出現拉高動作，在大幅震盪過程中讓不少散戶逢高離場。

尤其是10月11日開始的誘空走勢中，更加暴露出主力的建倉秘密，K線連續收陰，成交量持續萎縮，而破位後股價跌幅不大，這顯然是一次假突破走勢。如果是真正的下跌，那麼股價破位後必然有恐慌盤出現，成交量會有相應的明顯放大，並且股價會出現快速下跌，迅速脫離突破位置。該股突破後沒有出現這些盤面現象，那麼投資人就應當深思了。

(2) 當主力將最後一批浮動籌碼清場後，手中籌碼已經高度集中，這時主力就迅速「關門」，不給散戶進場機會了，如圖4-4的日K線圖。

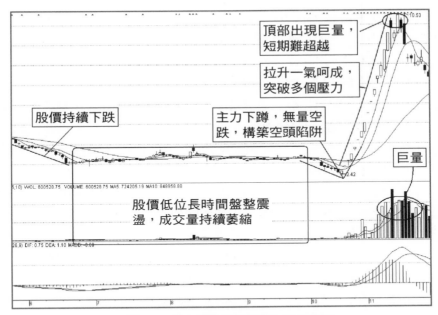

▲ 圖 4-3　恒立實業（000622）日 K 線圖

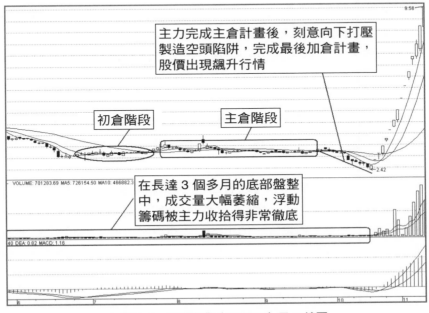

▲ 圖 4-4　恒立實業（000622）日 K 線圖

日 K 線 7 連陰後，在 10 月 19 日收出一根止跌性小陽線，次日一字漲停不動，當日所有的散戶都買不到，突顯主力的強悍，如圖 4-5 的 A 處。

⑶ 10 月 23 日，再次從漲停價位開盤，第一分鐘內有 58181 張的單子賣出，將股價回落到昨日收盤價位置，然後不到 3 分鐘股價重新封於漲停價，直至收盤都沒有打開漲停板。成交量與前一個交易日相比，出現明顯萎縮現象。接著，在 24 日股價微幅高開 0.32%，瞬間下跌後，股價迅速拉起，直線拉升到漲停不動。25 日，跳空高開 7.87% 後，股價秒封漲停，當天成交量不大，如圖 4-5 的 B 處。

⑷ 從 23 日～25 日這三天的盤面表現來看，有兩個問題值得散戶去思考。一是主力為什麼股價快速打壓後，迅速拉回到漲停板封盤不動；二是既然封漲停如此堅決，為什麼不直接一字封盤。

兩者看起來似乎有些矛盾，其實主力的意圖很清楚，因為圖中 B 處正好是前方壓力一的壓力位，該位置的壓力不可小覷。所以，主力採用了恰到好處的方法：一是讓盤中部分散戶在顫抖中離場，如果直接以一字漲停板出現，那麼盤中散戶就會堅定地持股不動，對主力的拉升不利；二是不讓場外資金有更多的低位介入機會，如果長時間震盪不漲停，必然會有場外資金逢低介入。可見，B 處是對壓力一的快速盤中洗盤，在這三天中主力的操作手法非常巧妙，操盤技術極其高明。

⑸ 透過圖中 B 處的震盪後，壓力一的部分浮動籌碼已經離場，所以在 C 處出現一字漲停，周邊資金繼續拒之「門外」。

⑹ 在圖 4-5 的 D 處連續兩天高開拉漲停，且成交量出現明顯放大，因為該位置是壓力二的重要壓力位，所以需要震盪洗盤。在 D 處之前已經出現 5 個連續漲停板，短期漲幅也不小，只要在此位置稍微震盪一下，就會有部分籌碼出現鬆動。

如圖 4-6 的分時走勢圖，可以看出主力的洗盤意圖。10 月 29 日，股價高開 3.61% 後秒封漲停，但封盤不到半個小時巨量打開漲停板，隨後股價回落，左右上下震盪。經過近 2 個小時的反覆震盪，幾乎把底部獲利盤（原先的壓力一附近的籌碼）清洗出場。午後再次漲停，但在尾盤再次打開漲停板震盪後，重新漲停至收盤，如圖 4-6 的左圖。10 月 30 日，股價小幅高開 0.22% 後繼續震盪整理，直到 10：20 分快速拉至漲停，如圖 4-6 的右圖。

經過這兩天的盤中震盪後，將圖 4-5 壓力二位置附近的壓力得到有效消

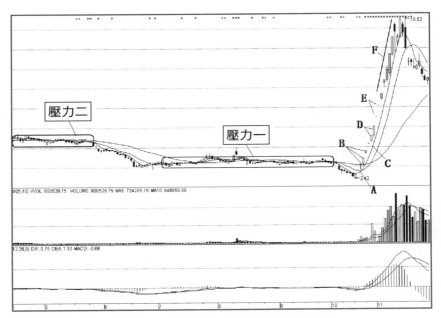

▲ 圖 4-5　恒立實業（000622）日 K 線圖

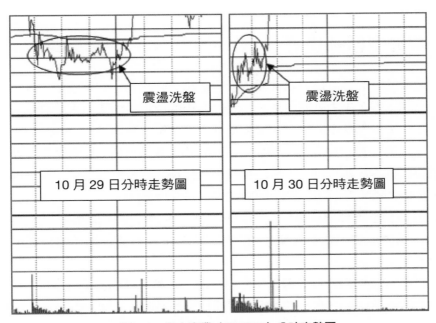

▲ 圖 4-6　恒立實業（000622）分時走勢圖

化，以及底部區域的大部分短線獲利籌碼也獲利退出。

(7) 再回到圖 4-5 的日 K 線圖中，經過 D 處的盤中震盪整理後，浮動籌碼得到清洗出場，接著在 E 處連拉兩個一字漲停板。

(8) 在 F 階段，連拉兩個高開高走封漲停的 K 線後，11 月 9 日高開強勢震盪收高，成交量明顯放大，換手率超過 20%，主力有對敲出貨嫌疑。隨後，再拉兩個漲停板，但這兩個漲停是以大陽線的形式出現的，雖然封了漲停，但上漲強度顯然大不如前期，且成交量再次放大，表示主力在對敲出貨，此時做為散戶應高度警惕，隨時做好離場的準備。

(9) 11 月 14 日之後股價在高位出現震盪，成交量再次大幅放大，股價有滯漲現象，20 日收出一根接近跌停板的大陰線，次日低開低走，頭部形態確立，從此股價漸行漸弱，預計該股短期難以再次創出新高。

這類個股的操作技巧，就是在壓力位被快速突破時介入，前提是在前面出現過一個空頭陷阱形態，而這個空頭陷阱就是為消化上方壓力而設置的，所以這時的壓力位往往不是真正的壓力位，然後在高位放出巨量時離場。對於壓力位被輕鬆穿越的也要小心，謹防假突破，連續出現 5 個以上一字漲停板的不宜再追漲，突破壓力後連續大漲的也不宜追高。

❖ 蓄勢型啟動模式

蓄勢的意思是股價需要洗盤整理，清洗浮動籌碼，如果股價一直拉升，散戶獲利太多，主力就需要洗去不看好後市的散戶手中籌碼，讓長期看好該股的散戶進場幫助主力抬轎，減少拉升成本和拉升壓力。

這時候 K 線一般在高位橫盤，陰陽交錯，蓄勢待發，使籌碼充分換手，大家持股成本比較接近，上漲時拋盤相對較輕。然後整理結束，股價向上突破，從而開啟主升段。蓄勢型盤面有以下幾種現象。

(1) **技術整理形態蓄勢**：如三角形整理、平台橫向整理等。

(2) **壓力位突破之前蓄勢**：如前期高點、成交密集區域（盤整區）、均線附近等。

(3) **突破後的回測確認蓄勢**：如回落確認走勢、橫向震盪確認等。

蓄勢後的突破方式，將在相關章節裡穿插講解，這裡僅就平台蓄勢整理結合實例加以分析。如圖 4-7 福安藥業（300194）的 K 線圖所示，該股主

力完成建倉計畫後，開始緩緩向上推高，當股價回升到前期高點時，遇到低位獲利盤和前期套牢盤的雙重賣壓，主力主動選擇整理走勢。

在整理過程中，主力不敢讓股價出現深幅回落，擔心低位丟失廉價籌碼；也不做突破性走勢，以免造成不必要的成本增加，所以出現橫向震盪走勢。經過一段時間蓄勢整理後，盤中浮動籌碼得到較好的消化，2019年3月29日放量漲停，股價突破盤整區高點壓力，表示主力蓄勢整理結束。這時投資人應積極介入，從此出現一波井噴式主升段，在11個交易日中拉出9個漲停板。

在主升段發生之前的整理，大多是強勢整理，而強勢整理又是主升段不可或缺的一步。很多時候，對市場中的強勢整理有以下二點誤解。

一是認為強勢整理的時間非常短，其實並非如此。有時強勢整理的時間會很長，也就是在完成建倉以後，強勢整理可能要達到 3 個月甚至更久。二是有的技術人士在媒體上推薦股票後，一旦漲不上去，就聲稱是「強勢整理」，很快就會突破上漲。

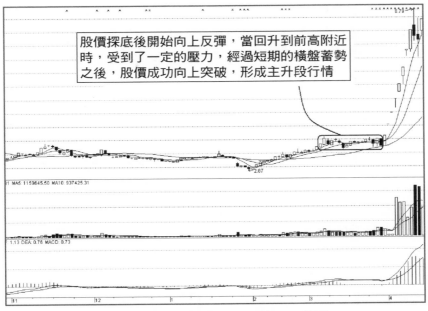

▲ 圖 4-7　福安藥業（300194）日 K 線圖

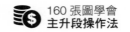

其實，股票不是在所有區間都會出現強勢整理，強勢整理應該是一種慢牛爬升式的整理型上漲，是加速上漲之前必不可少的準備。

❖ 挖坑型啟動模式

在主升段啟動之前進行挖坑洗盤，是主力常用的做盤手法，目的是製造一個空頭陷阱，嚇退最後一批持股者，然後股價快速騰空而起，形成一波主升段行情，因此有人將這個坑稱之為「黃金坑」。

「挖坑」是拉升之前的洗盤整理，碰到它是很痛苦的事，很多人很難忍受。忍受不了選擇停損出場，是人之常情。但是，在其止跌回升過程中，當再次突破時是良好的介入時機，利用這樣的挖坑洗盤形態，可以尋找到想要的中短線黑馬股，同時結合個股的基本面情況去選股，有相當高的成功率。

通常挖坑型啟動方式有三種形態：急漲挖坑形態、緩漲挖坑形態、先向下挖坑後急拉再挖坑形態。

1. 急漲挖坑形態

股價建倉完畢後，經過第一波急漲後挖坑洗盤，然後再次上漲，開啟主升段行情。這種形態通常先出現幾個交易日的拉高走勢，然後回落整理，形成反彈結束的假象。一般回測強度沒有拉起強度強勁，但有時可能把整個漲幅吃完，然後開始快速上攻。

在成交量方面，先是小幅放量，然後縮量整理，最後大幅放量上漲。這種情況反映的內在因素是時間較倉促，主力先快速小幅拉高吸貨，之後進行簡短的打壓洗盤，最後開始主升段行情。

以下介紹散戶的操作要點和方法。股價在前期有一個盤升或橫盤過程，通常這是主力建倉期，然後出現短暫的急拉走勢，漲幅在 30% 左右，成交量放大，在回落時成交量縮小，股價一般在 30 日均線附近獲得支撐。洗盤結束後，在股價再次放量向上拉起時買入，或者在 30 日均線附近做多（要求 30 日均線處於上行狀態），如果買錯的話，則在股價回落到 30 日均線之下時停損。

如圖 4-8 廣電網絡（600831）的 K 線圖所示，該股主力完成建倉計畫後，故意向下打壓股價，製造一個空頭陷阱。然後止穩慢慢向上推升，形成

小的上升通道，當股價回升前期盤整區時，主力利用盤整區的壓力作用進行洗盤。經過短期回落震盪後，在 2018 年 11 月 27 日放量拉高，出現突破走勢，日 K 線構築一個「黃金坑」形態，次日放量漲停，股價出現快速拉升。

▲ 圖 4-8　廣電網絡（600831）日 K 線圖

從圖中可以看出，主力在前期盤整區裡吸納了大量的低價籌碼後，為了試探底部支撐強度及繼續完成加倉計畫，在 A 階段對股價無情的打壓。其實，此時主力不慎洩露了自己的秘密，從持續萎縮的成交量就能反映出主力的意思。

此後在 B 階段緩緩推升股價，目的是讓前期解套盤停損或解套退出，其最高點就是前期盤整區之內。經歷了打壓之後，此時在盤整區有部分解套的籌碼出現鬆動，選擇解套離場的策略。所以，主力在 C 階段進行挖坑洗盤。

11 月 27 日的 D 處中，反映了主力具有高超完美的操盤技能，其技術意義極其豐富，可謂經典之作，但是絕大多數散戶看不懂。

這裡簡要作一下技術解讀：一是，這根 K 線出現於挖坑之後，是一根衝高 K 線，表示挖坑結束。二是，這是一根突破 K 線，主力拉高至漲停價後，股價逐波回落，收出長上影線 K 線，目的是讓最後一批浮動籌碼離場。三是，對上方壓力進行試盤。這天有不少散戶在該位置看到這樣的 K 線後，不免產生擔憂，普遍看不好後市，這正好符合主力的用意。所以，這根 K 線有突破、試盤、洗盤等多重意義。

2. 緩漲挖坑形態

股價經過一波較長時間的緩慢上漲後，快速回落挖抗洗盤，其後展開主升段行情。這種形態通常為前期經過一段時間的上漲或橫盤，其後開始連續下跌，當跌勢逐步衰竭時，用幾個交易日快速下探，跌破某些技術支撐位，製造一個空頭陷阱，其後強力拉起，形成主升段。這種情況反映的內在因素為主力連續打壓吸籌，最後一跌快速洗盤，其後迅速拉高，脫離主力成本區，形成主升段。

散戶的操作要點和方法為：前一波緩漲幅度在 50% 以上，上漲時間最少在 3 個月以上，量價配合完美，緩漲時段要求盤升上漲，角度在 45 度左右，緩漲時段的中途整理一般在 30 日均線附近，挖坑時一般縮量連續下跌，伴有長陰短柱最佳，挖坑幅度為漲幅的 20%~30% 左右；待回檔到位底部出現 2~3 根縮量小陽線或者十字星，KDJ 指標在低位（20 左右）黃金交叉時首倉介入，其後放量大陽線或重返 30 日均線之上時加倉。

如圖 4-9 白雲山（600332）的 K 線圖所示，該股主力完成建倉後，股價小幅回落構築一個「黃金坑」形態，然後股價向上突破形成主升段行情。

從圖中可以看出，該股經過大幅整理後，主力悄然介入，盤面出現止穩回升走勢，股價緩緩向上攀升。表示主力實力相當強大，操盤手法穩健，在形態上構成上行式建倉路徑。當主力吸足籌碼後，在拉升前來一個短暫的下蹲洗盤動作，構成「黃金坑」形態。2018 年 4 月 19 日，放量漲停收陽，股價快速復位，此後進入拉升行情。

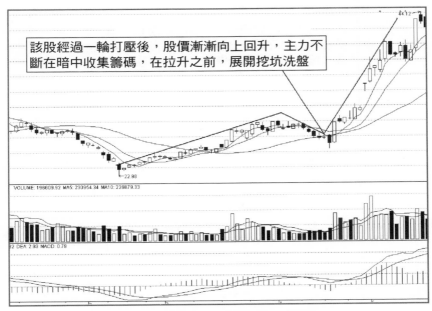

該股經過一輪打壓後，股價漸漸向上回升，主力不斷在暗中收集籌碼，在拉升之前，展開挖坑洗盤

▲ 圖 4-9　白雲山（600332）日 K 線圖

3. 先向下挖坑、後急拉再挖坑形態

這種形態結合了上述兩種挖坑走勢，即先後出現兩種挖坑洗盤方式。在實盤中經常出現這種情況，先是向下跌破技術支撐，製造一個空頭陷阱，然後快速小幅拉高，形成階段性高點，此後再次回落挖坑洗盤，最後出現主升段。這種方式經過兩次的大起大落後，個股的浮動籌碼清洗比較徹底，後市往往具有較大的漲幅。其操作要點和方法，可以參考上述兩種盤面情況。

如圖 4-10 超頻三（300647）的 K 線圖所示，該股經過長時間的整理後漸漸止穩，在低位形成震盪築底走勢，時間長達 7 個月。2018 年 2 月出現一波下探走勢，股價跌破 30 日均線的支撐，中短期均線呈現空頭排列，疑似有一波跌勢行情產生。

但之後並未出現持續下跌走勢，股價創出新低後，快速向上拉起，出現一波短暫的急拉行情，股價突破了前期底部盤整區域。然後，股價快速向下回落洗盤，形成階段性頭部形態。但股價回落到 30 日均線附近時，獲得強大的技術支撐而止穩回升，從此展開漲幅巨大的主升段。

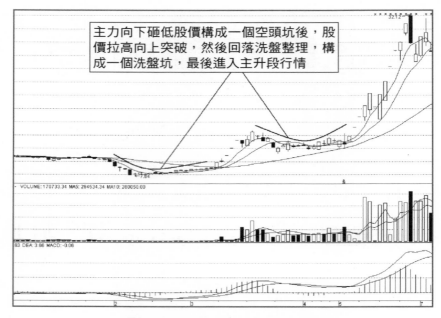

主力向下砸低股價構成一個空頭坑後，股價拉高向上突破，然後回落洗盤整理，構成一個洗盤坑，最後進入主升段行情

▲ 圖 4-10　超頻三（300647）日 K 線圖

　　從該股走勢圖中可以看出，主力挖了兩坑，先是製造一個「空頭坑」，然後拉高回落再次製造一個「洗盤坑」，由於浮動籌碼洗盤比較徹底，所以後市股價漲幅也較大。在實盤中這類個股非常多見，投資人若能認真解讀其運行規律，抓住一波主升段是非常有希望的。

❖ 助跑型啟動模式

　　股價經過較長一段時間的小陰小陽緩慢爬升後，出現加速拉升走勢，開啟主升段行情。這種緩慢上行後加速形態，要求加速上漲之前有一個緩慢的爬行過程，大部分交易日或全部交易日收小陽，中間收陰的交易日不超過1/4。這種情況反映的內在因素為主力緩慢吸貨並推高股價，為主升段積攢能量。這種形態可以比喻為飛機滑跑起飛，股價在跑道上經過一段時間滑行之後，開始拉高起飛，其在主升段形態中往往強度最大。

　　散戶的操作要點和方法如下：在主升段之前有一段爬升過程，時間最少

在 3 個月以上，一般緩漲幅度在 50% 以上，成交量呈現溫和狀態。基本上沿直線式爬高或非常小的震盪波段，整體保持角度在 45 度角左右，爬升時段的中途整理，一般在 30 日均線附近有較強的支撐，K 線以小陰小陽或十字星為主。

當股價出現放量上漲，突破平緩的上升趨勢線，上升角度出現陡峭，意味主升段開始，此時可以大膽介入。戰略性投資人可以在前期爬升中，以 30 日均線附近作為建倉價位。

如圖 4-11 國際實業（000159）的 K 線圖所示，該股成功見底後，一路穩步爬高，為最後加速上漲作熱身準備。當股價回升到前期高點壓力附近時，2019 年 3 月 14 日主力發力上攻，一舉拿下前期高點壓力，從而爆發一輪主升段，一口氣拉了 7 個漲停板。該股入場時機非常明確，突破就是買點，也就能成功地抓住一波主升段。

一般情況下，若股價在相對低位時，主力會以小陰小陽的方式緩慢推高，且漲幅有意無意控制在 7% 以內，因為此時主力不希望有人跟風，更不

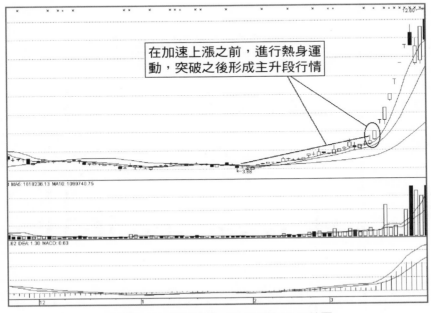

在加速上漲之前，進行熱身運動，突破之後形成主升段行情

▲ 圖 4-11　國際實業（000159）日 K 線圖

希望超過漲幅超過 7%，當股價有了一定漲幅、主力希望市場跟風時，便會出現大陽線。該股在主升段啟動之前，K 線小陰小陽排列，走勢上處於一個震盪攀升階段，接著進入主升段之後，股價進入急速拉升階段，不斷拉出大陽線，以吸引市場的關注。

如圖 4-12 美錦能源（000723）的 K 線圖所示，該股走勢與上一個實例有許多相似之處，2019 年 1 月探出一個明顯的低點後，股價止穩向上，一路震盪爬高，依托 30 日均線向上盤升，時間持續 2 個多月。3 月 15 日，股價放量向上突破，股價進入主升段行情。

該股走勢符合助跑型主升段啟動的基本要點，在主升段之前有一段長達 2 個多月的助跑爬升過程，緩慢的上漲過程中，成交量呈現溫和放量現象，以 30 日均線為依托呈直線式爬高走勢，K 線以小陰小陽或十字星為主，盤面走勢非常穩健，顯示出主力控盤較好，操盤手法穩健。

投資人在實盤中遇到這種形態時，應特別關注。在進入主升段前可能會出現兩種走勢：一種是先向下打壓挖坑洗盤，然後向上快速拉起，此時投資

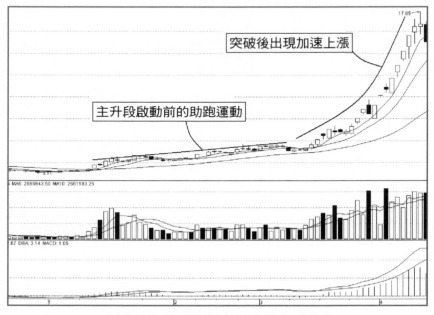

▲ 圖 4-12　美錦能源（000723）日 K 線圖

人應當根據挖坑要點，追漲買入；另一種是不經過挖坑動作，而直接向上突破，該股就屬於這種類型的走勢，當股價向上突破時也應積極跟進。發現買錯的話，可在股價向下有效擊穿 30 日均線時停損離場，投資人不妨多加體驗。戰略性投資人可以在前期爬升中，以 30 日均線附近作為建倉價位。

　　如圖 4-13 神州泰岳（300002）的 K 線圖所示，該股與上述兩個實例的不同之處在於，在助跑過程中出現一定幅度的震盪走勢，在爬高時伴隨著大陰大陽的方式逐波向上推高。但基本上遵循著助跑啟動方式的特徵，股價突破後進行回測確認和洗盤整理，最後進入主升段。

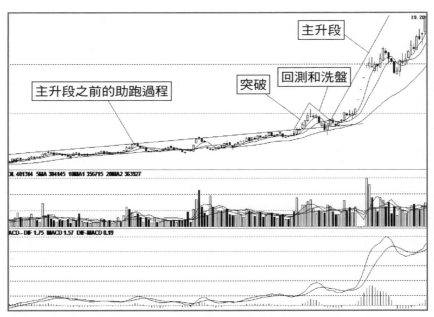

▲ 圖 4-13　神州泰岳（300002）日 K 線圖

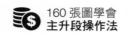

4-2 主升段的 3 種拉升方式

在實戰操作中，因大環境和狀況不同，個股的性質和題材不同，股價的位置和走勢不同，主力的獲利目標和操盤手法不同，那麼股價的主升段拉升方式也就不同。主升段拉升方式不同，也就決定了股價的上漲速度及其上漲幅度的不同。為了探尋主升段的規律，依據實戰中股價拉升的走勢，可以把主升段的拉升方式分為以下三類。

❖ 直升式拉升方式

在盤面上股價飛速上漲，走勢極少整理或者幾乎不整理，呈直線式上漲。採用這種方式拉升的主力，一般資金實力比較雄厚，在低位收集了大量的低價籌碼，達到了高度控盤操作手法極其兇狠。主力並不在乎剩餘籌碼的威脅，因此一旦上漲其勢如破竹，任何壓力位都阻止不了上漲勢頭。

如此既可以節省資金，縮短拉升時間，又可以打開上升空間。在日 K 線圖上，常常連續拉出漲停大陽線，或連續出現一字形、T 字形 K 線，且連續跳空高開留下短期不被回補的缺口，形成一波井噴式行情，有時經過短暫的洗盤後，出現「第二春」直升式行情。

在拉升過程中，成交量也同步放大，但以跳空漲停形式出現時，成交量反而變小，這表示主力高度控盤了。這種方式大多出現在小型股或中型股，通常具備投資價值或有特大的利多題材作為支持，市場基礎良好。直升式拉升的股票，一般都是市場中的「黑馬」，投資人的追漲意識十分強烈。

這種拉升方式的主力陰謀有三：一是急速拉高，一氣呵成，產生操盤利

潤，在高位實施出貨；二是引發市場關注，誘導跟風盤介入，幫助抬轎拉高；三是若有重大利多支援，可防止消息洩露，或來不及拉升而影響操盤利潤。

　　如圖 4-14 風範股份（601700）的 K 線圖所示，該股主力成功完成建倉計畫後，2018 年 12 月 26 日放量漲停，股價拔地而起，連續跳空而上，形成井噴式飆升行情，連續拉出 10 個漲停板，中間沒有日線級別的整理。

　　由於股價短期漲幅較大，許多套牢盤、獲利盤蜂湧而出，股價出現大幅震盪，主力藉機進行洗盤換手，股價出現回落整理。回檔到 30 日均線附近時，得到了上行的 30 日均線支撐，2019 年 2 月 14 日開始，出現第二波直升式拉升行情，8 個交易日拉出 7 個漲停，短期股價漲幅巨大。

　　如圖 4-15 成飛集成（002190）的 K 線圖所示，該股經過長時間的下跌整理後止穩震盪，主力成功地完成建倉和洗盤計畫。在利多消息的刺激下，股價快速向上拉高，在 40 日個交易日裡，股價從 15.08 元上漲到了 72.60 元，漲幅非常大。在整個上漲過程中，沒有出現大的回落整理，幾乎呈直線式上漲，既有題材的支持，又有主力配合。

　　投資人遇到這類個股時，其操作方法如下：這類個股啟動前有一個低迷期，成交量出現萎縮，此時應多加追蹤關注。當股價出現放量向上突破，或者以很小的成交量就能把股價拉到漲停且封盤不動，應立即跟隨主力進入，這是最佳進場時機。

　　這種拉升方式，由於速度快、漲幅大，主力很難在高位一次性完成出貨任務，通常股價有一個短暫的回落整理過程，或在高位維持平台整理走勢，然後展開第二波拉升行情。若是回落整理，可以在股價回落到 5 日均線與 10 日均線之間買入；若是平台整理，可以在平台放量向上突破時買入。直升式主升段的主要盤面特徵如下。

　　(1) 股價直線式飆升，K 線圖中股價拉升角度呈 80~90 度角走勢。

　　(2) 股價上漲氣勢不凡，上漲時除了有短暫的震盪外，在成交密集區、小高點和整數關口等位置，沒有任何壓力。

　　(3) 經常出現跳空、漲停現象，甚至以連續的跳空、漲停方式拉升，股價緊貼 5 日均線上行，即使有整理也不會跌破 10 日均線。

　　(4) 股價上漲速度飛快，幾個星期甚至幾天，股價就可以達到最高目標價位。短短幾個交易日裡的漲幅，可能超過幾個月或幾年的累計漲幅。

　　(5) 拉升初期溫和放量，拉升中途縮量整理，拉升階段後期出貨，成交

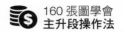
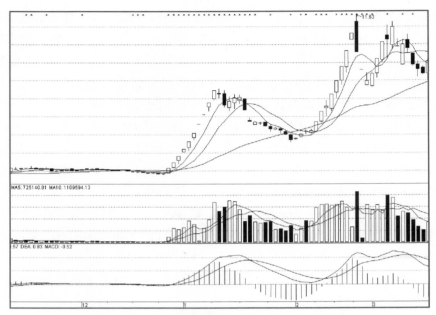

▲ 圖 4-14　風範股份（601700）日 K 線圖

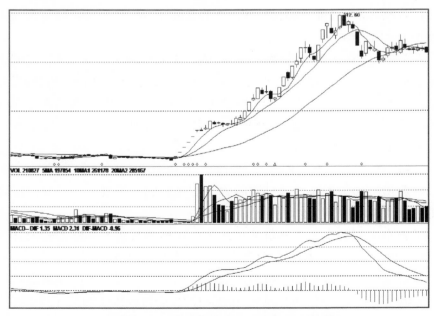

▲ 圖 4-15　成飛集成（002190）日 K 線圖

創近期或歷史天量，日換手率一般都在 20% 以上，如果拉升幅度超過一倍以上時，拉升中途也有可能出現一兩次的巨量換手。

(6) 伴隨著股價瘋狂上漲和高位放量，盤中震盪幅度也逐漸增大。

(7) 累計上漲幅度巨大並出現單日巨量成交以後，大多數情況下股價在 3~5 個交易日左右見頂反轉；拉升途中持續放量的，如果成交量突然大幅萎縮，當再次放出巨量時，股價可能不久就要見頂。

❖ 波段式拉升方式

這種方式大多發生在大盤藍籌股或主力控盤股中，在市場中表現出十分穩健的姿態，比較容易被投資人接受，並達到推波助瀾的目的，多數主力樂意採用這種方法。採用這種方式拉升時，當股價在加速爬升的過程中，由於短期拉升速度太快，累計的獲利盤太多，於是當股價拉升到一定高度時，獲利盤蜂湧而出，主力不得不釋放部分獲利盤，股價回落經過充分的洗盤換手後，再進行下一波拉升。

一個大波浪之中，有許多小波浪組成，大浪套小浪，浪中有浪。此手法通常在拉升過程中進行洗盤，尤其是在重要壓力區域，以小回或橫盤震盪的整理走勢來消化壓力，並完成散戶由低成本向高成本換手的過程，儘量減輕上行時的壓力，然後趁著利多消息或市場良好的氛圍，再將股價拉高一個波段，股價重心不斷上移。

這種拉升方式的主力陰謀為，在拉升之中清理短線獲利籌碼的效果，短線散戶看到股價滯漲回落時，就會賣出手中的股票。同時，一些先前沒有買入且又長期看好該股的散戶，在主力展開整理時逢低買入。

當然，這種拉升方式也反映出主力的一些弱點，可能是主力實力不夠，控盤程度不高，支撐不住獲利盤的賣壓，因此只能選擇在大勢良好的情況下，採取循序漸進、穩紮穩打的方式推高股價。

如圖 4-16 安碩信息（300380）的 K 線圖所示，該股在上漲過程中，呈現波段式上升走勢，股價每拉升一小段行情後，就回落進行整理，然後繼續向上拉抬。在浪形上大浪套小浪，浪中有浪。主力操盤手法乾淨俐落，K 線走勢脈絡清晰，股價張馳有序，盤面氣勢有加，形態堅挺有力，行情延續時間較長，股價累計漲幅超過 8 倍，成為股市的超級大牛股。

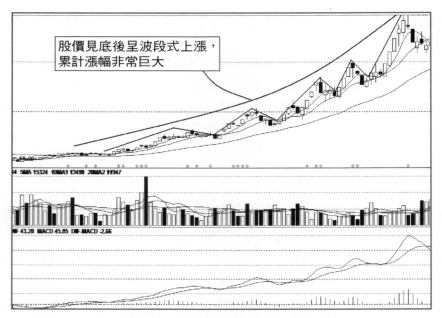

股價見底後呈波段式上漲，
累計漲幅非常巨大

▲ 圖 4-16　安碩信息（300380）日 K 線圖

　　散戶的操作方法如下：由於這種拉升方式的波浪起伏比較明顯，運行規律容易被散戶掌握，高拋低買比較容易。在股價出現放量衝高回落，收出長上影線的陰線、黃昏十字星等，可以考慮賣出；在股價經過充分整理後，出現明顯的止跌訊號時，如放量大陽線、早晨十字星等，可以考慮買入。

　　一般情況下，波與波之間的整理方式有三種：向下整理、橫向（水平）整理、向上整理。在實盤中，有的個股採取單一的整理方式，而有的個股採取混合式的整理方式，即向下整理、橫向（水平）整理、向上整理等，都有可能在同一個股中出現。而且，整理結束後的上漲幅度也不等，小波浪在20%~30% 左右，大波浪超過 80% 以上。

　　如圖 4-17 華誼兄弟（300027）的 K 線圖所示，實力強大的主力入駐該股後，在長時間的盤整過程中順利地完成了建倉計畫，然後股價逐波上漲，股價每拉完一波行情後，主力主動展開洗盤整理走勢。在洗盤整理時，既有向下整理，又有向上整理，洗盤結束均出現不同幅度的上漲行情，股價累計上漲幅度非常巨大。

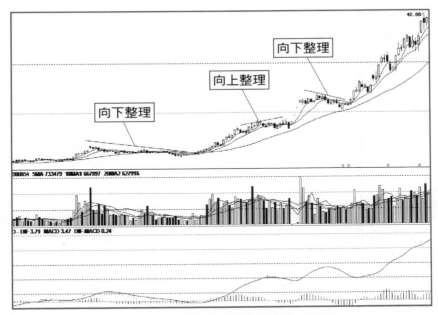

▲ 圖 4-17　華誼兄弟（300027）日 K 線圖

　　據筆者的實戰經驗，前面 3 波的浪形規律性較強、準確性較高，第 4 波以後的浪形其準確性較低，可能會出現變盤，應謹慎操作。通常，一個完整的中級循環浪，其漲幅在 30% 左右，所需時間在 40 日左右，但不同風格的主力、不同類型的個股，其拉高幅度和所需時間也不相同。需要特別說明的是，這裡的波浪浪形不是艾略特波浪理論中的浪形，而是自然的循環浪，兩者應嚴加區別。

　　如圖 4-18 東方財富（300059）的 K 線圖所示，該股上市後逐波走低，成功探明底部後，股價漸漸向上走牛。在牛市拉升過程中，股價逐波上漲，經過 4 個波段的拉升後，基本上完成了主升段行情，此後股價漸漸走弱，構築階段性頭部形態。 在實盤中出現波段式拉升時，應掌握以下技術要點。

　　（1）股價呈曲線上漲，K 線圖中股價整體拉升的角度呈 45~65 度，波段內的上漲角度會超過 75 度。

　　（2）股價總是不斷進行整理，整理所需時間接近或大於上漲時間。

　　（3）在小波段內，股價走勢貼近 5 日或 10 日均線上行，波段整理以 30

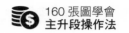

日均線作為支撐位，30 日均線基本上保持上行狀態。

⑷ 股價上漲速度慢，幾個月甚至將近幾年才能達到最高目標價位，這類個股大多出現在新股、小型股和控盤股之中。

⑸ 股價以不斷震盪上行的方式上漲，在不斷整理中股價已隱藏完成拉升，因此拉升與整理階段的界限不明顯，有時幾乎找不到拉升的啟動點。

⑹ 在整個拉升過程中，呈波段式放量，量價配合具有規律，經過幾個波段上漲後，在高位出現量價背離時，股價不久可能就要見頂。

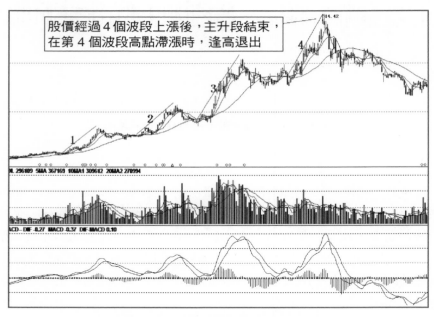

▲ 圖 4-18　東方財富（300059）日 K 線圖

❖ 震盪式拉升方式

主力完成建倉計畫後，股價漸漸脫離底部區域，不斷向上震盪攀高。盤面特點就是透過上下震盪的方式向上推高股價，沒有明顯的拉高和賣出動作，波峰浪谷區別不明顯，也沒有集中性的放量過程，一切在邊拉高、邊洗

盤、邊整理之中進行，盤面走勢非常溫和，很少有驚心動魄的場面，股價在不知不覺中走高。

在這種盤面走勢中，主力沿著一定的斜率向上拉高股價，在當日分時走勢圖上，表現為下方有大量買單出現，以顯示主力實力強大，避免股價出現下跌。然後將股價不斷向上推高，有時拉升一段時間後，還常常故意打壓一下，兇猛的主力還出現「跳水」式的打壓，以吸引買盤去逢低接納，然後又將股價拉上去。在日 K 線圖上，小陰大陽，進二退一，股價震盪上行。

採用此法拉升的主力實力一般較強，控籌程度比較高，上漲行情往往持續時間較長，股價累計漲幅也比較大，出貨時往往還會有上市公司題材配合。其操盤優點就是來時悄無聲息，去時無影無蹤。主力陰謀就是在拉升過程中，不斷地出現上下震盪走勢，一般散戶很難堅定持股信心，容易把獲利籌碼清理出場，同時又讓持幣者介入，這樣籌碼完成一進一出，得到充分交換，同時鎖定長線籌碼，為主力日後大幅拉升股價減輕壓力。

散戶在這種盤面中操作難度較高，特別是激進者機會更少，很難把握股價運行節奏，也很難預測股價的頂部。當你追高買入時，容易遭受短線回檔套牢；當你等待低點出現時，卻沒有明顯的回落低點形成，股價又重新上漲，買入機會稍縱即逝。

如圖 4-19 大富科技（300134）的 K 線圖所示，這是一個直進式震盪上漲的例子。在股價長時間的下跌過程中，主力收集了大量的低價籌碼，然後股價向上爬高脫離底部區域，經過成功的洗盤整理後，開始出現一波升幅較大的上漲行情。

在上漲過程中，股價時漲時跌，看起來上攻強度不強，但股價大漲小回，盤面張馳有序，K 線陰陽交錯，形態堅挺有力，量價配合默契，基本上沿著一個固定的角度向上拉高，中間沒有出現明顯的大幅回檔走勢，但也不是一步到位的井噴式飆升走勢，而是經過一兩天的快速整理後，股價強勢上行，走勢十分穩健，股價累計漲幅較大。

這種盤面走勢中，主力陰謀就是不讓盤中散戶快速獲利，而是透過震盪上漲，讓膽小的散戶提早離場，同時又給場外散戶一個介入機會，一般散戶在這樣的個股中沒有堅強的毅力，很難與主力共舞到底。散戶遇到此情形時要保持良好的心態，不要頻繁操作，上漲過程中出現的小幅震盪是正常的，只要盤面沒有出現異常波動，上漲行情就不會結束。當股價出現衝高回落，

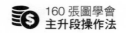

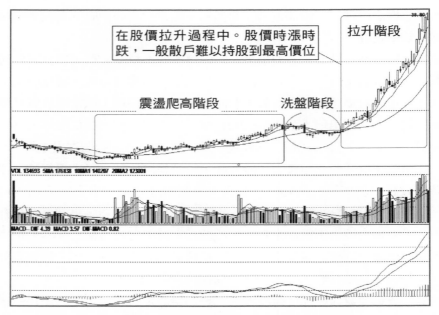

▲ 圖 4-19　大富科技（300134）日 K 線圖

形成見頂 K 線形態或出現異常的成交量時，應格外注意。

　　如圖 4-20 歐菲科技（002456）的 K 線圖所示，該股的走勢就是採用震盪洗盤式拉升，主力邊拉升、邊洗盤、邊整理，將股價逐波向上推高。從圖中可以看出，從 2017 年 1 月開始步入上升通道後，30 日均線堅挺有力，不斷支撐股價向上走高，每次股價回落到 30 日均線附近，均獲得有效支撐而回升，股價累計漲幅較大。投資人遇到這種盤面走勢時，可以在 30 日均線附近逢低介入。

　　這類股票在拉高過程中，盤面出現大幅度震盪走勢。從圖中可以看出，在股價大幅震盪過程中，散戶一會看漲一會又看空，使投資信念搖擺不定，以致造成對後市的誤判，因此難以堅持得住，最終選擇離場操作。

　　同時，場外一些散戶發現盤面異動後，有短線差價機會而逢低入場做多，經過幾個回合的上下震盪後，市場平均持倉成本大大提高，所以股價不斷向上拉高，而散戶卻很難獲利。由於散戶的持倉成本比主力高，後市拉高股價時就不會有太大的風險，主力陰謀也就輕易得逞。

　　這種盤面走勢下進行高拋低買，波段操作收益更高。中長線投資人可以參考 30 日均線，只要 30 日均線保持完好，應一路持股不動，不必理會 30 日均線之上的任何震盪現象。

　　在實盤中出現震盪式拉升時，應掌握以下技術要點：(1) 股價斜線上漲，K 線圖中拉升角度呈 45 度角左右。(2) 上漲時雖然有劇烈的震盪整理，但整理的幅度和整理的時間都不會太長，以強勢震盪為主。(3) 股價走勢分兩類，一類以連續小漲為主，配合大漲，其間的整理幅度也小。另一類以大幅上漲為主，其間配合大幅整理或者時間較長一點的整理。(4) 股價貼近 10 日均線上行，小幅整理依托 20 日均線上行，較大的小波段整理依托 30 或 60 日均線上行。(5) 股價上漲速度較慢，但持續時間往往較長，累計上漲幅度也較大。(6) 拉升期間成交量以溫和放量為主，如果股價大幅上漲則成交量會大幅增加，但隨後的短期整理不可避免。股價上漲幅度很大後，如果成交量持續數日放大且股價滯漲，則股價即將見頂。

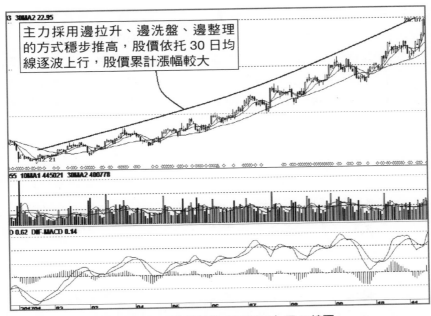

▲ 圖 4-20　歐菲科技（002456）日 K 線圖

4-3

主升段的整理方向、速度及形態

❖ 同一波之內的整理方向

在同一波主升段中，除了極少數一步到頂的一字形飆升式主升段中途沒有整理外，絕大多數主升段中途會出現整理走勢，甚至以分時整理代替大整理。有的個股僅出現一次整理，有的個股則多次整理。從整理方向可將其劃分為：向下整理、橫向整理、向上整理這三類，呈遞強之勢。為了方便理解，以下將同一波主升段分解為兩個或多個上漲階段，如圖 4-21 所示。

從圖中可以看出，這三類整理方式是由左到右呈遞強之勢。對於橫盤整理可以這樣解釋：正常的整理應該是向下的，但由於股價走勢太強，股價不肯下跌，就只好以橫盤代替下跌。而走勢最強的盤面，甚至是以一段微向上

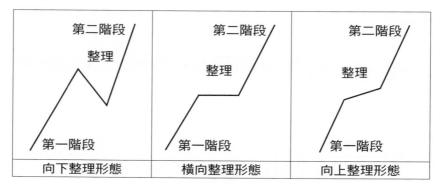

▲ 圖 4-21　同一波之內的整理方式

的慢牛走勢，代替原本的向下整理或橫向整理，這種整理形態強度最強。

1. 向下整理方式

　　這種情況比較少見，因為股價一旦進入主升段後，就開弓沒有回頭箭了，擺在主力面前的只有繼續向上拉高，沒有太多的迴旋餘地，否則容易導致功虧一簣。向下整理形態的回落幅度一般也不會太大，但往往快速回檔。須掌握兩個關鍵點：一是 30 日均線附近；二是 0.5 的黃金分割位附近。投資人可以將這兩個點作為買賣參考價位，進行短線操作。

　　這種整理方式在主升段的初期比較多見，大多發生在慢牛式盤升類個股或主力難以控盤的大型股之中，也經常發生在一些基本面不太好的個股或反彈類個股之中，同時也反映主力實力弱小的一面。

　　如圖 4-22 西藏旅遊（600749）的 K 線圖所示，該股因基本面因素影響，股價經過大幅下跌後，2019 年 3 月 5 日開始連收兩根中陽線，股價出現突破走勢，然後回測確認有效，股價再次上漲形成主升段行情。短期連續拉高後，出現快速回落整理，回檔的幅度在 0.618 黃金分割位附近，洗盤結束後展開第二階段的上攻走勢。

　　這類個股的短線期望值不要太大，可以就以下三個方面選擇短線賣點：一是第二階段的漲幅接近第一階段的漲幅時，如果出現滯漲現象可以考慮減倉。二是出現第二次放量時，預示短線有見頂跡象；三是高位出現滯漲 K線形態時，擇高退出觀望。

　　如圖 4-23 民和股份（002234）的 K 線圖所示，該股走勢非常清晰，在主升段拉升過程中，完成第一階段的拉高後，出現回落整理，股價出現跌停，整理效果很好。經過兩個交易日的整理後，2019 年 3 月 1 日恢復上漲勢頭，產生第二階段的拉高走勢。這類個股參考上述三個賣點，就可以把握波段的節奏。從圖中可以看出，在股價第二階段上漲到與第一階段漲幅接近時，在高位收出大陰線，此時投資人應逢高減倉或退出。

2. 橫向整理方式

　　在同一波主升段中的整理，大多數屬於這種整理方式，約佔主升段整理的一半以上。橫向整理並非絕對的橫盤走向，一般呈微向下傾斜，但幅度不大。這種形態的回落幅度一般在 10% 以內，且以 10 日均線作為整理的支撐

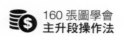

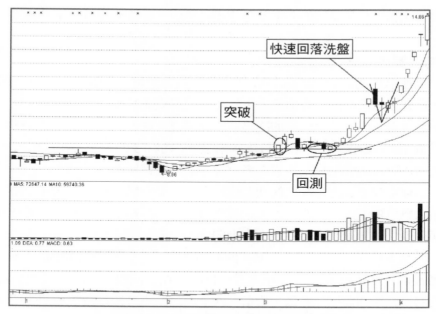

快速回落洗盤

突破

回測

▲ 圖 4-22　西藏旅遊（600749）日 K 線圖

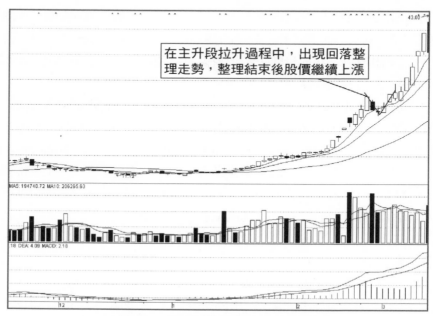

在主升段拉升過程中，出現回落整理走勢，整理結束後股價繼續上漲

▲ 圖 4-23　民和股份（002234）日 K 線圖

點，因此投資人可以 10 日均線作為買賣參考價位進行短線操作。

如圖 4-24 雷柏科技（002577）的 K 線圖所示，該股一路震盪走低，主力吸納了大量的低價籌碼，然後股價漸漸止穩爬高，在主升段啟動前經過挖坑打壓後向上進入主升段行情，連續拉出 4 個漲停板。接著，主力開始洗盤換手，第一階段拉高結束，在洗盤時主力又不願讓股價出現回落走勢。

主力這麼做的目的，一來是防止丟失低價籌碼，二來是避免造成對上漲勢頭的破壞，所以，股價形成了橫盤整理走勢，得到 10 日均線的有力支撐，開始出現第二階段的主升段，從而完成了整波主升段走勢。主升段結束後在高位出現「烏雲蓋頂」形態，股價進入中期整理。

如圖 4-25 羅平鋅電（002114）的 K 線圖所示，該股見底止穩後，進入震盪築底走勢，主力大舉吸納低價籌碼。不久後股價放量漲停，向上脫離底部區域，均線系統繼續多頭發散，從而展開主升段行情。快速拉高後主力開始洗盤整理，股價回落幅度較小，呈現橫向震盪走勢，成交量漸漸萎縮。經過一段時間的蓄勢整理後，股價再次放量漲停，形成第二階段主升段攻勢。

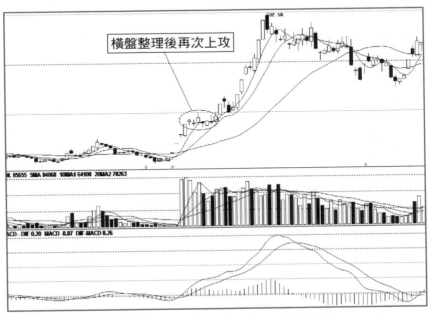

▲ 圖 4-24　雷柏科技（002577）日 K 線圖

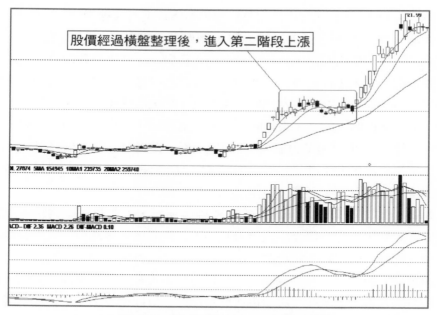

▲ 圖 4-25　羅平鋅電（002114）日 K 線圖

　　該股雖然中途整理時間較長，但沒有超過 20 個交易日，回檔幅度也沒有大於 20%，所以仍然屬同一波主升段。遇到這類個股時，可以選擇 10 日或 30 日均線作為入場參考點位，在高位出現放量滯漲時退出。該股不久後在高位出現放量滯漲現象時，可不考慮後面的走勢，應短線離場操作。

3. 向上整理方式

　　在同一波主升段中，這種整理方式非常多見，也是最強勁的一種整理方式。向上整理期間一般漲幅在 10% 左右，當股價放量突破這個幅度時，表示盤面十分強勢，預示展開第二階段的主升段攻勢，如果第一階段漲幅不是很大的話，此時可以大膽跟進。

　　如圖 4-26 川潤股份（002272）的 K 線圖所示，該股經過長時間的下跌整理後漸漸止穩，股價開始向上突破底部盤整區，經過一波快速拉高後，上漲速度放緩，股價出現震盪整理走勢。但整個整理過程中，股價不但沒有回落，反而重心漸漸向上抬高，表示主力做多意願非常強烈，控盤程度較高。

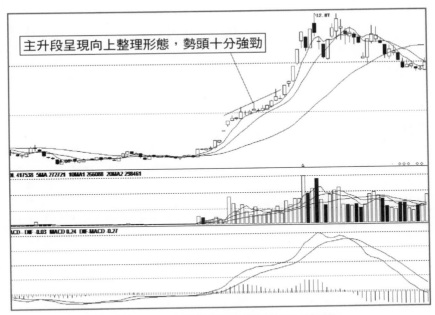

主升段呈現向上整理形態，勢頭十分強勁

▲ 圖 4-26　川潤股份（002272）日 K 線圖

　　這段期間大多數獲利散戶會選擇離場操作，而一些長線看好的投資人也在此逢低介入，主力也就達到了洗盤的目的。然後，股價再次放量漲停，展開第二階段的主升段拉升。經過兩個階段的拉高後，在這波主升段中股價漲幅超過 150%。

　　這類走勢有時很難分出第一階段和第二階段的界限，但只要一波主升段尚在延續之中，就可以繼續持股不動，且在實盤中可靈活掌握。這種整理方式，很多時候會出現一個緩慢上移的小通道，股價在小通道內穩步走高，最後向上突破小通道的上軌線壓力，股價進入最後的主升段拉升階段。

　　如圖 4-27 三全食品（002216）的 K 線圖所示，該股經過整理後進入慢牛式主升段走勢，股價沿著小的通道重心緩慢上移，表現出主力控盤程度非常高，股價正在有節奏地上升。參與這類個股時，應明白一個道理「會漲的股票不會跌，會跌的股票不會漲」。這類個股在最後結束主升段之前，往往會有一波瘋狂的放量拉高動作，這時投資人應注意的是：在高位出現持續的快速放量拉高時，應做好離場準備。

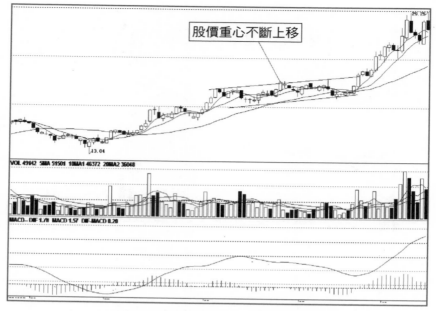

股價重心不斷上移

▲ 圖 4-27　三全食品（002216）日 K 線圖

　　上述分析了同一波主升段拉升過程中出現的三種整理方式，有時候一檔股票在一輪主升段行情中，可能出現其中之一種整理方式，也可能出現多種整理方式。在多種整理方式中，往往具有互換性，很少出現相同的整理方式，這需要投資人在實盤中靈活變通。

　　如圖 4-28 嘉應製藥（002198）的 K 線圖所示，該股在 2019 年 1 月 31 日成功探明底部後，股價出現強勁上漲走勢，當股價上漲到前期盤整區附近時，遇到了明顯的壓力，主力主動展開整理走勢。股價出現向下回落整理，然後股價繼續向上突破。拉升一個波段後，為了之後的上漲，主力又開始整理，這次的整理方式與前一次不一樣，採用橫向震盪整理。之後，股價再次形成突破走勢，出現新的上漲行情。

❖ 同一波之內的整理速度

　　在同一波主升段中，由於主力的拉升手法不同，整理的速度也不相同，最快的在當天的分時走勢中就能完成整理，在日 K 線上並沒有留下什麼明

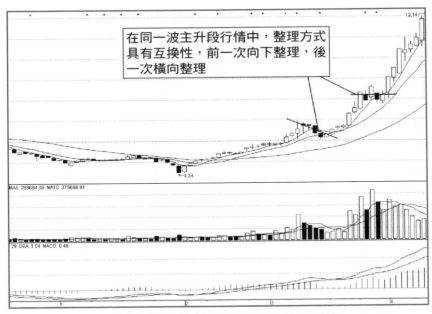

在同一波主升段行情中，整理方式具有互換性，前一次向下整理，後一次橫向整理

▲ 圖 4-28　嘉應製藥（002198）日 K 線圖

顯的整理痕跡，最慢的可能要用 20 來個交易日進行整理蓄勢。所以，從時間快慢上，可以將其劃分為「快速整理」和「慢速整理」兩種。

1. 快速整理方式

　　這種整理方式大多出現在暴漲式主升段中，一方面主力進入主升段後，乘勝而上一鼓作氣，將股價拉到目標價位；另一方面由於題材重大，受到市場熱棒，股價出現持續性的飆升走勢。不少主升段個股的快速整理在當日即可完成，即透過當天分時震盪走勢完成整理。在日線級別中可能出現單日整理或多日整理，一般快速整理時間為 1~5 個交易日，因此股價上漲勢頭不受到任何影響，其間成交量有所萎縮，隨後再次上攻，成交量也同步放大。

　　如圖 4-29 人民網（603000）的 K 線圖所示，該股在長時間的底部震盪過程中，主力吸納了大量的低價籌碼。2019 年 1 月 25 日，股價放量突破，然後進入主升段。在拉升過程中，並沒有出現過長的整理，三次單日完成整理後，股價均出現強勢上漲。投資人可在股價創出整理日的新高時，積極介入做多，但「事不過三」，經過三次整理後的新高，要防範高位風險意識。

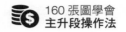
如圖 4-30 網宿科技（300017）的 K 線圖所示，該股主力在低位成功地完成了建倉計畫後，2019 年 2 月 21 日放量向上突破底部盤整區，開啟一輪主升段行情。在主升段拉升過程中，僅僅出現 3 個交易日的整理，隨後股價再次大幅快速拉高，股價短期漲幅巨大。

如圖 4-31 飛成集成（002190）的 K 線圖所示，該股長時間在底部震盪，主力成功完成建倉計畫後，借助公司資產重組利多消息發動主升段行情，股價出現井噴式上漲。在拉升過程中，先後出現 3 次較明顯的快速整理走勢，整理時間分別為 4、3、2 個交易日，當然其中還有更小的單日或分時整理走勢。從圖中可以看出，儘管盤面出現一些整理走勢，但並不影響股價上漲勢頭，仍然保持強盛的盤面，股價沿著 10 日均線迅速拉高，同時在股價回檔時成交量也出現相應縮小。可見，主力實力非常強大，做多意願十分堅決，也反映題材的重大。

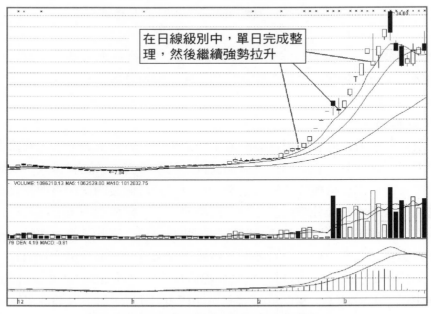

▲ 圖 4-29　人民網（603000）日 K 線圖

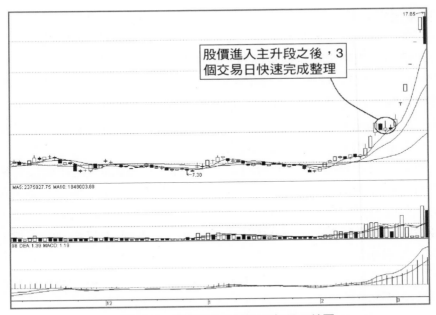

▲ 圖 4-30　網宿科技（300017）日 K 線圖

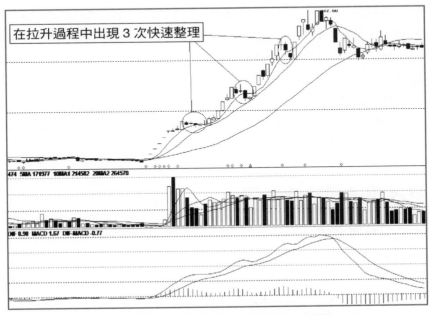

▲ 圖 4-31　飛成集成（002190）日 K 線圖

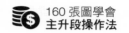
2. 慢速整理方式

這種整理方式大多出現在慢牛式主升段中，洗盤與拉升相結合，盤面整理比較到位，股價走勢也相當穩健。慢速整理時間一般為 6~20 個交易日，整理幅度以 30 日均線作為支撐位，股價依然保持強勢狀態，其間成交量明顯萎縮，隨後在股價再次上攻時，成交量也配合放大。如果 20 個交易日股價仍不能創出新高，表示這一波主升段基本上已經結束，隨後可能會延長整理時間和整理幅度，股價面臨回落風險。

如圖 4-32 奧飛娛樂（002292）的 K 線圖所示，該股經過小幅反彈後，再次回落到前期低點附近，然後止穩上漲形成雙重底形態，股價形成主升段走勢。經過一波拉高後，遇到前期成交密集區域的壓力，股價出現整理走勢，但股價回落幅度並不大，依然處於強勢狀態，並得到 30 日均線的支撐，且 30 日均線繼續呈現上行走勢。經過 17 個交易日的蓄勢整理後，股價再次上漲，形成第二階段主升段，直到高位拉出大陰線時，主升段才漸漸收尾，股價累計超過 200%。

如圖 4-33 聯建光電（300269）的 K 線圖所示，該股脫離底部後，漸漸進入慢牛式主升段，主力在拉升過程中出現了兩次慢速整理走勢，採用「拉洗並舉」的做盤手法，使股價始終保持強勢狀態，30 日均線堅挺地上行，盤面走勢相當穩健。在整理過程中成交量明顯萎縮，量價配合頗具規律，股價台階式上行，牛市行情持續 7 個多月，表現出強勢主力股的風範，股價累計漲幅超過 400%。

散戶遇到這種盤面時，應持股不動，儘量減少操作頻率，以免陷入被動局面。主力整理是考驗散戶耐性的時候，持幣者在股價放量向上有效突破時應跟進做多。

❖ 波與波之間的整理形態

1. 第2浪的整理方式

第 2 浪的整理方式是捕捉黑馬的關鍵，第 2 浪是對第 1 浪升幅的整理，也是對底部的二次確認。整體而言，第 2 浪還屬於底部的一部分，其整理方式有之字形、三角形、複合形和平坦形四種基本形式，此外還有一種較少見的順勢整理浪。

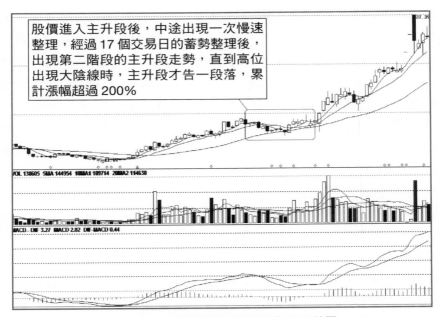

股價進入主升段後，中途出現一次慢速
整理，經過 17 個交易日的蓄勢整理後，
出現第二階段的主升段走勢，直到高位
出現大陰線時，主升段才告一段落，累
計漲幅超過 200%

▲ 圖 4-32　奧飛娛樂（002292）日 K 線圖

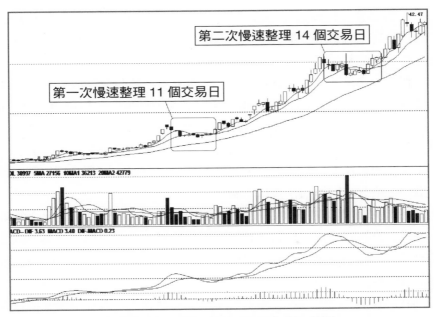

第二次慢速整理 14 個交易日

第一次慢速整理 11 個交易日

▲ 圖 4-33　聯建光電（300269）日 K 線圖

其中，之字形、三角形和複合形的出現，均是對第 1 浪升幅的主動整理，即等待上市公司基本面好轉或者消息的配合，其整理時間不可預測，並往往會使投資人在漫長的等待中失去耐心而退出觀望。但平坦形整理浪和順勢整理浪卻不是如此，它們均為黑馬股誕生的基礎，與其他形態整理的區別是：其他形態是主動整理，而平坦形整理浪和順勢整理浪卻是被動整理的。

順勢整理浪的特徵，是第 2 浪中的 A 浪短暫整理後，B 浪大幅反彈超越第 1 浪高點，而回檔 C 浪的低點高於第 1 浪頂點。也就是說，順勢整理浪會創出第 1 浪高點，並在第 1 浪高點之上蓄勢，等待第 3 浪突破。更直接地說，順勢整理浪就是向上整理，震盪攀升的整理極為罕見，後市上漲強度較大。所以，平坦形整理浪和順勢整理浪，比之字形、三角形、複合形的形態更強勢，選股更應該配合基本面優先選擇。

第 2 浪是研判後市強弱的關鍵，是對第 1 浪升幅的整理，為後市的發展積蓄能量。第 2 浪經常把第 1 浪的漲幅跌掉一大半，甚至接近全部跌光，但不管第 2 浪的跌幅如何，第 2 浪的最低點不能比第 1 浪的低點還低。由於第 2 浪的跌幅較大，投資人經常誤以為空頭市場尚未結束，但這時做空的能量，一般比第 1 浪略微減少。

第 2 浪的整理幅度通常是第 1 浪的 0.382、0.5、0.618 倍，有時甚至接近 1 倍。第 2 浪以震盪的情形出現時，成交量大幅萎縮，主力誘空跡象明顯，所以，第 2 浪的整理走勢直接決定後市的強弱。

如圖 4-34 飛利信（300287）的 K 線圖所示，該股第 1 浪結束後，開始第 2 浪修正，也是對底部的再次確認。在第 2 浪整理中，以簡單的 A、B、C 三浪出現，C 浪的低點略低於 A 浪的低點，表示空方打壓強度有限，預示後市股價上漲潛力較大（注：該圖為完整浪形的一部分）。

第 2 浪的整理方式是捕捉黑馬的關鍵，所以實盤中必須掌握以下兩個問題。第一，第 2 浪回檔通常有以下兩種常見形態。

(1) **平坦形回檔**：在第 1 浪上漲之後出現回檔，由於第 1 浪上漲的幅度有限，第 2 浪的回檔便以相對溫和的平坦形態展開。平坦形是由經典的下跌三浪組成，只是 A 浪和 C 浪呈現出平行的形態特徵，主力透過此種回檔，確認了前期形成的底部有效。

從第 2 浪進行回檔的成交量來判斷，成交量放大，表示市場交易較為活躍，流動性比較強，市場關注度較高，因而可以判斷主力的吸籌行為。正是

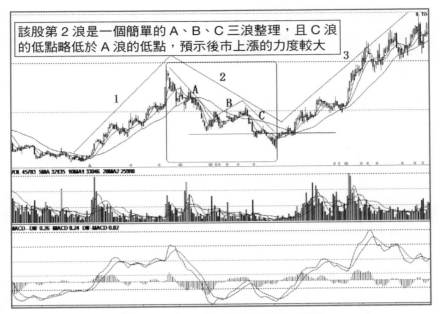

該股第 2 浪是一個簡單的 A、B、C 三浪整理，且 C 浪的低點略低於 A 浪的低點，預示後市上漲的力度較大

▲ 圖 4-34　飛利信（300287）日 K 線圖

由於在這期間成交量放大，洗去了市場大多數浮籌，主力掌握的籌碼集中，因此之後第 3 浪出現向上穩步拉升。

（2）**兇狠的單浪下跌**：這種形態是最簡單的，但是往往也是極為兇狠的下跌走勢，常常是由於第 1 浪上漲幅度比較大，主力才會採取比較兇狠的洗盤手法。這種單浪的下跌幅度接近第 1 浪的底部位置，進一步確定第 1 浪的底部。這種洗盤行為也是有必要的，它為後市打開了一片更為廣闊的天空。但無論第 2 浪以什麼方式進行回檔，有一個大前提必須遵守，即第 2 浪的回檔不能擊穿第 1 浪的底部，這是波浪理論的鐵律。

第二，第 2 浪回檔的選股方法有以下三種。

（1）根據第 2 浪的「回檔形態」分析：第 2 浪的回檔是典型的下跌走勢，由次一級的 A、B、C 三浪構成的，這裡所說的形態分析是指，在次一級 C 浪完成後，就是絕佳的入場機會，也就是發生在次一級 C 浪的末端，在此處建倉佈局等待後市的上漲，結果必然獲得良好的獲利。

（2）從第 2 浪「底部 K 線走勢」判斷是否整理結束：K 線走勢和第 2 浪

191

的結合，也能準確地判斷第 2 浪的結束，如在第 1 浪低點附近出現止跌性 K 線（從單根 K 線或組合 K 線進行判斷），那麼就意味著第 2 浪整理結束，將進入第 3 浪拉升走勢，此時可以積極介入做多。

（3）利用「回檔比率」分析：把握好第 2 浪的回檔位置，也就能正確判斷第 2 浪的結束位置。第 2 浪有可能在第 1 浪漲幅的 0.382 倍、0.5 倍、0.618 倍和接近 1 倍處，這就為實戰操作提供了參考依據。

2. 第4浪的整理方式

第 4 浪是多空雙方爭鬥最激烈，也是最複雜的一波，這時的股價形態以三角形為最多，因此如果股價已經上漲了一大段後，出現三角形形態時，大部分投資人可以猜到此時大概是第 4 浪了。另外，除了楔形形態以外，第 4 浪的最低點絕對不能低於第 1 浪的最高點，此為第 4 浪的主要特徵。

第 4 浪的整理幅度通常是第 3 浪升幅的 0.382 倍，且第 4 浪的底必定高於第 1 浪的頂。由於受第 3 浪大幅上漲的誘惑或刺激，主力在第 4 浪整理時多數是誘發市場做多，但也有誘發市場做空的。第 4 浪通常多以單浪下跌走勢、平台形走勢和複雜三角形形態出現。

第 4 浪和第 2 浪有很強的互換性，如果第 2 浪以簡單的形態出現，第 4 浪整理則以複雜的形態出現，反之亦然。時間方面也是如此，若第 2 浪整理時間過長，則第 4 浪整理時間就比較短。在實盤中，投資人可以根據兩者具有互換性的特點，進行買賣參考。

如圖 4-35 陽光電源（300274）的 K 線圖所示，該股在止穩上行過程中，第 1 浪出現延長走勢，所以第 3 浪和第 5 浪再次出現延長的可能非常小，為後市研判提供重要的參考依據。第 2 浪是一個順勢整理浪，即呈現向上整理走勢，預示第 3 浪上漲比較有力，這也暗示主升段有可能就發生在第 3 浪。

由於第 2 浪以複雜的形式出現，所以第 4 浪整理比較簡單，這是兩者的互換性所致。此外，因為第 1 浪是延長浪，第 3 浪又是主升段，股價已經處於高位，先知先覺者獲利豐厚而離場，此時多空雙方出現較大分岐，所以也就限制了第 5 浪的上漲幅度，投資人對此應做好出場的準備。

第 4 浪是五個推動浪中的第二次整理，也是最後一個整理浪。為了確保此前獲得的利潤不縮減，必須瞭解第 4 浪的運行特徵，並且做到儘量迴避第 4 浪整理，也就是在第 4 浪到來之前出貨離場。根據第 4 浪的一般形態特徵，

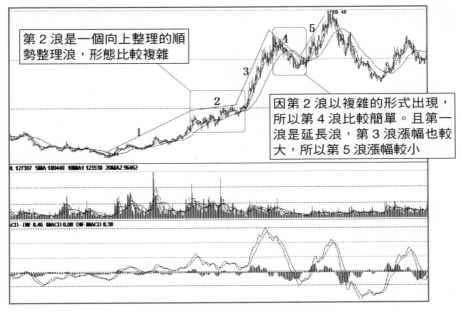

第 2 浪是一個向上整理的順勢整理浪，形態比較複雜

因第 2 浪以複雜的形式出現，所以第 4 浪比較簡單。且第一浪是延長浪，第 3 浪漲幅也較大，所以第 5 浪漲幅較小

▲ 圖 4-35　陽光電源（300274）日 K 線圖

可以預測第 4 浪的發展方向，也就是預測出潛在的巨大風險。第 4 浪的基本特徵如下。

(1) 單浪下跌走勢：如果第 3 浪漲幅較大，或第 1 浪和第 3 浪累計漲幅較大，在 K 線方面收出見頂訊號時，預示上漲勢頭遭到打擊，那麼可以在第 4 浪正式開始時，果斷地出售手中持有的籌碼，儘快迴避第 4 浪帶來的下跌風險。

(2) 平台形走勢：如果第 4 浪是以平台形式出現，這時可以觀察前面第 3 浪的漲幅情況，若漲幅較大，則可以在反彈中出貨，以規避風險。

(3) 三角形走勢：第 4 浪經常出現三角形整理形態，這種走勢中間會出現幾次適度的反彈，投資人可以抓住這些反彈的相對高位出貨離場，避免遭受更大的損失。但是，這種三角形的整理更值得期待，也就是說不必全部清倉，可保留一定的倉位。如此不僅可以在一定程度上避免風險，也可以為第 5 浪的上漲提早做準備，一旦發現上漲趨勢，就應該進行建倉操作，盡可能收集低價籌碼來獲取平均成本價格的走低，抵消前面未出貨的損失。

4-4 主升段的低位、中位、高位整理方式

❖ 低位建倉型整理

在主升段之前，主力必須有一個買股——吸籌過程，建倉大致可分為三個階段：初倉階段、主倉階段（集中建倉）、加倉階段（補倉）。主力建倉要具備時間、價格、數量三大要素：時間上，要符合天時、地利、人和；價格上，要獲得盡可能低廉的籌碼；數量上，要拿到盡可能多的籌碼。在主升段啟動前的低位建倉整理，通常有以下三種類型。

1. 底部要有一個築底過程

底部吸籌價位較低，但需要較長時間，短需兩三個月，長需半年以上，並且要悄悄地進行，一旦洩密被廣大散戶知道跟著主力在底部吸籌，就會打亂操盤計畫。一般而言，在較長的建倉過程中，股價在低位呈現盤整或窄幅箱體震盪走勢，其後放量向上突破，開啟主升段行情。

如圖 4-36 新疆浩源（002700）的 K 線圖所示，該股經過長期下跌整理後，在低位再次遭到主力的誘空式打壓，然後在低位呈現橫盤震盪，成交量大幅萎縮，維持盤局 1 個多月。

在這段時間裡，盤中不少散戶選擇離場操作，主力卻一一將籌碼收於囊中。當主力完成建倉計畫後，股價慢慢回升，底部向上抬高，並有效站於均線系統之上。股價在 30 日均線上方作拉升前的預演後，在 2018 年 8 月 2 日股價拔地而起，發力向上脫離底部盤整區，股價連續拉出 6 個漲停。

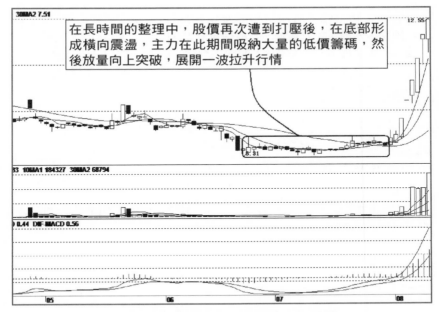

在長時間的整理中，股價再次遭到打壓後，在底部形成橫向震盪，主力在此期間吸納大量的低價籌碼，然後放量向上突破，展開一波拉升行情

▲ 圖 4-36　新疆浩源（002700）日 K 線圖

2. 底部有明顯的成交量堆積

　　成交量堆積意味著有大量的資金流入該股，主力動用大量的資金購買並持有該股的流通籌碼後，使市場中的流通籌碼隨之減少，漸漸地達到控盤程度，此後的成交量會逐漸縮小。從日 K 線上看，成交量突破 60 日 K 線後不久，再次回落到 60 日均線下方洗盤整理，成交量始終處於較大狀態，當股價再次返回到 60 日均線上方時，代表主力建倉和洗盤的基本上完成，主升段由此展開。

　　如圖 4-37 江特電機（002176）的 K 線圖所示，該股在長時間的震盪整理過程中，底部漸漸向上抬高，隨後股價放量突破 60 日均線，成交量持續放大，表示主力大規模建倉，然後股價再次回落到 60 日均線之下洗盤整理。不久後，股價重返 60 日均線之上，表示主力建倉和洗盤結束，從而開啟主升段行情。

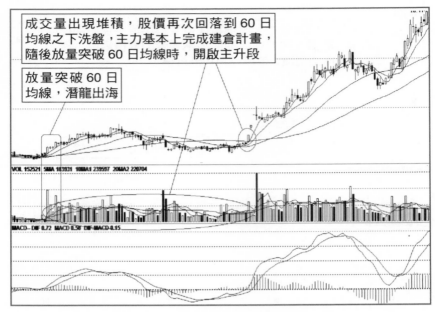

成交量出現堆積，股價再次回落到 60 日
均線之下洗盤，主力基本上完成建倉計畫，
隨後放量突破 60 日均線時，開啟主升段

放量突破 60 日
均線，潛龍出海

▲ 圖 4-37　江特電機（002176）日 K 線圖

3. K 線走勢中底部不斷抬高

　　從日 K 線上看，陽線多、陰線少，股價走勢忽高忽低，起伏不定，但底部在不斷抬高。當一根放量大陽線突破前期高點，就代表主力建倉完畢。若股價漲停，成交量卻很少，表示大量的流通籌碼已經被主力鎖定。

　　建倉完畢後，股價通常不理會大盤的走勢，會走出獨立的行情。大盤漲個股大漲，大盤跌個股不跌或反漲，表示盤中主力已經高度控盤，這時候的下跌只是盤中洗盤而已。

　　如圖 4-38 方大炭素（600516）的 K 線圖所示，2017 年 4 月至 5 月，該股在此期間卻不受大盤下跌影響，不斷向上走高，股價重心漸漸上移，走勢明顯強於大盤，為典型的逆大勢而行的盤面表現。表示主力在此期間吸納了大量的籌碼，等待大盤止穩回升。

　　5 月 11 日，當大盤探底成功後，該股立即出現快速上漲行情，藉助去產能（漲價概念）利多，股價向上突破，出現主升段行情。該股主力完成建倉計畫後，沒有出現明顯的回落洗盤走勢，直接進入主升段行情。其實主力

在前期盤升過程中，就已經完成了邊建倉、邊推高、邊洗盤的過程，所以此後也就沒有必要展開洗盤環節。

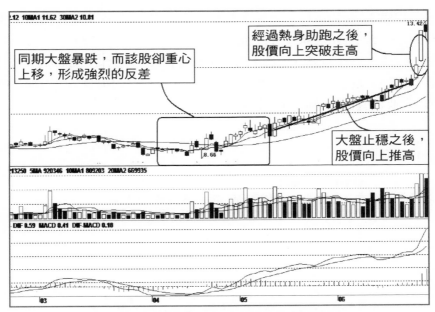

同期大盤暴跌，而該股卻重心上移，形成強烈的反差

經過熱身助跑之後，股價向上突破走高

大盤止穩之後，股價向上推高

▲ 圖 4-38　方大炭素（600516）日 K 線圖

❖ 中位蓄勢型整理

　　中位蓄勢也稱為「中繼整理」，主力在底部收集到一定數量的低價籌碼後，股價向上拉高一段距離，主力展開洗盤或加倉操作，使股價停滯上漲步伐，但又不敢把股價壓下來而丟失籌碼，從而形成中位蓄勢形態，使散戶誤以為上漲行情結束而退出。當主力消除後市上漲的壓力後，股價展開大幅上漲行情。

　　通常一個蓄勢型整理形態需要 1~2 個月時間，成交量也會出現萎縮現象，但有時也會出現大換手，然後再次縮量，一旦放量向上突破中繼橫盤，其上漲力量和幅度相當驚人。

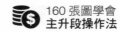

　　散戶遇到這種盤面走勢時，在先前底部介入者，不妨逢高先行退出，等待股價回檔低點再介入，可以獲得小幅度差價，或者乾脆與主力告別，另覓他股。持幣者可以在橫向盤整的後期，盤面出現異動時擇機介入，

　　如圖 4-39 新國都（300130）的 K 線圖所示，該股見底後止穩回升，經過一波緩慢的小幅上漲行情後，股價出現滯漲現象，形成中位蓄勢型整理形態，成交量出現堆量現象（符合前面所講的建倉型整理走勢），這時前期介入的散戶，紛紛獲利出場。由於主力籌碼鎖定性好，加上有良好的題材支持，主力在此繼續吸納了大量的籌碼。不久，在利多消息的刺激下，出現井噴式主升段，股價連拉 10 個一字形漲停板。

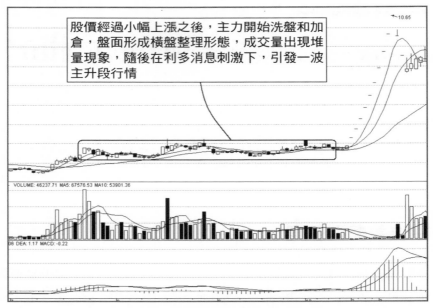

▲ 圖 4-39　新國都（300130）日 K 線圖

　　如圖 4-40 中青寶（300052）的 K 線圖所示，該股見底後止穩回升，股價一路小跑走高，底部漸漸向上抬高，隨後上漲速度開始加快。經過一波快速上漲後，股價出現滯漲現象，形成中位蓄勢型整理形態。當股價回檔到

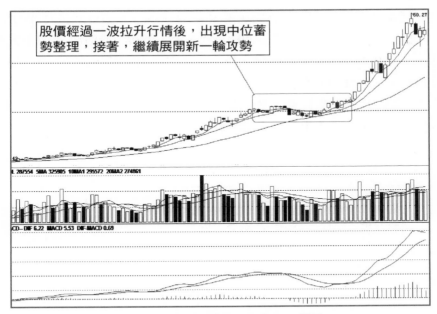

股價經過一波拉升行情後，出現中位蓄勢整理，接著，繼續展開新一輪攻勢

▲ 圖 4-40　中青寶（300052）日 K 線圖

30 日均線附近時，得到了強大的技術支撐而再次走強。此時 30 日均線上行，支持股價進一步走高，隨後股價展開第二階段的主升段行情，整波主升段漲幅非常巨大，累計漲幅接近 9 倍，成為股市不可多見的大牛股。

❖ 高位出貨型整理

高位出貨型整理大多是完全控盤的強勢主力所為，經過大幅炒作後股價高高在上，主力獲利非常豐厚，此時主力需要兌現實際獲利。但主力出貨的過程，大致有高位減倉、集中出倉、低點加倉、拉高再出和全面清倉這五個階段，而高位出貨型整理正是貫穿整個出貨階段的一種盤面現象。

散戶遇到這種盤面現象時，如果股價處在大幅炒作後的高位，或經過三波行情後所形成的橫盤走勢，則要防止主力出貨。通常三波以上的行情屬於漲後餘波，大多為主力誘多行為，投資人不論後市走勢如何，千萬不要介入。

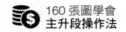

　　如圖 4-41 長城影視（002071）的 K 線圖所示，股價經過長時間的整理後，在低位止穩震盪，構築了一個雙重底形態。然後，股價放量突破雙重底頸線位，並藉助利多消息大幅向上拉高，連續拉出 12 個漲停板，短期漲幅十分巨大，主力獲利非常豐厚。當股價打開漲停板後，主力在此竭力護盤，在高位區域出現出貨型震盪走勢。最後，主力進行誘多拉高，形成新一輪上漲行情，此時主力暗中出貨，股價漸漸下跌。

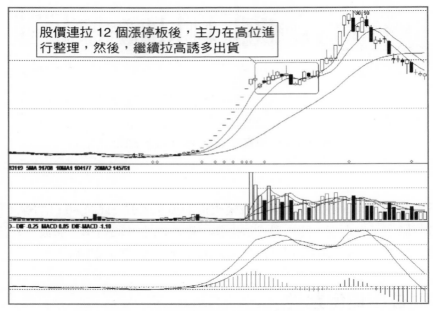

▲ 圖 4-41　長城影視（002071）日 K 線圖

　　如圖 4-42 寶鷹股份（002047）的 K 線圖所示，主力在低位成功完成建倉和洗盤後，股價出現三波漲幅較大的主升段走勢，股價累計漲幅十分巨大。此時，主力在高位維持出貨型整理走勢，從而形成平台整理形態，然後主力向上拉高誘多出貨。投資人遇到這種形態時，掌握一個原則就可以了：即已經出現三波拉高行情後，再次上漲就屬於誘多動作，應果斷賣出。

　　可見，炒股要把握主升段兩個本質：一個是主力，一個是題材。主力拉

升時就逢低進場，主力燒火時就火上加油，主力不拉時就迅速離場，這才是跟主力做主升段的基本要求。

記住一個規律：第一個反轉，突破。拉升性質的漲停板，就是一波主升段的開始。

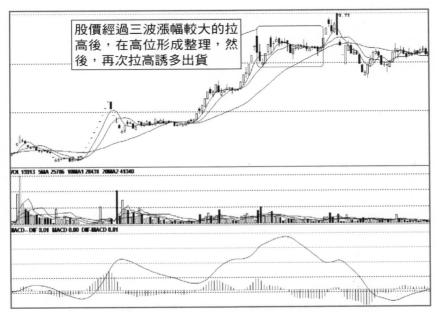

股價經過三波漲幅較大的拉高後，在高位形成整理，然後，再次拉高誘多出貨

▲ 圖 4-42　寶鷹股份（002047）日 K 線圖

第 **5** 章

掌握主升段的結構，
就能用低買高賣「波段獲利」！

5-1 單波式主升段的 3 種結構

　　主升段是指股價在某一段時間內，**漲速最快、漲幅最大的一個階段**。這對於中短期主升段來說，問題比較簡單，但對中長期主升段來說，問題就複雜多了。很多長期大牛股的走勢，往往經過一段主升段後，出現較大幅度的回落整理，然後，股價又會重新頑強地上漲，展開新一輪或幾輪的主升段行情。從長期走勢來看，這些大牛股的大主升段，就是由一個個小主升段連接而成的，這也就是波浪理論中的「大浪套小浪」。

　　為了方便理解、化繁為簡，筆者對主升段結構形態進行分類：主升段的基本形態大致可分為單波式、兩波式、三波式、多波式四種結構，以下就四種結構分別說明。

　　單波式結構是指「在整波主升段的中途沒有出現整理，股價呈連貫性上漲，一浪到頂。」**這是主升段行情的一個最基本的形態，也是組成兩波、三波和多波主升段形態的基礎結構。**兩波、三波和多波主升段，正是由兩個或多個單波式主升段疊加而成的。所以，透過深入分析和研究單波式主升段結構的成因、形態、啟動特點、量度漲幅、量能變化等要素，就可以輕易延伸到兩波、三波和多波主升段的研究之中。

　　主升段從上漲速度上可以分為兩類：一是短期暴漲式主升段；二是中期慢牛式主升段。由於短期暴漲式主升段，是股市最大最快的獲利機會，也是短線投資人最熱衷追逐的交易品項，所以作為重點內容進行分析。

　　短期暴漲式主升段是指：股價能夠在短期內快速上漲，且在股價上漲期間，5 日均線和 10 日均線不會出現死亡交叉的現象。從 K 線形態上看，短期暴漲式主升段可從強到弱分為三種形態：一是連續漲停式結構；二是連續

大陽式結構；三是陰陽組合式結構。下面就這幾種類型主升段進行分析研究。

❖ 連續漲停式主升段結構

這種主升段形態，大多以漲停板的形式拉升為主，一般出現連續 5 個以上的漲停板走勢，從而形成暴漲式主升段行情。其中，又可以細分為三種類型：一是連續一字形漲停式；二是先出現 2 到 3 個一字形漲停後，再拉出 3 個以上的大陽線漲停板；三是連續 5 或 6 個以上大陽線漲停式。

1. 連續一字形漲停式

這種盤面形式是指在 5 個以上的連續交易日裡，股價從漲停板價位開盤，且全天封盤不動，所有的成交均是在漲停板位置上，從而形成連續的一字形漲停式的 K 線形態。毫無疑問，此種形態為所有主升段中漲勢最強烈的一種。這種主升段形態是怎麼形成的呢？從表面上看，是由巨量買盤追高造成的，在漲停板上排隊的巨大買盤，將賣盤全部「吃光」。由於漲停板上的買盤巨大，在前 3~4 個漲停板時，賣盤稀少，導致在漲停板上成交稀少，形成無量空漲現象。

但實質上這種主升段的真正原因：一是由個股突發性的特大利多造成。二是資金推動的強勢主力蠻橫行為。通常會形成特大利多的，有重大資產重組和重大資產注入兩類。但不管是哪種利多，必須是屬於股市當下最熱門概念的資產，或者是能夠給上市公司帶來巨大利潤的資產。

如圖 5-1 置信電氣（600517）的 K 線圖所示，2019 年 4 月 1 日，帶著重大資產重組的消息復牌後，股價連續拉出 9 個一字形漲停，盤面形成一浪到頂的主升段走勢，中間沒有停頓和整理，這類個股打開一字漲停板就是階段性頂部，應逢高及時離場。

如圖 5-2 盛和資源（600392）的 K 線圖所示。該股是在資金推動下形成的單波式主升段行情，也是一波超跌反彈行情，股價上漲並沒有受到某種突發的、公開的利多刺激（當然背後可能隱藏某種中長期利多），完全是由主力主導下的主升段行情。股價連拉 7 個一字形漲停板後，繼續大幅上漲，一浪到頂，完成了單波式上漲主升段行情。

近年來市場中，完全由主力資金推動，而連續出現多個一字形漲停的股

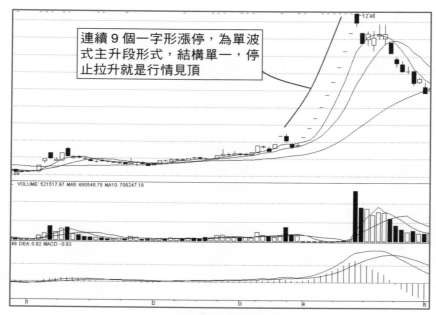

▲ 圖 5-1 置信電氣（600517）日 K 線圖

連續 9 個一字形漲停，為單波式主升段形式，結構單一，停止拉升就是行情見頂

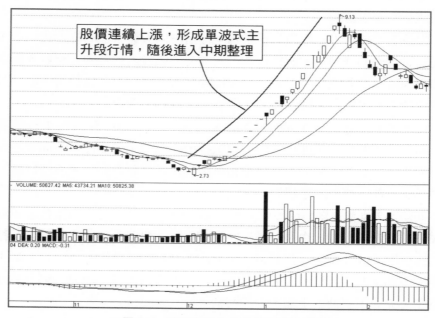

▲ 圖 5-2 盛和資源（600392）日 K 線圖

股價連續上漲，形成單波式主升段行情，隨後進入中期整理

票已經不多見了，這種方式將漸漸地淡出市場，而更多的是得到利多的支撐而形成的飆漲行情，所以投資人注重技術面分析的同時，應多關注基本面的變化所引發的暴漲機會。

　　透過以上兩個實例可知，**一字形上漲主升段是所有主升段中漲勢最強烈的一種走勢，很多投資人對於這種主升段的操作方法非常感興趣**。在探討一字形上漲主升段的操作方法之前，應當先瞭解一字形上漲主升段形成的必要條件。一般而言，一字形上漲主升段的形成需要滿足 4 個條件。

　　(1) 要有重大利多：這是一字形上漲主升段形成的內因，利多越大，股價上漲空間越大，強度越強。

　　(2) 絕對股價要低：股價越低，前期整理越充分，後市股價上漲的潛在空間就越大。

　　(3) 比價效應要大：比價效應（或稱作股價差值）是指個股股價要遠遠低於同板塊裡其他股票的平均股價，為了達到或接近同板塊其他股票的平均股價，個股股價就有較大的上漲空間。股價差值＝同板塊其他股票平均股價－該股股價。股價差值越大，表示比價效應越大，股價的潛在漲幅越大。

　　(4) 前期漲幅不應太大：一般來說，在主升段啟動前的股價漲幅越小，或者處於盤整的股票，在其利多公告後，形成多個一字形的概率（機率）越高；反之，則越低。

　　投資人掌握了這 4 個必要條件後，就可以大致估計利多公佈後能走出多少個一字形漲停板，這有助於一字形上漲主升段的預測與操作。其實，預測與操作是密不可分的。當預測的股價還會上漲時，就可以繼續買入或持股，甚至會在漲停板上排隊買入；相反，當預測的股價還會下跌時，就要及時賣出，甚至在跌停板排隊賣出。

　　由於一字形上漲主升段來勢洶湧，股價往往呈現暴漲暴跌的走勢，預測顯得更為關鍵。若預測準確而買入，很可能會獲得短期暴利；而若預測錯誤而買入，則立即會被套牢，甚至會被深套。

　　從整體來看，以上所講的一字形上漲主升段形成的 4 個條件，還只是停留在戰術層面，從更高的戰略層面來看，一字形主升段的形成其實就是由兩個因素決定：一是估值，二是比價效應。其實，不只是一字形上漲主升段，其他任何主升段或股價波動，本質上也都是由這兩個因素所決定的。

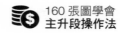
2.「一字形＋漲停板」式

這種主升段形態的盤面現象，是先拉出 2~3 個一字形漲停後，再拉出 3 個以上的大陽線漲停板。其特點是：股價先啟動 2~3 個一字形，但在其後的幾個交易日，股價沒有能力繼續保持一字形上漲，但還是能夠在高開後以漲停板收盤（後面的漲停板不一定要求連續出現，中間可以夾雜小陰小陽 K 線），這種主升段也可以走出 5 個以上的漲停板。

這種形式的主升段是一字形上漲主升段的變體，兩者有異同之處。其相同之處有兩點：一是成因相同，兩者大多是因突發性利多而啟動的一輪主升段；二是兩者在前面的 2~3 個一字形的走勢完全相同。

其不同之處也有兩點：一是主升段的後期形態不同。一字形上漲主升段能夠連續走出 5 個以上的一字形，而該形式的主升段一般只能走出 2~3 個一字形，其後只能走出高開漲停板。二是放量情況不同。一字形上漲主升段放一次量，一般是在最後一個一字形打開時放出巨量，甚至是天量，同時股價也見到短期的最高點，呈現較為標準的「天量天價」形態。但這種形態的主升段一般有兩次放量，第一次放量通常是在第 4 個高開漲停板那天，第二次放量是在主升段最高點的那天。

如圖 5-3 魯信創投（600783）的 K 線圖所示，股價經過向下打壓誘空後，2018 年 11 月 5 日以大陽線形成向上突破，接著收出兩個一字形漲停，第 4 天出現高開高走陽線，成交量大幅放大（第一次放量）。可以認作是股價上漲模式將從一字形轉為高開漲停方式，也意味著盤面將出現震盪幅度。

隨後，經過 3 個交易日強勢震盪後，股價再次連續拉出 4 個漲停板。11 月 20 日，股價高開後，在上漲慣性的作用下出現上衝走勢，由於上方賣壓加重，股價出現衝高回落走勢，當天收出一根帶長上影線 K 線，盤面呈現「天量天價」現象（第二次放量）。

該股出現一字漲停打開放量，改變了一字形的上漲模式，為什麼還能走出包括兩個一字形在內，共計 8 個漲停板的強勢呢？一是受「創投概念」利多消息發酵；二是該股股價處於底部區域，前期整理非常充分，股價有一定的上漲潛力；三是該股有實力強大的主力在其中運作，進行短炒套利。

如圖 5-4 成飛集成（002190）的 K 線圖所示，2014 年 5 月 19 日，因公司發佈關於發行股份購買資產，並募集配套資金消息，從而使該股啟動了一輪「一字形＋漲停板」式主升段。該股先是連續收出 5 個縮量的一字形漲

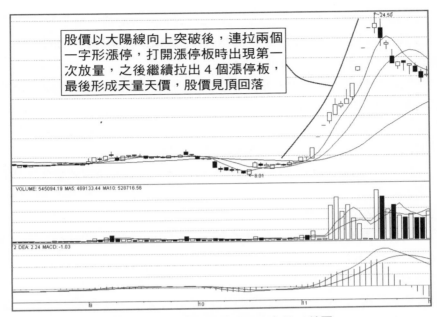

股價以大陽線向上突破後，連拉兩個
一字形漲停，打開漲停板時出現第一
次放量，之後繼續拉出 4 個漲停板，
最後形成天量天價，股價見頂回落

▲ 圖 5-3　魯信創投（600783）日 K 線圖

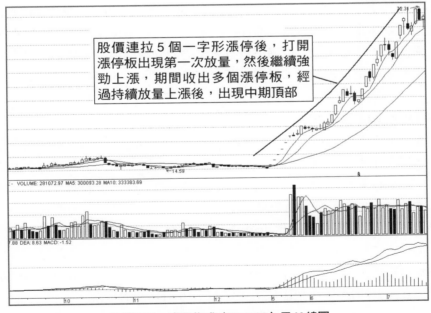

股價連拉 5 個一字形漲停後，打開
漲停板出現第一次放量，然後繼續強
勁上漲，期間收出多個漲停板，經
過持續放量上漲後，出現中期頂部

▲ 圖 5-4　成飛集成（002190）日 K 線圖

停板，5 月 26 日從漲停板價位開盤後，出現了震盪走勢，當天收出 T 字形漲停 K 線，隨後進行短期的強勢整理，再度開始向上攻勢，期間收出多個高開漲停板，形成一波主升段行情。

整個走勢符合「一字形＋漲停板」式主升段，啟動主升段的原因是利多消息刺激，而且啟動前期股價整理充分，屬於有上漲潛力的低價股。不能連續形成一字形上漲的原因，是利多消息並不能使公司短期產生利潤，但又存在長期性利多，所以打開一字形後股價仍將繼續上漲。

從圖中可以看出，該股從第 6 個漲停板開始，股價上漲模式發生了變化，由一字形改變為高開漲停式上漲。操作方法為，等待股價縮量回檔到 10 日均線附近，然後再次放量上攻時介入，當盤中出現放量滯漲時退出。

在技術方面應注意四點：一是縮量回檔，說明股價打開一字形漲停時，釋放了大量的短線浮動籌碼，然後盤面很快被主力掌控，表示主力籌碼沒有大規模出逃。二是在 10 日均線附近止穩，說明盤面強勢依舊，股價仍有上攻動力，一旦擊穿 10 日均線支撐而不能很快恢復，那麼多頭士氣必將遭到重挫，上漲勢頭大打折扣。

三是再次溫和放量上漲，說明有新的資金介入，盤面出現正常的上漲走勢，如果出現快速的放量上漲，小心階段性頭部形成。四是放量滯漲時退出，這裡包含兩層意思，即放量和滯漲。一般而言，放量但不滯漲，可以繼續持有；滯漲但不放量，也可以謹慎持有。當兩者同時出現時，見頂的概率就大增，當然這只是一般規律，具體還要視個股而定。

3. 連續大陽線漲停式

此種形態的盤面現象，以一個漲停板為主升段的開端，在主升段上漲過程中，能夠出現 2 組以上的 2~3 漲停板的組合，總計能夠出現 5 個以上的漲停板。此形態有時也會出現一個一字形，但不會連續出現多個一字形，若出現連續的一字形，就歸類為連續一字形主升段了。而且，這種形式出現的一字形，有可能出現在第一個漲停板，也有可能出現在第二個漲停板。

另外，這種形式的主升段也有幾種變體，比如，可以在漲停板中夾帶幾根非漲停板的 K 線，但不管其出現多少種變化，其基本形態是連續漲停板，且股價在主升段過程中，絕不會出現跌破 10 日均線的情況。

通常在實盤中，第 3 個和第 4 個漲停板的走勢和成交量情況，往往決定

著該股後市能否繼續上漲。從近幾年的股市實盤分析，出現第 3 個和第 4 個漲停板後，就短期見頂的股票佔了 80%~90%，能夠繼續上漲而展開主升段的，只佔約 10%~20%。因此，更應深入研究一下連續漲停板式主升段的成因、形態和特點，以提高捕捉主升段的成功率。

形成這種主升段一般有五個因素：一是股價超跌反彈；二是有突發性利多；三是比價效應明顯；四是技術面突破；五是主力資金推動行為。

一般而言，主力要想借助一個模糊的題材，發動一輪連續漲停板的主升段，那麼主力就必須做好啟動前三個漲停板的準備，如大盤配合、題材受到市場認可，那麼主力可以繼續挺進，在跟風盤的協助下，再拉出幾個漲停板，打一個漂亮的主升段之戰；若大盤不配合，或者題材沒有受到市場認可，那麼主力就可能成為孤家寡人，在多數情況下，只好收手撤退。

如圖 5-5 恒立實業（000622）的 K 線圖所示，該股主力完成建倉計畫後，2018 年 10 月 22 日以一字形漲停啟動，股價出現持續拉升行情，多頭技術特徵明顯。股價緊貼 5 日均線強勢上行，上漲角度非常陡峭。在 K 線形態上，以一字線、T 字線和漲停大陽線方式出現，且伴有多個向上的跳空缺口。這時投資人可以一路持有待漲，直到股價在高位滯漲後，2018 年 11 月 20 日大陰線擊穿 5 日均線時，逢高及時離場。

從走勢中可以看出，該股出現一字形漲停後，次日接著出現 T 字形漲停，隨後以高開大陽線漲停的方式上漲，主力連拉多個漲停，突破盤整區壓力，表示主力做多意願強烈，這樣的走勢一般短期上攻強度都非常大，往往出現大幅度的主升段行情。投資人遇到這類個股時應大膽介入，在高位出現滯漲訊號時果斷了結，獲取主升段的豐厚利潤。

如圖 5-6 德新交運（603032）的 K 線圖所示，該股大幅下跌後在低位出現震盪，主力逢低吸納大量低價籌碼。2018 年 8 月 20 日，收出漲停大陽線，從而產生一輪超跌反彈拉升行情，15 個交易日中拉出 12 根漲停大陽線。在高位經過反覆震盪後，從 2019 年 2 月 28 日開始出現新一輪拉升行情，連續拉出 6 根漲停大陽線。這樣的個股只要出現整理，就是非常好的買入點，特別是第一次出現整理的時候，後面大多有不俗的表現，但出現多次整理時，就要注意短期風險了。

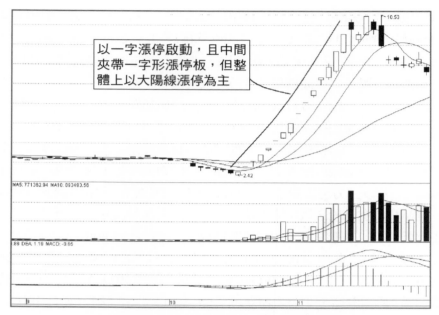

以一字漲停啟動，且中間
夾帶一字形漲停板，但整
體上以大陽線漲停為主

▲ 圖 5-5　恒立實業（000622）日 K 線圖

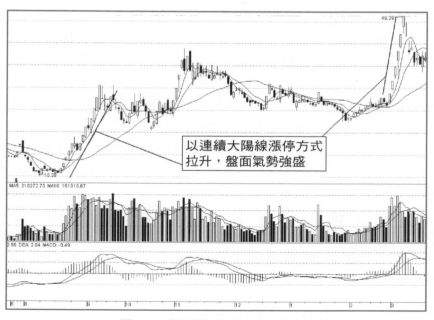

以連續大陽線漲停方式
拉升，盤面氣勢強盛

▲ 圖 5-6　德新交運（603032）日 K 線圖

❖ 連續大陽式主升段結構

　　這種主升段形態大多以大陽線上漲為主（或中間出現一兩個漲停板），中間夾帶一些小陰小陽或十字星 K 線，其上漲強度比前面所講的「連續漲停式主升段」要弱得多，但上漲勢頭仍不可低估，因此也是主升段捕捉的重點。這種主升段同樣是上述五個原因：一是股價超跌反彈；二是有突發性利多；三是比價效應明顯；四是技術面突破；五是主力資金推動行為。

　　無論是什麼原因引發的主升段，其盤面形式通常有三種類型：一是連續大陽線攻擊形態；二是中間夾帶小陰小陽或十字星形態；三是中間出現短暫停頓的整理形態。但無論屬於何種類型，中間都會出現一兩個漲停板，且上漲過程中，一般不會有效擊穿 10 日均線的支撐。

1. 連續大陽線攻擊形態

　　這種主升段是指股價連續出現 5 根以上的上漲大陽線，盤面出現逼空行情，分時走勢逐波上漲，陽線的上下影線大多比較短小或為光頭光腳的 K 線，期間不時也出現漲停板形態。如圖 5-7 聯創互聯（300343）的 K 線圖所示，該股被實力強大的主力相中，主力成功地完成建倉計畫後，出現一波漲幅較大的主升段行情。在盤中連續收出 19 根上漲陽線，以上漲大陽線為主，期間出現了 5 根漲停大陽線，形成逼空行情。

　　這種走勢既有技術因素，又有主力因素。技術方面就是股價突破了上市 4 個多月以來的新高，上漲空間被有效打開。主力方面就是在短時間內完成了建倉、洗盤、拉高計畫，顯示出主力實力強大，控盤手法蠻橫，同時也反映出主力急躁的一面。這類個股的買入點，就是股價突破壓力創出新高之時，一旦買入失誤，可以在股價有效跌破 30 日均線時賣出。

2. 中間夾帶小陰小陽或十字星形態

　　在這種主升段中，大陽線之間夾帶一些較小的 K 線，這些小 K 線並不影響股價的上漲勢頭，反而有利於股價的加速上漲，因為透過小 K 線的震盪洗盤後，股價上漲更加穩健。

　　在上漲過程中，經常出現高開低走的假陰線（實際股價仍上漲），以此達到洗盤效果，又能使盤面保持強勢狀態。在上漲過程中，以大陽線為主，

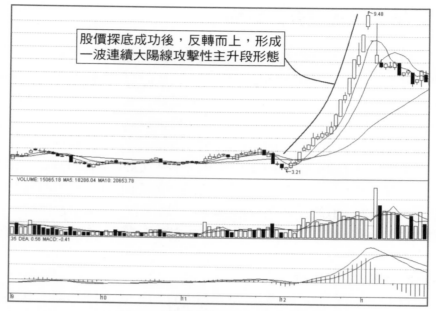

股價探底成功後，反轉而上，形成
一波連續大陽線攻擊性主升段形態

▲ 圖 5-7　聯創互聯（300343）日 K 線圖

上下影線較短小或為光頭光腳的 K 線，不時伴隨著漲停板 K 線，一般股價不會有效跌破 10 日均線的支撐。

　　如圖 5-8 美錦能源（000723）的 K 線圖所示，該股進入震盪築底階段，主力在此期間吸納了大量的低價籌碼。2019 年 1 月 14 日，股價放量漲停，開啟一波主升段行情。從圖中可以看出，在拉升過程中夾帶一些小陰小陽 K 線，使浮動籌碼及時離場，然後股價一氣呵成，一浪到頂，盤面穩健，股價堅挺有力，每一次整理都是介入的好機會。

3. 中間出現短暫停頓的整理形態

　　此種主升段形態與前面兩種形態基本相同，不同之處就是該形態中偶爾出現短暫的整理走勢，但這種整理不會對上漲勢頭造成破壞，盤面依然保持強勢整理狀態，這是主升段中的正常「小憩」。經過「小憩」後更多有利於主升段的向上發展，而且不會有效跌破 10 日均線支撐。

　　如圖 5-9 冠豪高新（600433）的 K 線圖所示，該股見底後漸漸向上走高，

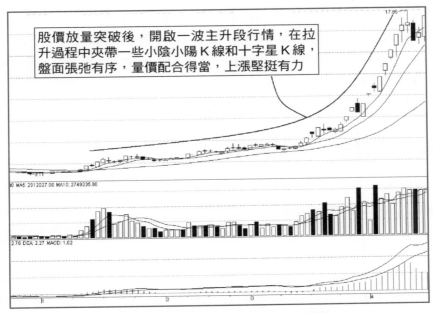

股價放量突破後，開啟一波主升段行情，在拉升過程中夾帶一些小陰小陽 K 線和十字星 K 線，盤面張弛有序，量價配合得當，上漲堅挺有力

▲ 圖 5-8　美錦能源（000723）日 K 線圖

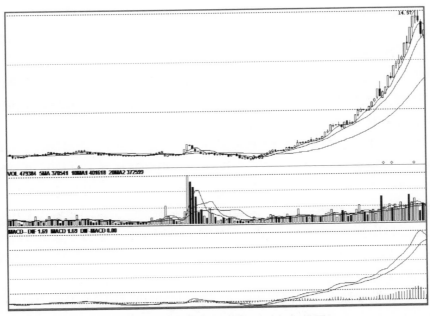

▲ 圖 5-9　冠豪高新（600433）日 K 線圖

股價成功脫離底部區域，緊貼 10 日均線向上拉高，出現一波以大陽線為主的主升段行情，在漲幅超過 300% 的行情中只出現 2 個漲停板，可見主力實力之大、控盤之高。在整個走勢過程中，中間出現幾次停頓現象，雖然停頓但沒有明顯下跌，更沒有跌破 10 日均線，表示主升段依然強勢持續中。在這類個股中，應堅定持股與主力共舞到底，可以在 10 日均線附近做多。

❖ 陰陽組合式主升段結構

此結構指在主升段形態中會出現一些小幅整理走勢，股價有時跌破 10 日均線，但不會構成有效突破，很快返回到 10 日均線之上，在實盤中以大陽小陰為主的 K 線組合形態。因此就其盤面攻擊力而言，連續漲停板式主升段最強，連續大陽線式主升段次之，而大陽小陰組合式主升段最弱。

雖然這種主升段看起來屬於最弱的一種，但其上漲強度依然勢不可擋，累計漲幅也不低，有時甚至超過前面兩種的漲幅。因為這種走勢屬於慢牛性質的主升段，盤中浮動籌碼比較少，所以持續時間往往比較長，累計漲幅也比較大，是該形態的一大特點。

前面說過，單波上漲式主升段是指在整波主升段中中途沒有整理，股價呈連貫性上漲，一浪到頂。「中途沒有整理」包含兩層意思：一是指股價短暫的小整理，主升段並沒有結束，在整理後股價又可繼續創出新高，展開第二階段的主升段走勢；二是指股價出現中長期的大整理，一波主升段徹底結束，在整理後股價在一兩年內一般很難再創新高。那麼，股價到底回落多少以及回落多少天，才可算是「整理」呢？

主升段可以分為兩類：一是短期暴漲式主升段；二是中期慢牛式主升段。兩者的主要區別為：第一，K 線形態不同。短期暴漲式主升段呈現的是連續的大陽線或連續的大陽小陰組合形態；而中期慢牛式主升段呈現的是陽線與陰線交錯的組合形態。第二，依託的均線系統不同。短期暴漲式主升段基本上在 5 日均線之上運行，受到 5 日均線的支撐；而中期慢牛式主升段一般在 30 日均線之上運行，受到的是 30 日均線的支撐。所以，對於以上兩類不同性質的主升段，就需要用不同的方法來界定「整理」含義。

關於短期暴漲式主升段是否進入「整理」，可以用 5 日均線和 10 日均線是否構成死亡交叉，作為界定標準。若股價上漲後，出現回落或者橫盤，

只要 5 日均線和 10 日均線沒有出現高位死亡交叉之後繼續上漲，之前的回落或橫盤，就不算是「整理」，只能算是上漲的一個短暫的中繼形態，可認定該輪主升段在繼續，直至出現 5 日均線和 10 日均線高位死亡交叉為止；若股價在上漲後，出現回落或橫盤，5 日均線和 10 日均線出現高位死亡交叉，那麼之前的回落或橫盤就是屬於「整理」，該輪主升段就宣告結束。

　　一般而言，在一輪主升段行情中，若股價自最高點回落不超過 20%，且股價在最高點回落後的 20 個交易日又創出新高，則可以認為該輪主升段還沒有進入「整理」；若股價自高點回落已經超過 20%，或者雖然股價自最高點回落沒有超過 20%，但股價自最高點回落後的 20 個交易日內不能夠創出新高，則可以認為該輪主升段已經進入「整理」。

　　如圖 5-10 上海新陽（300236）的 K 線圖所示，該股放量漲停，突破盤整區新高，股價上漲空間被有效打開，此後產生一波主升段行情。從圖中可以看出，股價基本上呈現大陽小陰的形式上行，在上漲過程中曾經兩次出現明顯的整理，但沒有構成有效突破條件，即突破幅度 3% 和時間 3 天的要求，

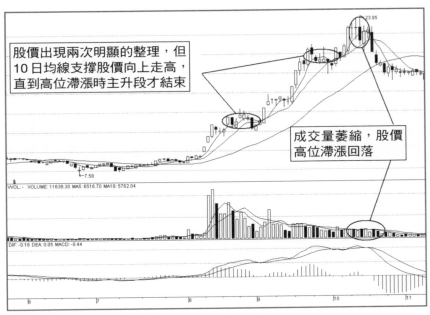

▲ 圖 5-10　上海新陽（300236）日 K 線圖

股價依托 10 日均線上漲。

在主升段行情的後期，成交量大幅萎縮，說明多頭信心不足，最後在
10 月 22 日股價出現跌停，一波主升段行情告一段落。可見，雖然這種主升
段屬於短期暴漲式主升段中最弱的一種形態，但上漲過程依然保持強勢狀
態，一般不會有效擊穿 10 日均線的支撐。

如圖 5-11 深天馬 A（000050）的 K 線圖所示，該股在放量漲停，向上
脫離底部盤整區域，從而產生一波主升段行情。在主升段發展過程中，盤面
以大陽小陰為主的 K 線組合形態，每次出現回檔走勢時，股價考驗 10 日均
線的支撐強度，然後再次向上拉高漲停，顯示出儘管短線出現回檔走勢，但
不改股價上漲勢頭仍然運行在主升段之中。遇到這種走勢時只要 5 日和 10
日均線保持完好，就可以堅定地持股做多，不必為中途的小整理所困擾。

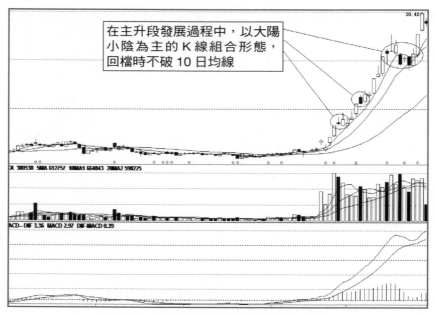

▲ 圖 5-11　深天馬 A（000050）日 K 線圖

5-2

兩波式主升段的 4 種結構

兩波式主升段結構是指主力在完成第一波主升段後，經過短暫的整理或者中期整理，之後股價又繼續創出新高，展開第二波拉升的主升段。**如果說第一波主升段是造就黑馬股，那麼第二波主升段是成就大牛股。**

所以，個股能不能走出第二波主升段，市場有沒有推升股價走出第二波主升段的能力，通常取決於市場強弱、人氣冷熱。如果市場強盛、人氣高漲，那麼就有推升股價走出第二波主升段的能力，否則，就很難走出第二波主升段行情，這是因為市場缺乏人氣，沒有繼續將其托舉起來的力量。

從短期和中期主升段來看，主升段最常見的形態就是單波式結構和兩波式結構。如果將單波式主升段結構的基礎形態，分為慢牛式和暴漲式這兩種，那麼，兩波式主升段結構就因其第一波和第二波主升段形態的不同，可以組合成 4 種不同類型的主升段結構。

(1) 第一波慢牛式，第二波慢牛式，行情性質為「兩波慢牛式」。

(2) 第一波慢牛式，第二波暴漲式，行情性質為「前慢後快式」。

(3) 第一波暴漲式，第二波慢牛式，行情性質為「前快後慢式」。

(4) 第一波暴漲式，第二波暴漲式，行情性質為「兩波快速式」。

兩波式主升段基本結構，就是由 1、2、3 這三個浪組成的。其中，第 1 浪就是第一波的主升段，第 2 浪是一個整理浪，第 3 浪是第二波的主升段。這與波浪理論中的前面 3 浪形態有點相似。由於兩波式主升段呈現 3 浪形態，這就涉及到 2 浪整理方式，2 浪有向下整理、橫盤（水平）整理、向上整理三種形態，呈依次增強態勢，2 浪的整理方式，有時也決定第二波主升段的走勢，即影響第二波的高度和強度。

❖ 兩波慢牛式主升段結構

此種拉升方式就是前後兩波都呈現慢牛式上漲走勢。在當前市場中，出現的慢牛式主升段個股行情，通常有以下四種類型：一是穩定增長股；二是非主流股；三是超跌低價股；四是強勢主力股。

這類牛股的盤面運行過程中，主力不慌不忙，以進二退一或進三退一的方式穩步向上推升股價，K線形態中以小陽小陰或大陽小陰為主，中間很少出現漲停現象，成交量處於溫和放大狀態。慢牛股短線不會出現特別快的拉升，但一段時間以後股價已經高高在上，累計漲幅也很可觀，跟隨這類個股考驗的是耐心，不要懷著暴富的急切心理。

1. 穩定增長股

此類個股隨著業績的持續增長，個股的價格也是同步地、很有韌性地持續上漲。這樣的成長股很多，如近年的銀行股、保險股、白酒股等大型藍籌股，但此類個股通常股本大，主升段幾年難得一見，一旦主升段形成，行情往往持續幾個月甚至幾年之久。

如圖 5-12 中國平安（601318）的 K 線圖所示，該股總股本有 182.80 億股的大型藍籌股，公司主營保險業，基本面良好，業績穩定增長，在市場一直受到機構、主力、大戶等大資金的關照，股價緩緩上行。特別是在 2017年 4 月至 11 月期間，走出兩波漲幅較大的慢牛式主升段行情，股價從 35 元左右開始上漲，最高接近 80 元，累計漲幅非常巨大。這類個股在操作上，以 30 日均線作為買賣參考點，在此得到支撐走強時跟進，相反地，一旦有效擊穿 30 日均線時，應果斷離場。

2. 非主流股

非主流股就是不屬於市場的熱門股，一般不會被爆炒，因而很少出現暴漲式主升段，但或多或少地沾有一些主流股的光，這類個股受到部分非主流資金的青睞，股價只能緩慢上漲。當大盤狂熱時，這類個股也會爆出冷門，形成暴漲式主升段。

如圖 5-13 宏盛科技（600817）的 K 線圖所示，該股歸屬於多元金融板塊，在近幾年來市場中多元金融板塊紛紛走強時，該股只是充當隨從者，盤

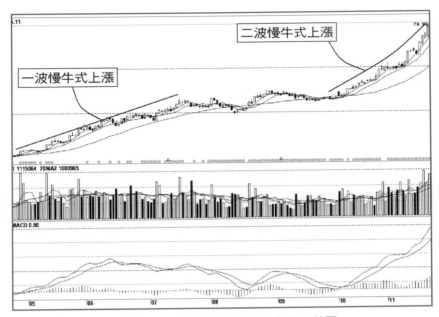

▲ 圖 5-12　中國平安（601318）日 K 線圖

面缺乏主力資金的關照，一直受到市場冷落。當然，也借助多元金融板塊的走強而沾了喜氣，從 2018 年 10 月以來出現了兩波慢牛式主升段行情。這類個股也以 30 日或 10 日均線作為買賣參考點，在此得到支撐走強時跟進。相反地，一旦有效擊穿 30 日或 10 日均線時，應果斷離場。

3. 超跌低價股

　　此類個股因股價超跌而具有投機價值，也往往會被某些短線主力看重而炒作，但因這些個股基本面缺乏亮點及熱門題材，難以成為暴漲式大牛股。

　　如圖 5-14 一心堂（002727）的 K 線圖所示，該股隨大盤整理而逐波下跌，在底部止穩後又缺乏主力資金的關照，行情難以形成暴漲式走勢，因而出現兩波慢牛式反彈主升段。那麼，為什麼這類個股又產生兩波反彈行情？

　　原因一是股價超跌嚴重，投資價值顯現；二是板塊或大盤帶動，出現隨波逐流的反彈走勢；三是基本面沒有出現不利因素，業績基本穩定；四是主力實力弱小，「低調」小炒而為。這類個股的操作方法，同樣以 30 日均線

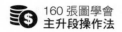
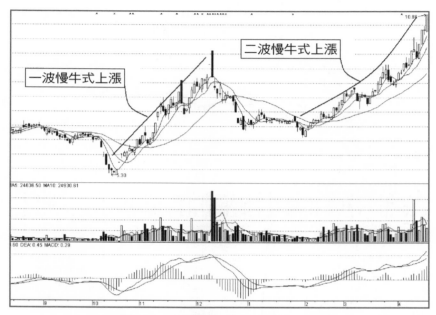

一波慢牛式上漲

二波慢牛式上漲

▲ 圖 5-13　宏盛科技（600817）日 K 線圖

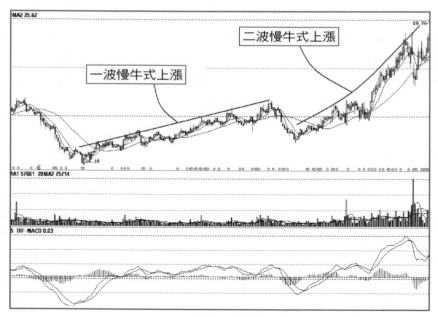

一波慢牛式上漲

二波慢牛式上漲

▲ 圖 5-14　一心堂（002727）日 K 線圖

作為買賣參考點，股價向上突破 30 日均線壓力或 30 日均線支撐時介入；相反地，股價向下突破 30 日均線支撐或 30 日均線壓力時，應及時離場。

4. 強勢主力股

主力一直在裡面運作，穩紮穩打，運作時間可以長達一年或幾年之久，一般會出現兩波或兩波以上的主升段行情，股價累計漲幅非常之大。

如圖 5-15 青島海爾（600690）的 K 線圖所示，該股長期以來就有實力強大的主力駐紮其中，主力在底部震盪築底期間，成功完成了建倉計畫。自 2017 年 2 月開始，股價步入緩慢的上升通道，6 月初股價到達前期高點附近時，股價出現了震盪，構築一個小雙頂形態後出現整理走勢。8 月下旬，股價整理結束，重新形成新的第二波慢牛式上升通道，主力穩紮穩打，股價緩緩上行，創出了歷史新高，上漲空間被成功打開，股價累計漲幅非常之大。

一般來說，當市場處於牛市或一輪大反彈行情時，慢牛股的數量佔牛股中的多數，也就是說，慢牛股是最常見的牛股類型。但它卻是最難抓的一類

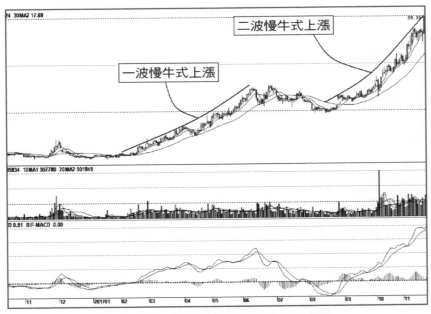

▲ 圖 5-15　青島海爾（600690）日 K 線圖

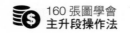
個股，不管是用什麼手段進行分析，發現和捕捉它都是一件不容易的事。

大多數成長股的第一波主升段是慢牛式的，短期暴漲式的較少見。這是由成長股的性質決定的，成長股的價格變動與其業績的關聯度很高。當成長股的業績持續增長時，股價也會同步持續上漲；而當成長股的業績增長減緩或者開始衰退時，其股價也會出現較大幅度的下跌，主升段行情甚至很可能就此完結。

一般說來，成長股的第一波行情與業績增長之間，大致有兩種互動的關係：第一，業績先增長，股價後上漲。第二，股價先上漲，業績再跟進。

慢牛股發現不易，要抓住它更難，這是因為這類個股行情在啟動時，沒有任何強勢訊號，是悄無聲息地慢慢啟動的，上漲過程中也幾乎沒有出現過漲停板，每天的漲幅榜裡面根本找不到它們的蹤跡，很難被善於追逐熱門強勢股的短線投資人發現。以慢牛式成長股為例，就有三個難點。

一是這類個股主升段的 K 線形態，一般是小陰小陽交替出現，沒有明顯的技術性買點；二是這類個股主升段的上漲，完全依賴成長股的基本面，在大多數情況下，其股價大致反映了其基本面的情況，股價在整個主升段發展過程中，很少出現明顯低估的情況，所以，這類慢牛股也沒有明顯的價值低估的基本面買點；三是這類個股一直處於慢牛式主升段之中，根本沒有低買的機會，要買就只能追高買入，當投資人難以判斷這類個股的基本面會不會發生不利變化時，追高是有風險的，投資人擔心這些股票會突然轉勢，這就這就使投資人在操作上產生很高的難度。

對於慢牛股，最佳投資策略就是在股價低位買入後持有，直至主升段結束，假如對一支慢牛股真的這樣做了，一定會獲得豐厚的投資回報。但如何能夠在這些慢牛股剛啟動時，就準確判斷出這些股票是未來的慢牛股，這確實是一件非常困難的事情。所以，在慢牛式個股裡，挖掘其成長股是最重要的，但這需要提前預判出何種股票能夠成為慢牛式成長股。

❖ 前慢後快式主升段結構

此類股票主升段的盤面特點是，第一波是一輪慢牛式的，第二波卻是一輪加速暴漲式的。由於任何暴漲式行情，都是由基本面或市場面的原因所引起的，絕不是隨隨便便地自然形成的。所以，可以據此推測出現第二波暴漲

式行情時，個股大多是發生了重大的基本面變化。那麼，什麼樣的股票會出現這樣的走勢呢？一般說來，有成長股、題材股、熱門股、補漲股和強勢主力股等 5 類股票。

1. 成長股

當成長股的業績開始增長時，由於投資人還未能認識到其價值，所以第一波行情大多是慢牛式，但是，當這類股票的業績持續增長，甚至加速增長後，投資人對這些股票的業績增長能力就有了更高的預期，一旦這種預期轉化為積極的買盤，主升段就會開始加速，上漲斜率變陡，從而形成了第二波暴漲式行情。第二波行情的加速，其根本原因是在投資價值提升的同時，投資人又因更高的預期而給該類股票注入了新的投機價值，其最終結果就是將該類股票的本益比提升到更高的水準，若該類股票的每股收益和本益比雙雙得以提高，就形成了疊加效應。

如圖 5-16 鼎捷軟件（300378）的 K 線圖所示，該股是一支小型股，股本才 2.65 億股，有資源優勢，涉足多個領域，未來成長性較好。實力強大的主力入駐後，在底部吸納了大量的低價籌碼。股價從 2019 年 2 月 1 日開始啟動後，由於基本面的成長並未形成市場的共識，第一波以慢牛式上漲展開，股價從 10 元上漲到 16 元之上時，耗時近 1 個半月，漲幅接近 60%。

經過一段時間的洗盤整理後，從 3 月 29 日開始展開第二波拉升行情，股價從 14 元下方上漲到 26 元之上，僅用了 8 個交易日，漲幅超過 90%。可見，第二波的漲幅大於第一波的漲幅，而第二波的拉升時間僅為第一波的 1/4，顯然屬於快速拉升式上漲，其原因就是基本面的成長性為股價上漲注入了新的動力。

對於這類「前慢後快式」兩波行情的成長股，其第一波慢牛式行情是較難操作的，但第二波暴漲式行情的操作相對容易。因為有了該類股票的第一波行情後，投資人就會發現並鎖定這些牛股，這些股票一旦經過整理股價再次啟動時，投資人就不會像第一波行情啟動時那樣猶豫不決了。只要能夠發現且知道股價上漲的原因，大概就知道該如何操作了。炒股怕的就是發現不了牛股，不知道是因何上漲的，那樣就很難獲得利潤。

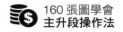
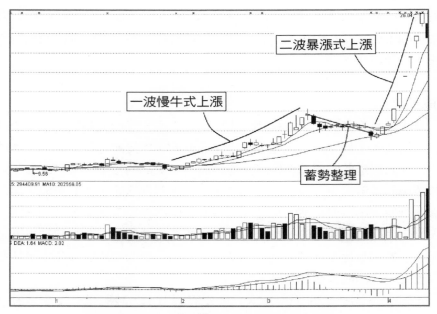

二波暴漲式上漲

一波慢牛式上漲

蓄勢整理

▲ 圖 5-16　鼎捷軟件（300378）日 K 線圖

2. 題材股

　　很多個股經過長期的下跌整理後，會跟隨大盤反彈而走出第一波慢牛式
行情，這波反彈行情沒有任何基本面的原因，純粹是超跌反彈所致。由於股
價反彈後還屬於低價範疇，若控股股東感覺股價跌不下去，就想趁股價低時
製造市場熱點，引導投資人投其所好，股價就會出現第二波爆發式行情。

　　如圖 5-17 航錦科技（000818）的 K 線圖所示，該股走勢就是典型的前
慢後快式主升段形態。第一波上漲是隨著股價的整理止穩而出現的盤升走
勢，主力在其中悄然運作，盤面節奏十分穩健，而第二波暴漲式主升段是因
為該股具有化工原材料漲價題材，這在當時市場環境中是一大利多。於是，
主力將股價從 6 元下方快速拉升到 15 元上方，20 多個交易日股價漲幅超過
150%，時間短、漲幅大，這是暴漲式主升段的特點。

　　對於這類「前慢後快式」兩波行情的題材股，操作難度也是很大的。
第一波慢牛式行情大多是自然出現的，無跡可循，難以發現和抓住；第二波
暴漲式行情又往往是連續拉升式的，根本沒有回檔進貨的機會。但總的來

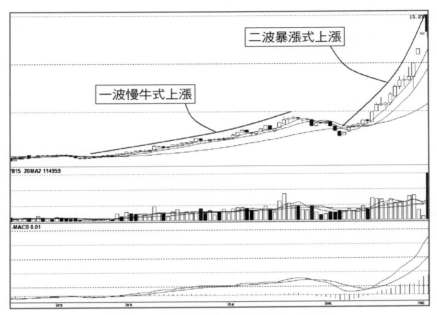

▲ 圖 5-17　航錦科技（000818）日 K 線圖

看，參與這類題材股，機會還是在第二波行情中，這就要投資人眼明手快，當機立斷。一旦猶豫，等到股價大幅上漲後，風險也就悄然降臨了。

3. 熱門股

　　熱門股是指在當前市場熱炒的板塊或行業裡，成為大家追棒的熱門概念股。在股市中當某些股票成為熱門的時候，這些熱門概念對於股價起助漲作用，與此相關的個股也會成為炒作對象，往往會引發股價出現暴漲式主升段，這些概念股也就成了大牛股。

　　如圖 5-18 頂點軟件（603383）的 K 線圖所示，在長期的底部震盪過程中，主力成功地吸納了大量的低價籌碼。2018 年 2 月 7 日，股價最低下探到 36.78 元，然後探底回升形成第一波慢牛式上漲，當股價回升到前期小高點附近時，主力主動展開洗盤整理走勢。浮動籌碼得到充分換手後，出現第二波暴漲式拉升，股價連拉 4 個漲停板。該股的走勢屬於前慢後快式兩波主升段形態，而第二波暴漲式主升段，完全與當時的新股熱炒有關，受到短線

227

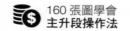

資金的追捧，加之主力的藉機炒作，使股價出現快速拉升。

在實戰操作中，遇到這類股票時，應該掌握以下技術要點。

(1) 要在第一時間搞清楚市場出現的新的炒作概念。目前，市場中主流概念主要來自於四方面。

第一，重大政策：重大政策往往會引發板塊、行業或者股市出現概念性行情。比如，2019 年以來的 5G 概念股、創投概念等。

第二，新興行業：新興行業的發展空間很大，又無法準確估值，這就給了參與者很大的想像空間。比如，新能源汽車、石墨烯、獨角獸等。

第三，被成功炒作的、漲幅巨大的龍頭股：當某些個股因行業景氣而業績暴增後，股價被爆炒，漲幅巨大。在這些龍頭股的示範作用下，與此相關的所屬板塊就會成為炒作的熱點。

第四，國外的熱門概念：多年來，出現很多新興行業的熱門概念，是嫁接於美國市場，因為美國引領著全球產業的創新浪潮。比如，網路概念、IT概念、石墨烯概念、葉岩氣概念等，都是受到美國市場的影響而成為熱點。

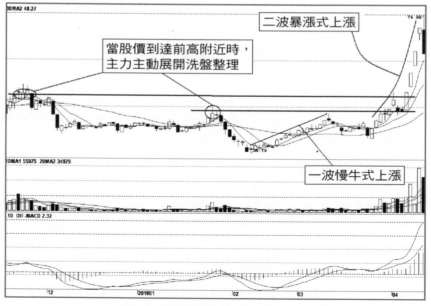

▲ 圖 5-18　頂點軟件（603383）日 K 線圖

（2）要抓龍頭股：每一個熱門概念一般只有一兩支龍頭股，算是很好辨別的。辨別龍頭股有兩種方法：一是看行業地位，行業龍頭股往往就是市場龍頭股；二是看股價漲勢，漲得最猛的就是市場選擇的龍頭股。抓龍頭股的好處是，由於龍頭股率先上漲且漲幅最大，即使追漲買入也會獲利不菲。

（3）要在龍頭股啟動的前 3 個漲停板之內買進，這屬於「黃金買點」，買進越早越好。由於概念股與題材股是不同的，題材股因重大利多的突發性，往往使其股價連續「一字形」暴漲，而概念股絕大多數是連續大陽線漲停板。既然是大陽線漲停板，那麼在每一個交易日中，就會有較為充分的換手以及充分的買進機會，只要眼明手快，還是能夠抓得住的。

4. 補漲股

補漲股就是比價優勢股，比價關係是指同板塊、同概念的股票之間，存在一個潛在的定價體系。在一般情況下，這個定價體系是穩定的，但當其中的某些股票因種種原因出現大漲後，就打破了原有定價體系的平衡，造成了體系的不穩定。為了使定價體系得到新的平衡，要麼那些漲上去的股票再跌回來，要麼那些沒有上漲的股票很快跟著漲，補漲上去。

短線投資人一定要搞清楚定價體系和比價關係，因為這是對於股票的投機價值進行估值的唯一依據。利用定價體系和比價關係可以挖掘市場大牛股，其要旨就是發現那些有比價優勢的股票，這些股票往往會成為補漲股。補漲股在補漲的時候，其上漲強度有時候也是非常驚人的，一般的龍頭股的漲幅越大，補漲股的漲幅也越大。

如圖 5-19 迪威訊（300167）的 K 線圖所示，該股與衛寧健康（300253）同屬軟體和資訊技術服務業，上市時間差不多，股本也差不多，但相比之下迪威訊更具有優勢，兩股幾乎同時啟動第二波行情，而迪威訊的上漲速度要比衛寧健康快得多。

在股市中，只要出現大的市場熱點，就會出現漲幅巨大的龍頭股，有龍頭股就必定會有補漲股。所以，緊跟市場大的熱點炒作，就一定會賺到錢，因為**市場會給投資人兩次賺錢的機會，一是抓龍頭股，二是抓補漲股，這是一個相對簡單的獲利模式**。能抓龍頭股的一定是絕頂高手，能抓補漲股的也算是高手，若這兩個都不會抓的，那就是新手了。

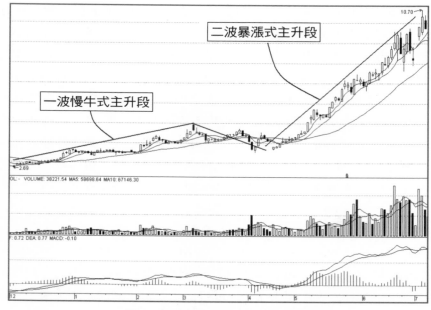

▲ 圖 5-19　迪威訊（300167）日 K 線圖

5. 強勢主力股

　　儘管當前管理層大力打擊主力操縱股價行為，但主力行為一時還很難杜絕，只不過操盤手法更為隱蔽而已。一般主力股有這麼幾個特點：一是控盤程度高；二是盤面走勢獨立；三是操作手法蠻橫；四是運作時間較長。

　　一般而言，強主力股在進入主升段之前，要經過試盤、爬高、洗盤等幾個階段，然後進行拉高突破，出現主升段行情。主力對某檔股票控盤後，不管屬於何種股票，一旦進入主升段，就能讓股價飛起來，而且不講什麼章法，漲得讓你不敢相信，因此這類股票也是投資人追逐的主要對象。

　　如圖 5-20 大富科技（300134）的 K 線圖所示，該股為新股，上市以後隨大盤整理而逐波下跌，在下跌過程中主力不斷加大建倉計畫，成功吸納了大量的低價籌碼。之後漸漸止穩向上盤升，進入爬升階段，即形成了第一波慢牛式上漲行情，該階段屬於操盤過程中的熱身階段。之後，進行洗盤整理，對盤中浮動籌碼進行清理，將不利於後期操盤的市場因素清理出場，同時提高市場平均持倉成本。

　　不久，股價向上突破上方壓力位，但突破後並不立即展開升勢，而是讓股價重新回落到突破位置附近，以檢驗其突破是否有效。當股價回落到突破位置附近時，買盤再次加強，表示該位置已由原先的壓力作用轉化為現在的支撐作用，隨後股價出現主升段行情。

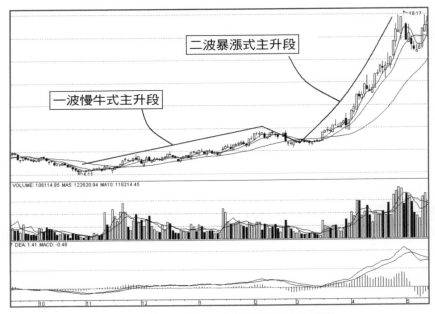

▲ 圖 5-20　大富科技（300134）日 K 線圖

　　從該股走勢中可以看出，主力基本經過了從建倉到拉高的整個流程，投資人可以根據主力的脈絡恰到好處地跟隨，在拉升的時候及時介入，既可以避免建倉、洗盤時的折騰，又可以快速獲得拉高的暴利。該股的理想買入點，一是在突破時適量跟進；二是在股價回測確認其突破有效時介入。

❖ 前快後慢式主升段結構

　　這類主升段的特點是，第一波主升段是一輪暴漲式的，而第二波主升段

231

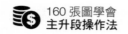
卻是一輪慢牛式的。股價在第一波暴漲式主升段後，行情並未完全結束，經過整理後還能夠繼續上漲，走出第二波慢牛式主升段，且股價上漲的動力也很強。從大方向來說，這類股票包括「基本面轉型股」和「技術面控盤股」兩種情形。

1. 基本面轉型股

這類個股由於基本面的原因，原本股價表現平平，後因基本面突發性重大利多，便走出第一波暴漲式主升段。由於第一波漲勢太猛，股價幾乎一步到位，第一波主升段結束後短線投機者獲利退出，股價出現整理走勢。

此時，市場短期很容易出現不理智的上漲和不理智的下跌走勢。經過一陣狂風暴雨後，市場重歸平靜，投資人重新評估和定位價值優勢，基本面得到合理的定位，投資人再度逢低介入，推動股價出現穩健的慢牛式上漲行情，走出牛股「第二春」的主升段。

如 5-21 寶鷹股份（002047）的 K 線圖所示，該股經過脫胎換骨的資產重組後，由原先的「金屬製品業」轉型為「建築裝飾和其他建築業」，公司基本面發生了明顯的改觀，業績穩定增長有了基本保證，公司順利實現「華麗轉身」。股票復牌後，連拉 11 個的一字漲停（因為是 ST 股，漲停板限制為 5%），出現一波暴漲性主升段。之後回落蓄勢整理，經過一段時間的修整後股價再次展開上攻行情，但卻無能力出現暴漲式行情，而只能以慢牛式上漲。該股就屬於重大題材引起的前快後慢式主升段。

如圖 5-22 張江高科（600895）的 K 線圖所示，該股主力在長時間的底部震盪過程中，成功吸納了大量的低價籌碼。受上海自貿區利多消息影響，在 2018 年 11 月出現一波暴漲式拉升行情。投資人對該股基本面非常看好，而且股本適中，股價易於炒作和控盤，使得該股仍具上漲動力。但由於股價在第一波行情中漲幅過大、速度過快。經過整理後在 2019 年 2 月出現第二波上漲行情，股價盤升上漲，形成慢牛式行情，整體漲幅也非常之大。

2. 技術面控盤股

這類股票大多屬於強勢主力股或長主力股，主力將股價大幅拉高後，雖然獲得了帳面上的暴利，但並未完全轉換為實際利潤，只有將獲利籌碼完全兌現後，才能達到實際利潤。

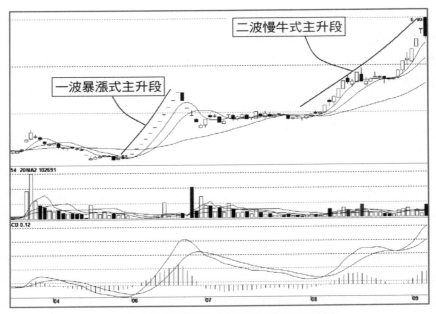

▲ 圖 5-21　寶鷹股份（002047）日 K 線圖

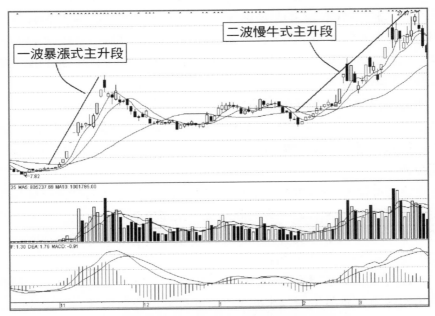

▲ 圖 5-22　張江高科（600895）日 K 線圖

主力出貨是一件非常難的事，股價大幅拉高以後，不可能馬上兌現籌碼，畢竟高位接盤的人不多，但主力花了大本錢拉高股價後，在沒有完成出貨計畫之前，一般不會讓股價大幅下跌，唯一的作法只有將股價繼續拉高，讓散戶失去理智或警覺，然後暗中慢慢出貨。有時候主力不得不自彈自唱拉高股價，維持強勢盤面走勢。所以，主力控盤股也會走出兩波拉升行情，在第二波慢牛行情中悄悄出貨。

如圖 5-23 張江高科（600895）的 K 線圖所示，在該股長時間的整理中，主力順利地完成建倉計畫，經過打壓後成功構築一個空頭陷阱。2018 年 11 月 5 日股價放量突破底部盤整區後，出現一輪暴漲式主升段。股價一浪到頂後主力在高位進行減倉操作，股價漸漸回落，為下波行情騰出足夠的上漲空間。

湊巧的是，股價正好回落到一字形漲停打開位置附近，在此獲得支撐後小幅拉起，不久又一次回落到該位置，同樣遇到較強支撐。此時主力意識到新的拉升時機已經具備，所以在 2019 年 2 月展開第二波攻勢。由於股價前期漲幅已大，加之上方存在一些套牢盤，因此，第二波出現慢牛式上漲行情。

從走勢圖中可以看出該股出現明顯的主力行為，也是非常「巧合」的現象。在第二波行情啟動前的整理過程中，股價兩次回落到一字形漲停打開位置附近，這既有技術面原因，也有主力行為因素，是投資人非常難得的買入機會，因為這個位置本身就具有非常重要的技術意義，由此位置的換手情況就能找到確切的答案。

如圖 5-24 威華股份（002240）的 K 線圖所示，該股與前一個實例有著相似之處，主力在低位完成建倉計畫後，向上突破長達 8 個多月的盤整區域，然後進行回測確認，當股價回落到突破位置附近時，因公司發佈資產重組公告而停牌。

當股票復牌後，連續拉出 11 個一字漲停板，第 12 天打開漲停板後收出一個 T 字漲停 K 線。經過一天的整理後，又連拉 2 個漲停板，此後股價還依然堅挺地向上攀高，期間再次拉出 3 個漲停板，其強勁勢頭不言而喻，累計漲幅達到 442%，呈現暴漲式主升段。

一般來說，股價大幅拉高並堅守在高位，這決非一般散戶所為。那麼，真的是資產重組讓股價飛起來的嗎？未必如此，少有這樣的閃電效果。那麼，是誰創造了這波飆升的行情呢？當然是主力所為。主力在低位吸足低價

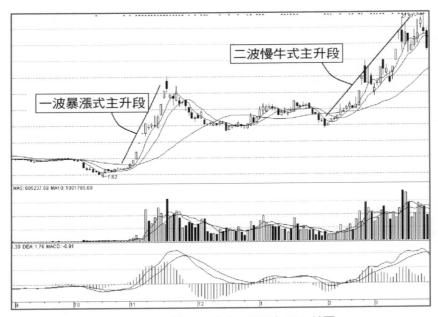

▲ 圖 5-23　張江高科（600895）日 K 線圖

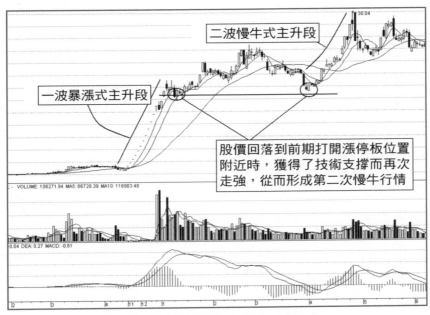

▲ 圖 5-24　威華股份（002240）日 K 線圖

籌碼後，借助資產重組利多大幅炒高股價，然後在高位維持強勢走勢，從而達到在高位暗中出貨的目的。

可是，出貨並非一蹴而就，有一個反覆的過程，所以，在股價出現破位之勢時，又被一股神奇的力量重新拉起，從而形成第二波上漲行情，但第二波的上漲強度和幅度均不如第一波，因而成為主力的出貨波，此時投資人應抓住逢高退出的機會。

❖ 前快後快式主升段結構

這類個股主升段的盤面特點是，第一波主升段是一輪暴漲式的，而第二波主升段也是一輪暴漲式的，形成「前快後快式」主升段走勢，它是最強的兩波主升段結構形態。這類型的個股，產生因素有基本面和主力面兩方面。抓住主力股的主升段是短中期投資人孜孜以求的，若將基本面與主力面（或技術面）結合分析，無疑是最有效的操作方法。

1. 基本面重大變化股

這主要包括長期成長股，以及業績暴增股和題材股。其中，在題材股中能夠催生主升段，特別是兩波暴漲式主升段的題材，一定屬於重大利多題材，比如資產暴增題材、熱點概念題材、資產重組題材、資產注入題材等。

如圖 5-25 潛能恒信（300191）的 K 線圖所示，該股上市以後呈現箱體震盪走勢，主力在此期間順利地完成建倉計畫。不久，因公司發佈海外全資子公司「智慧石油」與「中國海油」簽訂為期 30 年的產品分成合約的消息，給公司帶來長期利多，受此利多影響股價復牌後出現一波拉升行情，10 多個交易日，股價就從 8 元附近拉高到 31 元上方，形成一波暴漲式主升段。

之後，股價快速回落到 19 元附近，也是 30 日均線位置，同時也是 0.5 的黃金分割位附近，在此獲得較強支撐後，股價出現第二波主升段行情。但第二波主升段的上漲強度和高度均不如第一波強大，以大陽線漲停為主，中間也沒有跳空現象。此時，當股價在高位出現放量滯漲時，應及時離場觀望。

如圖 5-26 貴州燃氣（600903）的 K 線圖所示，該股受基本面利多影響，股價打開一字漲停後，經過短暫的整理洗盤，展開新一輪暴漲式拉升行情，股價波段漲幅非常之大。隨後出現較大幅度的回檔，2018 年 2 月 22 止穩後

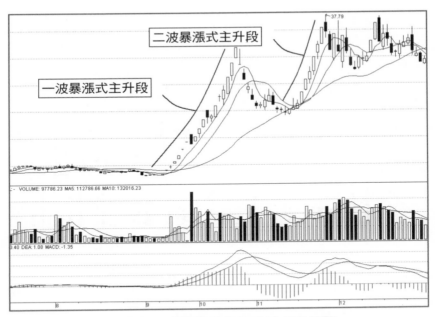

▲ 圖 5-25　潛能恒信（300191）日 K 線圖

再次出現暴漲式拉升走勢，只是第二波拉升幅度小於第一波上漲幅度，這是由於投資價值基本已經被挖掘，短期上漲空間已經不大，同時缺乏市場跟風能力，主力也不敢貿然拉升股價。

2. 強勢主力股或長主力控盤股

　　在主力盛行的資本市場初期，這類股票非常多見，主力經過第一波的預演後，第二波走勢更有把握，所以會再次走出第二波主升段暴漲行情。

　　如圖 5-27 萬向錢潮（000559）的 K 線圖所示，該股反彈結束再次下跌，然後漸漸止穩盤整。不久，一根放量漲停大陽線一舉向上突破均線系統的壓制，由此爆發一波暴漲式主升段，股價從 4 元左右迅速拉升到了 11 元上方。此後，主力在高位漸漸減倉，兌現部分獲利籌碼，股價出現 A、B、C 三浪整理，整理幅度達到前期漲幅的 50% 左右，即 0.5 的黃金分割位附近，股價漸漸止穩盤整。

　　經過一段時間的整理後，股價開始出現第二波暴漲式主升段。該股前後

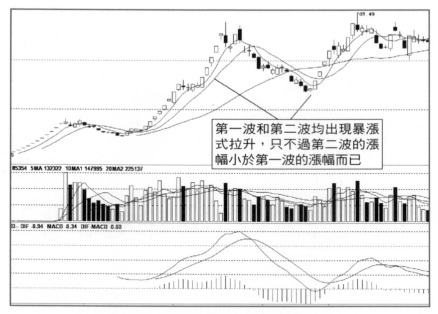

第一波和第二波均出現暴漲式拉升，只不過第二波的漲幅小於第一波的漲幅而已

▲ 圖 5-26　貴州燃氣（600903）日 K 線圖

兩波暴漲式主升段中，沒有任何突發性利多刺激，完全是主力行為所致，所以，很多時候股價漲不漲就看主力有沒有拉升的興趣。投資人遇到這類股票時，在盤面上還是有跡可尋的，首先要有一個標誌性 K 線出現，然後判斷這根標誌性 K 線是否有效，繼而決定買賣行為，該股的買入訊號非常清晰，賣出訊號也一目了然，即高位放量滯漲時退出。這種方法即使賣錯了，後面的上漲也是漲後餘波行情，幅度不會很大，完全不必為此感到惋惜。

　　如圖 5-28 風範股份（601700）的 K 線圖所示，該股實力強大的主力入駐後，在底部出現長時間盤整，主力成功地吸納了大量的低價籌碼。2018年 12 月 26 日，當股價下探到前期低點附近時得到支撐，股價放量向上突破。從此開啟一輪主升段拉升行情，股價連續拉出 10 個漲停板，短線漲幅超過160%。之後，股價出現回落洗盤走勢，當回落到 30 日均線附近時，股價出現止穩。從 2019 年 2 月 14 日開始，展開第二波暴漲式主升段。

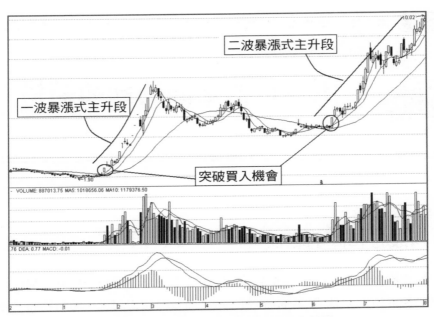

▲ 圖 5-27　萬向錢潮（000559）日 K 線圖

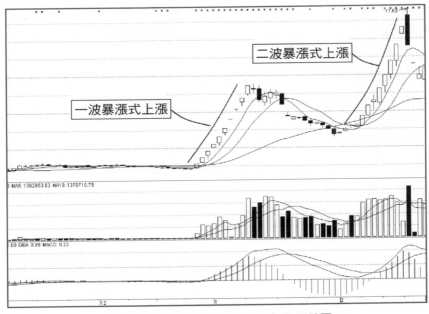

▲ 圖 5-28　風範股份（601700）日 K 線圖

兩波行情之間的邏輯結構

❖ 兩波行情間的關係

在實戰操作中，出現兩波主升段的股票非常多見，投資人只要抓住兩波行情的盤面特點，就能得到高獲利，很多時候股票出現第一波行情時，不見得就能抓得住，這時大可不必為此感到惋惜，因為還能抓住第二波行情。

其實，很多股票第一波行情只是上漲的一個訊號，後面還有更為壯觀的第二波行情，因此當出現第一波行情後就可以密切關注它，一旦第二波主升段啟動就應立即介入。在此，為了更好地捕捉主升段行情，這裡研究一下第一波行情和第二波行情之間的關係。

由實戰經驗歸納，在兩波主升段中第一波的強度要高於第二波的強度，或者說，第二波的強度一般不會比第一波的強度高。需要注意的是，在這裡說的強度是指主升段的「形態強度」，而不是指主升段的「漲幅」。

比如，第一波主升段是最強的「連續漲停式」主升段，那麼，第二波主升段可以是暴漲式主升段中的任何一種（連續漲停板式、連續大陽線式、大陽小陰組合式），這並不違反「第二波的強度一般不會比第一波的強度高」這個原則，因此第二波主升段的漲幅是可以高於第一波主升段的，這也不違反原則。

既然如此，那主升段的形態強度有何意義呢？其意義在於，當出現第一波暴漲式主升段後，根據這一波主升段的形態，就可以大致推測出第二波主升段的形態，這對於抓住第二波主升段是很有實盤意義的。比如，當第一波主升段是最強的「連續漲停式」，那麼，第二波主升段可以是上述三種形態

中的任何一種，當然，從概率來看，第二波主升段再走出「連續漲停式」主升段的可能性只佔 1/4。

　　由此可作出一個重要的推論，那就是**任何走出兩波暴漲式主升段的個股，都很難在第二波主升段走出「連續漲停式」的形態**。這實際上已經告訴了投資人捕捉第二波主升段的方法。由於第二波主升段一般不是「連續漲停式」形態，這也就意味著不會在第二波主升段啟動時，因股價突然以「連續漲停式」暴漲，讓投資人再次失去獲得暴利的機會。

　　從概率來看，第二波主升段的啟動方式，應該是以連續大陽線式或大陽小陰式啟動的，這就有足夠的介入機會。此外，為什麼兩波暴漲式主升段，第二波的強度一般不會比第一波的強度高呢？

　　這可以從催生主升段的原動力進行解釋。對於題材股來說，當上市公司公告了一個重大利多題材後，就引發了股價的兩波暴漲式主升段，兩波主升段的成因是相同的。也就是說，利多題材就是催生主升段的原動力。原動力就是第一推動力，因這個第一推動力，股價原有的運動模式被打破，形成新的運動模式，並具有新的運動慣性。

　　可以說，因題材這個原動力的推動，股價就因此走出了第一波暴漲式主升段，這輪主升段是動力最充沛的，屬於價值發現式，或者說是價值重估式，股價的上漲是很健康的，也是無可阻擋的，常常能以最強勢的一字形連續漲停的形態展現。

　　但第二波主升段出現時，股價並沒有增加新的推動力，因此第二波暴漲式主升段本質上，屬於在原動力推動下的慣性上漲。這個慣性上漲從能量上看應該是不斷衰減的，它並非無可阻擋。當市場背景允許時，第二波主升段會走出來；當市場背景不允許時，第二波主升段往往會走不出來，出現所謂失敗的第二波主升段。

　　根據長期觀察，有很多重大題材股在題材公告後，會走出第一波暴漲式主升段，卻難以走出第二波主升段。能夠走出第二波主升段的只是少數個股，所以，題材股的第二波主升段基本上是泡沫式的，或者說是漲後餘波行情。從長期走勢來看，絕大多數個股在完成第二波主升段後，股價又回落到第二波主升段的起點位置。這就引出了幾個重要的問題，該怎樣看待投資泡沫？是否應參與這種泡沫化的第二波主升段？這就考驗投資人的研判能力了。

但是，主力股的第二波主升段往往與上述情況相反，即第二波的強度會高於第一波的強度，或者說，第一波的強度不一定就比第二波的強度高。這是因為第一波主升段大多是主力真正拉升前的預演或熱身運動，在理論上稱之為「爬高階段」或「初升階段」，也是股價脫離底部的第一階段，然後，經過整理洗盤蓄勢後，展開一波更為猛烈的上漲行情。

因此，投資人對主升段的成因以及盤面走勢一定要認真研判，然後對第二波主升段下定性，可以提高實戰效果。

❖ 兩波行情的互換性

在實戰操作中，兩波主升段之間有互換性，主要包括兩個性質：一是結構形態的互換性；二是股價漲幅的互換性。

1. 結構形態的互換性

在實戰操作中，出現兩波行情的個股非常多見，但兩波完全相同的行情並不多，也就是說，兩波行情具有一定的互換性，如果第一波行情是以「快速式」上漲的，那麼，第二波行情大多會以「慢速式」上漲，如前面所講的「前快後慢」式就屬於這種類型。

反之，如果第一波行情是以「慢速式」上漲的，那麼，第二波行情有可能就是「快速式」上漲，如前面所講的「前慢後快」式就屬於這種類型，因此投資人對這個性質的瞭解和掌握，對研判第二波行情走勢很有幫助。

根據兩波行情的互換性特點，還可以把這個性質延伸到同一波行情的不同形態之中。前面說過，短期暴漲式行情有三種形態：連續漲停式、連續大陽式、大陽小陰組合式。從主升段形態的強度來看，這三種形態的強度是從強到弱呈現遞減趨勢。

就理論而言，第二波短期暴漲式行情形態也應該有以上的三種形態。若將這兩波行情各三種形態進行組合的話，那麼，兩波暴漲式行情應該可以組合出九種形態。比如說，如果第一波行情是「連續漲停式」出現的，那麼，第二波行情有可能就是以「連續大陽式」或「大陽小陰式」出現。

(1) **速率分型圖**：把兩波的上漲速度分出形態來，提供投資人作為明確的操作思路，稱為「速率分型圖」。急速行情和緩速行情的後續市場行為，

通常都是有規律的，為了方便大家記憶，口訣是 8 個字：「急緩互補、漲跌呼應」。有以下 4 大對應關係：急漲—緩跌、緩漲—急跌、急跌—緩漲、緩跌—急漲，如圖 5-29 所示。

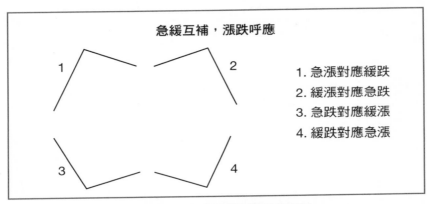

▲ 圖 5-29　形態結構互換性示意圖

　　由於急速行情和緩速行情所對應的後續行情的速度有所不同，所以應用於急速行情和緩速行情的策略是不一樣的。

　　(2) 緩速行情對應操作策略：因為緩漲對應急跌，緩跌對應急漲，面對緩速行情的操作策略應該是逆勢而為，而非順勢操作。

　　第一，緩漲行情對應的操作策略：因為緩漲之後大多數都是急跌，所以緩漲期間的做多利潤很小，一旦上漲週期結束，多半會引發短而急的下跌。這樣的下跌由於空間較大，所以具備一定的殺傷力。在操作時面對緩漲的行情時，應儘量在行情的末端逆勢做空，而非順勢做多，如圖 5-30 所示。

　　第二，緩跌行情對應的操作策略：因為緩跌之後大多數都是急漲，所以緩跌期間的做空利潤很小，一旦下跌週期結束，多半會引發短而急的上漲。這樣的上漲短期空間巨大，利潤增長速度最高。所以很多人不喜歡緩跌行情，認為行情走得太慢、太黏。其實這樣的行情對應的後續行情，大多是「井噴式」行情。所以應儘量在行情的末端逆勢做多，而非順勢做空，如圖 5-31 所示。

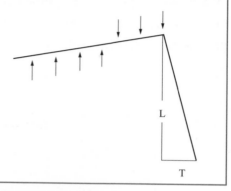

因為緩漲之後大多都是急跌，做多利潤很小，一旦上漲週期結束，多半會引發短而急的下跌。這樣的下跌空間較大，具備一定的殺傷力，所以面對緩漲的行情時，應盡量在行情的末端逆勢做空，而非順勢做多

▲ 圖 5-30　緩漲行情的操作策略

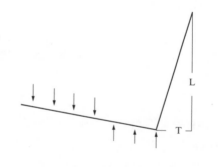

很多人不喜歡緩跌的行情，認為行情走的太慢、太黏。其實這樣的行情對應的後續，大多是「井噴式」行情。所以應盡量在行情的末端逆勢做多，而非順勢做空

▲ 圖 5-31　緩跌行情的操作策略

　　第三，速度的變化。如果按照速度的對應規律，比如急漲對應緩跌，緩跌又對應急漲，那麼一直延續的上升趨勢不就永無休止了嗎？但實際上沒有任何一個趨勢是永不休止的，趨勢不會沒有盡頭。所以速度的對應變化會在特定的情況下發生變化，通常發生在趨勢的末端。正常的是急對緩或緩對急，變化時分為兩種情況：急對急或緩對緩。

　　第一，急對急：如圖 5-32 所示。一輪行情如果是急速的上漲，通常對應的是緩速的下跌（左圖中虛線部分），但如果對應急速下跌，代表速度的變化。同理，一輪行情如果是急速的下跌，通常對應的是緩速的上漲（右圖

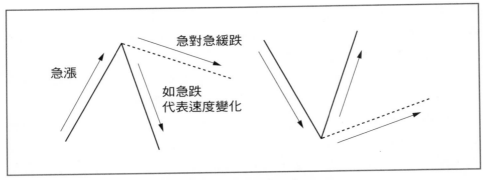

▲ 圖 5-32　急對急速度變換示意圖

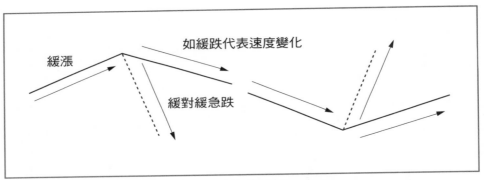

▲ 圖 5-33　緩對緩速度變換示意圖

中虛線部分），但如果對應急速上漲，代表速度的變化。

　　第二，緩對緩：如圖 5-33 所示。一輪行情如果是緩速的上漲，通常對應的是急速的下跌（左圖中虛線部分），但如果對應緩速下跌，代表速度的變化。同理，一輪行情如果是緩速的下跌，通常對應的是急速的上漲（右圖中虛線部分），但如果對應緩速上漲，代表速度的變化。

2. 股價漲幅的互換性

　　兩波行情之間的漲幅有一定的互換性，同樣包括兩波行情的上漲幅度，也就是說，如果第一波行情上漲幅度較大，且以「快速式」上漲的，那麼，第二波行情的上漲幅度相對較小，最大漲幅一般只有第一波行情的 80% 左

右，很少有超過 100% 的。如前文中圖 5-26 的貴州燃氣（600903）所示，第一波行情的漲幅超過 300%，漲幅較大，且以「快速式」上漲，而第二波行情的漲幅不到 100%，相對漲速也沒有第一波那麼快速了。

但是，如果第二波行情也是以「快速式」上漲的，其漲幅有可能會達到或超過此幅度，此時投資人對第二波行情的定性非常重要。

如圖 5-34 中毅達（600610）的 K 線圖所示，該股第一波超跌反彈行情是以「快速式」拉升展開的，漲幅在 135% 左右，而第二波主升段行情也是以「快速式」上漲出現的，其漲幅也在 140% 左右，與第一波主升段的漲幅非常接近。

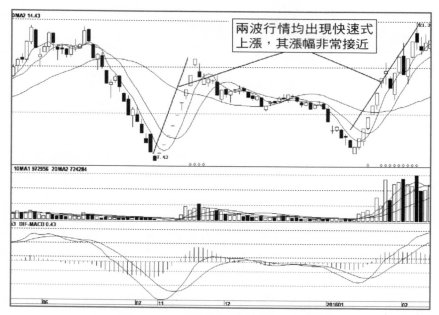

▲ 圖 5-34　中毅達（600610）日 K 線圖

相反地，如果第一波行情上漲幅度較小，且以「慢速式」上漲的，那麼，第二波行情的上漲幅度相對會大些，可能達到第一波行情漲幅的 1.5 倍以上，且第二波所需的時間將會比第一波的時間要短。

如圖 5-35 東信和平（002107）的 K 線圖所示，該股從 2018 年 10 月見底回升，產生第一波上漲行情，漲幅在 100% 左右，幅度並不大，且以「慢速式」上漲，持結時間 3 個月左右。經過回檔整理後，從 2019 年 2 月開始產生第二波拉升行情，漲幅就達到 190%，呈「快速式」上漲，持續時間只有 15 個交易日。但如果第二波行情也是以「慢速式」上漲的，其漲幅可能會有所降低。

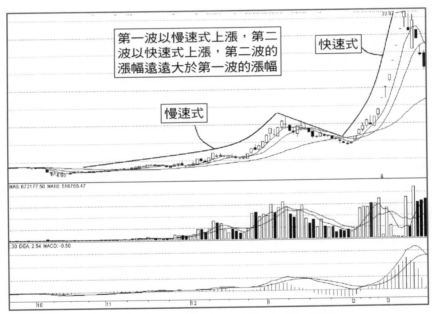

▲ 圖 5-35　東信和平（002107）日 K 線圖

❖ 整理的時間和幅度

1. 兩波之間的整理時間

　　一般而言，向下整理形態的時間最短，大多在 20~30 個交易日間就會結束，緊跟其後展開第二波主升段。向上整理形態的時間一般也不會很長，因為在股價震盪盤高過程中，做多能量漸漸堆積，有一種噴薄而出的勢頭。

而横向整理形態的時間最長，起碼需要等待 30 日均線跟上之後，才能出現第二波主升段，很多時候當 30 日均線跟上之後，股價還難有起色，最終形成長時間的盤整走勢，持續時間長達幾個月甚至半年以上，對於這種走勢的盤面，只能從股價是否突破某一個有意義的技術位置，來考量第二波主升段是否啟動。

2. 兩波之間的整理幅度

兩波行情的形態是由三個基本浪形組成的，即第 1、2、3 浪，其中第 1 浪為第一波主升段，第 2 浪為整理浪，第 3 浪是第二波主升段。在實盤中，第 2 浪的整理一般有三種方式：向下整理、橫向（水平）整理、向上整理這三種形態，呈遞強之勢。

向下整理形態的回落幅度最大，它是以「空間換時間」的方式，對股價進行快速回檔。這種方式主要把握兩個關鍵點：一是 30 日均線附近；二是 0.5 的黃金分割位附近。投資人可以將這兩個點作為買賣參考價位，進行短線操作。

橫向整理形態是以「時間換空間」的方式進行整理，一般回落幅度在 20% 左右，並以箱體整理居多，以 30 日均線作為買賣參考價位進行短線操作。對於橫盤整理可以這樣解釋：正常的整理應該是向下的，但由於股價走勢太強，股價不肯下跌，就只好以橫盤代替下跌。

向上整理形態一般漲幅在 10% 左右，當股價放量超過這個幅度時，說明盤面十分強勢，預示著第二波主升段將要開始，如果第一波漲幅不是很大的話，此時可以考慮跟多。

5-4

多波主升段的形態結構

❖ 三波主升段形態結構

在實戰操作中，出現三波主升段的個股並不少見，這種形態是指在一個大型的主升段行情中，出現三個明顯的上漲階段，且中間出現兩次明顯的整理走勢。從形態上看，三波主升段與艾略特波浪理論中的 5 個推動浪相似，1、3、5 浪為推動浪，2、4 浪為整理浪。波浪理論受以下幾個不可違背的數浪定律限制。

(1) 在 1、3、5 三個浪中，第 3 浪絕對不是最短的浪，往往都是最長的浪，且成交量大增。

(2) 第 2 浪的低點不能低於第 1 浪的起點。

(3) 第 4 浪的底不能與第 1 浪的頂重疊。但出現在傾斜三角形中的第 5 浪中的次一級（4），可以低於（1）浪頂，這是波浪理論的唯一特例。

(4) 整理浪中的 C 浪必定可細分為五個次一級的浪，即 C 浪必須以 5 個子浪運行，且 C 浪運行有相當的破壞性。

(5) 第 4 浪大都以盤整形態出現，呈現出三角形和矩形整理等。

(6) 不管上升或下跌趨勢，第 5 浪的上漲幅度通常比第 3 浪小，且其上漲速度是最快的。但當第 5 浪為延伸浪時，其上漲幅度則是最長的。

但是，在這裡分析主升段時，可以跳出上述波浪天條的限制，完全可以用簡單的或以獨立的浪形進行分析，這與艾略特波浪理論並不發生矛盾，投資人在分析時不要被波浪理論所困，但如果走出既符合艾略特波浪理論的浪形，又滿足普通主升段浪形特徵時，其準確率將大大提高。

如圖 5-36 翰宇藥業（300199）K 線圖所示，該股見底止穩後，走出三波主升段行情，股價從 6 元下方啟動，漲到上 25 元之上（複權價），在整個上漲過程中也符合艾略特波浪理論的 5 個推動浪。

因此可見，將主升段與波浪理論結合在一起分析，有時也會達到意想不到的效果。但下面這個例子就不能用艾略特波浪理論進行分析了。

如圖 5-37 海倫鋼琴（300329）的 K 線圖所示，該股先出現了兩波小拉升後，再產生第三波較大的主升段。如果用艾略特波浪理論去分析的話，第三波較大的主升段就會失之交臂，因為，該股至少違反了艾略特波浪理論中的兩條「鐵律」。

首先，「第 3 浪絕對不是最短的浪」，這就限制了第 5 浪的預期；其次，「第 4 浪的底不能與第 1 浪的頂重疊」，該股第 4 浪整理時，股價回落到第 2 浪的低點附近，也就是說，第 4 浪的底已經與第 1 浪的頂重疊了。但如果用一般的主升段特徵進行分析，第三波暴漲式主升段是可以抓得住的，因為股價回檔時得到了第 2 浪整理的低點支撐，同時成交量開始明顯放大，顯示場外資金積極介入，且股價重返均線系統之上。這些都是主升段即將啟動的徵兆，讀懂了這些盤面資訊後，第三波主升段將為你帶來豐碩的獲利。

❖ 三波以上主升段形態

多波上漲式是指股價出現多個明顯的上漲階段，在每一波拉升結束後，股價都會下跌或橫盤整理一段時間，然後股價繼續上漲，展開三波以上的拉升，這類個股持續時間比較長，整體構成一個大的主升段結構。

如圖 5-38 國瓷材料（300285）的 K 線圖所示，該股見底後走出了四波拉升行情，股價從 12 元左右開始逐波上漲突破了 40 元，整個上漲過程呈現四波拉升形態，每一波的漲幅也都比較很大，持續時間長達兩年多。

如圖 5-39 藍英裝備（300293）的 K 線圖所示，該股成功完成了探底後，出現向上爬升走勢，形成四波小浪上漲，且第四波還呈暴漲式上漲。

需要特別提醒的是，在實盤中多波上漲的行情並不多見，而且股價多波上漲後，市場面臨較大的回檔風險，因此不作詳細分析，也不提倡捕捉這樣的行情，在此僅點到為止，實盤中如何處置見仁見智。

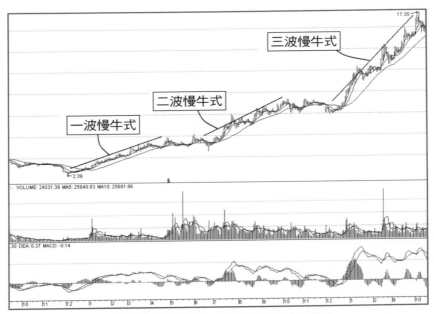

▲ 圖 5-36　翰宇藥業（300199）日 K 線圖

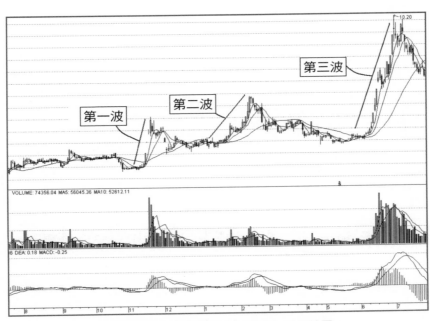

▲ 圖 5-37　海倫鋼琴（300329）日 K 線圖

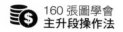

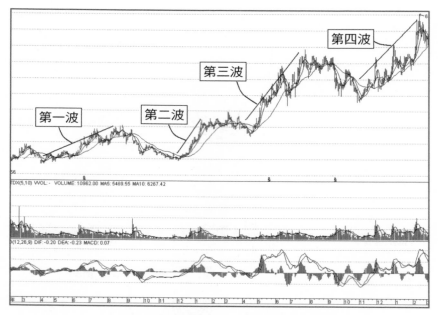

▲ 圖 5-38　國瓷材料（300285）日 K 線圖

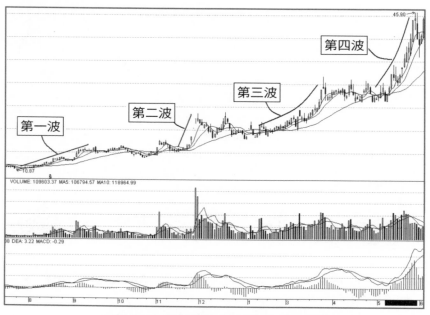

▲ 圖 5-39　藍英裝備（300293）日 K 線圖

學會看主升段的規律，
散戶也可以大賺波段！

快速捕捉主升段，抓住牛股起飛並不難。

筆者經過很長一段時間的梳理，潛心研究、實盤追蹤，終於把主升段的運行規律、實盤技巧，提煉成為一套完整的操作體系，將它奉獻給在股市中曾經賠錢或想要穩定獲利的投資人。

❖ 活用技術分析，捕捉主升段並不難

當前市場中的主升段，其基本規律莫過於如此，但是股市變化莫測，主升段走勢千姿百態，很難一概全貌，加上受主力行為影響，有些盤面現象不可能事先被發現，只有在市場運行過程中，才逐漸地被人們發覺和認識。需要指出的是，主升段運行有一定的規律，但沒有固定的模式。而且，因不同市況、不同個股、不同主力以及不同人的心理因素，其分析結果也各不相同，甚至千差萬別。

所以，希望投資人將本書中的原理和方法，在即時行情中進行活學妙用，切不可用固定的模式去生搬硬套。在實戰中，投資人應不斷積累經驗、探索規律，感悟股性，逐步形成一套適合自己的捕捉暴漲行情的技法。只有這樣，才能在瞬息萬變的市場裡，用敏捷的思維能力對市場作出彈性的分析和處理，達到融會貫通、應變自如，在股市中立於不敗之地。

誠然，投資人當抱以學海無涯的態度，在分析研判主升段過程中，緊扣即時盤面，從實踐中一點一滴地積累經驗和技巧，才會領略到箇中樂趣，因為技術分析的至高境界，需要時間印證和經驗積累，才能把方法運用到極致。若能做到以上，捕捉主升段並不難，相信不少讀者朋友將來就是從股市裡蹦出來的一匹「大黑馬」，成為引領時代發展的「主升段」。

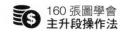
❖ 借鑑他人經驗及研究成果，更貼近投資人需求

　　筆者深知要感謝給予幫助的人太多，有太多的人可以分享這本書出版的榮譽。沒有廣大讀者朋友的認可，就沒有本書的生存市場，更不會使這些技術得以推廣，所以第一個要感謝的是讀者朋友的支持。

　　在成書過程中，得到了不少專家、學者的精心指導，使之有一個恰當的定位，能夠更加滿足投資人的願望，也更加貼近實際盤面，更加靈活實用。書中內容雖然表達了作者個人的觀點和見解，但也借鑒了他人的一些研究成果、實戰經驗、專業知識等，這些材料在理論和實踐中都具有很高的創造性，是十分珍貴的，所以要十分感謝他們。如果沒有他們與大家共同分享其專業知識和投資理念，也就無法達到現在的研究水準。在此對這些專業人士致以最衷心的感謝，感謝他們如此慷慨地與大家分享專業知識。

　　股市變幻莫測，牽涉的內容也非常廣。筆者儘管竭盡全力，努力減少書中的錯誤，但百密一疏，書中難免疏忽之處。敬請廣大讀者不吝斧正，並多提出寶貴意見，以便在今後再版時進一步改進和提高。願本書為廣大朋友在實際操作中帶來一點啟示、創造一份財富。如是，我將深感欣慰。

麻道明

2019 年 6 月於中國楠溪江畔

NOTE

國家圖書館出版品預行編目（CIP）資料

160張圖學會主升段操作法：主力剋星教你如何抱緊半年，賺飽
5倍價差／麻道明作. -- 新北市：大樂文化有限公司，2022.04
256 面；17×23 公分. --（優渥叢書 Money；54）
ISBN 978-986-5564-94-0（平裝）

1. CST：股票投資　2. CST：投資技術　3. CST：投資分析

563.53　　　　　　　　　　　　　　　　111003686

MONEY 054

160張圖學會主升段操作法

主力剋星教你如何抱緊半年，賺飽5倍價差

作　　者／麻道明
封面設計／蕭壽佳
內頁排版／江慧雯
責任編輯／林育如
主　　編／皮海屏
發行專員／鄭羽希
財務經理／陳碧蘭
發行經理／高世權、呂和儒
總編輯、總經理／蔡連壽
出 版 者／大樂文化有限公司（優渥誌）
　　　　　地址：220新北市板橋區文化路一段268號18樓之一
　　　　　電話：（02）2258-3656
　　　　　傳真：（02）2258-3660
詢問購書相關資訊請洽：2258-3656
郵政劃撥帳號／50211045　戶名／大樂文化有限公司

香港發行／豐達出版發行有限公司
地址：香港柴灣永泰道 70 號柴灣工業城 2 期 1805 室
電話：852-2172 6513　傳真：852-2172 4355

法律顧問／第一國際法律事務所余淑杏律師
印　　刷／韋懋實業有限公司

出版日期／2022年4月21日
定　　價／350元（缺頁或損毀的書，請寄回更換）
Ｉ Ｓ Ｂ Ｎ　978-986-5564-94-0